唐 梅 刘进峰 主编

说好普通话
普通话水平测试培训教程

苏州大学出版社
Soochow University Press

图书在版编目(CIP)数据

说好普通话：普通话水平测试培训教程/唐梅，刘进峰主编. —苏州：苏州大学出版社，2012.9(2021.8重印)
ISBN 978-7-5672-0225-2

Ⅰ.①说… Ⅱ.①唐… ②刘… Ⅲ.①普通话-水平考试-教材 Ⅳ.①H102

中国版本图书馆 CIP 数据核字(2012)第 205586 号

说好普通话
——普通话水平测试培训教程
唐 梅 刘进峰 主编
责任编辑 史创新

苏州大学出版社出版发行
(地址：苏州市十梓街1号 邮编：215006)
镇江文苑制版印刷有限责任公司印装
(地址：镇江市黄山南路18号润州花园6-1号 邮编：212000)

开本 787×1092 1/16 印张 11.75 字数 284 千
2012 年 9 月第 1 版 2021 年 8 月第 10 次印刷
ISBN 978-7-5672-0225-2 定价：29.00 元

苏州大学版图书若有印装错误，本社负责调换
苏州大学出版社营销部 电话：0512-67481020
苏州大学出版社网址 http://www.sudapress.com

本书编委会

主　任　吕成鹰

副主任　李成飞

成　员　刘进峰　王建林　吴卫东　王加和

　　　　　徐国权　张荣全　唐监怀　曾　平

　　　　　王在勤　曹永红　王春阳　郑海风

前 言

加强社会主义文化建设是我国新时期的一项重大战略目标,语言文字工作是文化建设的一项基础工作,大力推广普通话、推行规范汉字是我国当前语言文字工作的重要任务。

说一口标准流利的普通话,是现代人适应社会主义市场经济发展的需要,也是当今职业院校学生的必备技能。为了提高职业院校学生语言表达的综合水平,提升他们的职业技能,使他们在国家普通话水平等级测试中取得较好的成绩,我们根据《中华人民共和国国家语言文字法》和国家语委最新发布的《普通话水平测试实施大纲》,组织江苏省盐城技师学院的富有普通话培训教学经验的教师,编写了本书。

本书抓住普通话口语培训课的特点,遵循勤学多练、循序渐进的学习规律,强调对基础理论知识的理解应用,突出实用实训,注重综合素质的培养。

本书具有以下特点:

1. 在指导思想上,注重实用。力求基本理论简明清晰,着重能力的培养,突出实训的方法。本书可以帮助考生掌握普通话水平测试的技能技巧;可以帮助不同工作岗位的人们熟练掌握普通话口语技能,说好普通话,适应工作岗位的需要;也可以作为在校学生学习普通话知识、提高口语表达能力的教材。

2. 在结构体例上,采用传统的章节模块结构,既独立成章,又可以模块组合。知识体系循序渐进,先知识后应用。力求内容和方法符合教学教育实际,适应教育对象的认知规律和语言训练的自身规律。

3. 在内容与形式上,体现"新"与"活"。我们结合多年的普通话培训教学实践经验,吸收了普通话(语言)研究领域的最新成果,尤其在取材、示例方面,力求新颖、有趣,富有启迪意义;训练材料及模拟测试样题,在新大纲的基础上,经过认真挑选和优化编排,针对性更强;思考与练习题力求丰富多样,根据各章的内容与特点精心设计,着力训练学生及读者的实际运用能力。

本书可作为职业院校的普通话培训教材,也适合具有中等文化程度的读者提高普通话水平自学,同时也是广大教师教学中纠正方言的重要参考书。

本书编写分工如下:主编,唐梅、刘进峰。第一、二章,刘进峰、唐梅;第三章,王晓冬、谈亲旸、邱海霞;第四章,张红、邱海霞、周晓燕;第五章,唐梅、张清红、王淑红;第六章,唐梅、王慧。全书由唐梅、刘进峰统稿,吕成鹰、李成飞、王建林审稿。

本书编写时参考了一些相关论著,吸取了同行的最新研究成果,未及之处,敬请谅解。由于时间仓促,水平有限,不足之处,期望同行专家和广大读者多提宝贵意见。

编 者
2012 年 8 月

目 录

第一章 普通话的推广与水平测试

第一节 普通话的形成及其推广 / 1

一、普通话的形成 / 1

二、普通话的推广 / 2

第二节 普通话水平测试 / 4

一、普通话水平测试的性质、目的 / 4

二、普通话水平测试的内容、范围 / 4

三、普通话水平测试的题型及评分 / 4

四、普通话水平测试的等级标准 / 6

五、国家普通话水平智能测试系统考试注意事项 / 6

附录 普通话水平测试样卷 / 7

第二章 普通话的语音基础知识

第一节 语音的构成 / 9

一、语音的性质 / 9

二、语音的基本概念 / 11

三、江苏方言的特点 / 13

第二节 语音的记音方式 / 14

一、《汉语拼音方案》/ 14

二、国际音标 / 15

第三章　普通话的音节

第一节　声母 / 16

一、声母的分类 / 16

二、声母的发音 / 17

三、声母辨正训练 / 21

第二节　韵母 / 30

一、韵母的发音 / 30

二、韵母辨正训练 / 34

第三节　声调 / 39

一、声调的性质和作用 / 39

二、声调辨正训练 / 41

第四章　普通话的音变

第一节　变调 / 46

一、上声的变调 / 46

二、"一"和"不"的变调 / 49

第二节　轻声 / 52

一、轻声的含义 / 52

二、轻声的作用 / 52

三、轻声的规律 / 53

四、轻声的读法 / 53

五、轻声的辨正 / 54

第三节　儿化 / 55

一、儿化的含义 / 55

二、儿化的作用 / 55

三、儿化韵的发音 / 56

第四节　"啊"的音变 / 59

一、"啊"作叹词 / 59

二、"啊"作语气词 / 60

第五章　普通话朗读

第一节　朗读的意义 / 64

一、什么是普通话朗读 / 64

二、普通话朗读的意义 / 64

三、普通话朗读的基本要求 / 65

第二节　朗读的表达方法 / 67

一、内部心理状态 / 67

二、外部表达技巧 / 69

三、普通话水平测试的"短文朗读"要求及其训练 / 73

附录　普通话水平测试用朗读作品60篇 / 74

第六章　普通话的口语表达

第一节　说话技能的培训 / 127

一、说话能力培训的意义 / 127

二、说话能力培训的标准 / 128

三、说话能力培训的要求 / 129

四、说话的分类训练 / 130

第二节　命题说话 / 140

一、命题说话的特点 / 140

二、命题说话的基本要求 / 140

三、命题说话的注意事项 / 141

四、命题说话的话题 / 144

五、命题说话的应试技巧 / 147

附录一：汉语拼音方案 / 150

附录二：普通话水平测试用必读轻声词语表 / 152

附录三：普通话水平测试用儿化词语表 / 154

附录四：命题说话稿举例 / 156

附录五：普通话水平测试模拟训练 / 173

第一章　普通话的推广与水平测试

第一节　普通话的形成及其推广

普通话是现代汉民族的共同语,是现代汉语的标准语。"普通"是"普遍通用"的意思。

一、普通话的形成

汉民族共同语在很早就已经形成了,它的发展有着悠久的历史。春秋时期,汉民族的共同语叫"雅言",主要使用于黄河流域。孔子讲学就是用的雅言,而不用家乡的鲁方言。《论语·述而》中记载:"子所雅言,诗、书、执礼,皆雅言也。"汉代汉民族的共同语叫"通语";元代汉民族的共同语叫"天下通语";明清时期,汉民族的共同语叫"官话";民国时期,汉民族的共同语叫"国语";新中国成立后,汉民族的共同语被确定为"普通话"。

1955年,全国文字改革会议和现代汉语规范问题学术会议确定了汉民族共同语的名称"普通话"及其含义。1956年2月6日,国务院颁布了《关于推广普通话的指示》,进一步明确了普通话的法定名称和含义:普通话就是以北京语音为标准音,以北方话为基础方言,以典范的现代白话文著作为语法规范的现代汉民族共同语。这一定义明确了普通话在语音、词汇、语法三方面的规范标准。

1. "以北京语音为标准音",是普通话语音的规范标准

"以北京语音为标准音",而不以其他方言为标准音,这是历史的选择。北京作为中国政治、经济、文化的中心,有悠久的历史。从元朝起,北京就一直是中国政治、经济、文化的中心;明清时期,以北京语音为标准的"官话"传播很广;"五四"时期,"国语运动"的开展又极大地促进了北京语音的传播,从而使北京语音最终成为"国音"。所以,北京语音的标准音地位,是历史形成的、社会公认的。但需要注意的是,"以北京语音为标准音"中的"北京语音"是指北京语音的音位系统,并不是北京人说话时发出的所有音,即不包括北京语音中的土音。因此,北京话不是普通话,它只是现代汉语方言的一种。

2. "以北方话为基础方言",是普通话词汇的规范标准

"以北方话为基础方言",是指普通话的词汇来源,这也是历史形成的。北方话的词汇是普通话词汇的基础和主要来源,有着广泛性和普遍性。北方方言的使用人口最多,占汉民族人口的73%以上。北方话的词汇丰富又庞杂,但不是所有北方话的词语都能成为普通话词汇。以北方话词汇为标准词汇,是指以北方话中普遍通行的词汇为标准词汇,而不是指北方某个次方言区使用的词语,更不包括北方话中的某些土语俗词。如"婆姨"一词在西北话里比较流行,但在其他北方方言区并不通行,所以就不能作为普通话词语推广。再如"磕地头子"(膝盖)属苏北的土语,使用范围很窄,所以也不能成为普通话词语。当然,一些方言中有影响、富有表现力的词语是可以成为普通话词语的,如上海话中的"名堂",粤方言中的"峰会"等已成为使用频率较高的普通话词语。实际上,普通话在大量吸收了北方话中普遍通行的词汇外,也有选择地吸收其他方言、古汉语和外语中的词语,并不断创造新词语来丰富其词汇。因此,北方话也不是普通话,它只是现代汉语方言的一种。

3. "以典范的现代白话文著作为语法规范",规定了普通话的语法标准

作为普通话语法标准的现代白话文著作,一不是文言文,二不是"五四"前的白话文,三不是不典范的现代白话文,四不是运用方言的作品。要正确理解和掌握语法规范,还要结合现代汉语应用的实践,多参照和学习讲究语法规范的文本,如优秀的文学作品、学术论文、国家政府机关的文件、严肃的报刊文章等,这些文本大都经过了推敲修改,语法比较规范。相比之下,那些追求表达个性、标新立异的文艺类作品,有时做些"突破"语法常规的尝试,一般不宜作为语法规范。

二、普通话的推广

语言与政治、经济、科技、文化有着密切的关系,大力推广普通话——汉民族的共同语,对构建社会主义的和谐文明将产生积极影响。

1. 推广普通话的意义

第一,推广普通话是增强中华民族凝聚力,维护国家统一和民族团结的需要。

我国是一个多民族、多语种、多方言的国家,在伟大祖国960万平方千米的土地上,有56个民族,13多亿人口,由于历史和文化的原因,形成了各具特色的方言区。不同地区语音迥异,在我们这样一个多民族、多方言的国度中,推广和普及普通话有利于增进各民族各地区之间的交流,维护国家统一,增强中华民族的凝聚力。从某种意义上说,讲普通话同热爱国旗、国徽、国歌一样,是爱国主义的一种表现。

第二,推广普通话是促进人员交流,适应社会主义市场经济发展的需要。

语言文字是人们最重要的交际工具,推广普通话最重要的意义在于为各方言区的人们提供一种通用的交际工具。我国幅员辽阔,人口众多,各地经济、文化发展很不平衡,不同方言区的人们在一起用方言交流有障碍,有时根本无法交流,甚至造成损失和危害。随着新时期改革开放的迅猛发展,国际国内跨区域的经济交流加大了,人们交往的频率、范围扩大,就必然需要交际的共同语,所以,在开放程度前所未有的今天,社会主义市场经济的蓬勃发展使推广普通话显得更加重要和迫切。

第三,推广普通话是提高汉语实际应用,加快现代信息化发展的需要。

在当今信息化社会里,以汉语拼音输入为主要技术支持的电子通信设备和计算机已成为最重要的基础工具。音码输入法是输入法中重要的基础方法,是按照汉语拼音设计的、建立在普通话语音基础之上的。只有学好普通话,讲好普通话,才能运用好这些电子工具。随着多媒体信息技术的飞速发展,实现无键盘操作的人机对话是大势所趋,进行人机对话的前提是输入比较标准的普通话,这样计算机才能辨认识别,才会按照人的意思去工作。由此可见,学说普通话是现代人的必备素质,推广普通话是信息社会发展的需要。

第四,推广普通话是新时期加强文化建设,提高社会文明水平的需要。

语言文字是文化的载体,也是文化的重要内容,在提高社会文明进步中发挥着重要作用。推广普通话能引领时代风气,促进社会发展。同样,在一个存在严重方言差别的国家,人们若不能运用民族共同语,将会对现代化建设及各项社会事业的发展带来阻碍。一个民族的崛起,除了经济的强盛,更重要的是文化的繁荣。普通话是中华民族优秀传统文化的重要载体,推广、普及普通话,就是学习和接受中华民族优秀传统文化的过程。因此,作为民族共同语的普通话,在提升国民文明素质、提高国家文化软实力方面,具有特殊的魅力、潜能和价值。

需要注意的是,推广普通话不是消灭方言,而是为了不同语种方言区的人更好地沟通交流。普通话与方言应是主体与个体的关系。

2. 推广普通话的方针政策

推广普通话是国家语言文字规范化工作的重要组成部分,是我国的既定国策。

新中国成立以来,党和政府非常重视推广普通话工作,先后采取了一系列措施,普通话的普及面越来越广,已经成为中华民族的通用语言。1956年2月,国务院颁发了《关于推广普通话的指示》,确定了普通话的法定名称和含义。1982年11月《中华人民共和国宪法》规定,"国家推广全国通用的普通话",从法律上正式确立了普通话的国语地位。

20世纪50年代,我国制定的推广普通话工作的方针是"大力提倡,重点推行,逐步普及"。1992年,《国家语言文字工作十年规划和"八五"计划纲要》又明确了新时期推广普通话的方针为"大力推行,积极普及,逐步提高"。

1986年1月,全国语言文字工作会议提出了推广普通话工作的四项任务:学校教学使用普通话,使普通话成为教学语言;机关工作使用普通话,使普通话成为工作语言;广播、电视(县级以上)、电影、话剧使用普通话,使普通话成为宣传语言;不同方言区的人在公共场合交往时,基本使用普通话,使普通话成为通用语言。

1994年,国家语委制定了《普通话水平测试标准》和《普通话水平测试大纲》,对普通话进行量化测试,普通话水平测试进入了量化阶段。同年,国家语委、国家教委、广播电影电视部联合下发了《关于开展普通话水平测试工作的决定》,指出:"有必要在一定范围内对某些岗位的人员进行普通话水平测试,并逐步实行普通话等级证书制度。"

从1998年起,国家规定在每年9月份的第三个星期开展"全国推广普通话宣传周"活动。2001年1月1日起实行的《中华人民共和国国家通用语言文字法》规定,"凡以普通话作为工作语言的岗位,其工作人员应当具备说普通话的能力"。

21世纪,国家提出了推广普通话的工作目标:到2010年"普通话在全国范围内初步普及",交际中的方言隔阂基本消除,受过中等或中等以上教育的公民具备普通话的应用能力,并在必要的场合自觉地使用普通话,与口语表达关系密切的行业工作人员的普通话水平达到相应的要求;2050年前"普通话在全国范围内普及",人们在交际中没有方言隔阂。

当前,推广普通话工作已经走向科学化、规范化、制度化、法制化的轨道。

第二节 普通话水平测试

一、普通话水平测试的性质、目的

"普通话水平测试"(简称PSC)是我国为加快民族共同语的普及、提高而设立的一项语言测试制度。由政府专门机构——国家语言文字工作委员会普通话培训中心主持标准和测试细则的制定,由全国各省、自治区、直辖市普通话培训测试中心负责具体实施。测试合格的人员由测试机构发放国家统一印制的普通话水平等级证书。

普通话水平测试全部采用口试方式进行,它既不是对普通话系统知识的理论考试,也不是对口才好坏的评估,而是对应试人普通话口语水平标准程度的检测和评价。

普通话水平测试主要测查应试人的普通话(语音、语汇、语法)规范程度、熟练程度,评定应试人的普通话口语水平等级。因此,普通话水平测试属于目前比较通行的标准参照性或者说达标性考试,实际上也是一种资格证书考试。它为应试人提供普通话水平等级证书,这是从业人员普通话水平的凭证,在全国范围内通用。

二、普通话水平测试的内容、范围

普通话水平测试的内容包括普通话语音、词汇和语法。

普通话水平测试的范围是国家测试机构编制的《普通话水平测试用普通话词语表》《普通话水平测试用普通话与方言词语对照表》《普通话水平测试用普通话与方言常见语法差异对照表》《普通话水平测试用朗读作品》《普通话水平测试用话题》。

三、普通话水平测试的题型及评分

国家普通话水平测试试卷包括五个部分:读单音节字词(10分)、读多音节词语(20分)、朗读短文(30分)、选择判断(10分)、命题说话(30分)。江苏省对此作了调整,取消了"选择判断"项,"命题说话"项改为40分。

1. 读单音节字词:100个音节,限时3.5分钟,共10分

(1) 目的:测查应试人声母、韵母、声调读音的标准程度。

(2) 评分:

① 语音错误(含漏读音节),每个音节扣0.1分。

② 语音缺陷,每个音节扣0.05分。

③ 超时1分钟以内,扣0.5分;超时1分钟以上(含1分钟),扣1分。

2. 读多音节词语(100个音节),限时2.5分钟,共20分

(1) 目的:测查应试人声母、韵母、声调和变调、轻声、儿化读音的标准程度。

(2) 评分:

① 语音错误(含漏读音节),每个音节扣0.2分。

② 语音缺陷,每个音节扣0.1分。

③ 超时1分钟以内,扣0.5分;超时1分钟以上(含1分钟),扣1分。

3. 朗读短文:总计400个音节,限时4分钟,共30分

(1)目的:测查应试人使用普通话朗读书面作品的水平。在测查声母、韵母、声调读音标准程度的同时,重点测查连读音变、停连、语调及流畅程度。

(2)要求:

① 短文从《普通话水平测试用朗读作品》中选取。

② 评分以朗读作品的前400个音节(不含标点符号和括注的音节)为限。

(3)评分:

① 语音错误,每错1个音节,扣0.1分;漏读或增读1个音节,扣0.1分。

② 声母或韵母的系统性语音缺陷,视程度扣0.5分、1分。

③ 语调偏误,视程度扣0.5分、1分、2分。

④ 停连不当,视程度扣0.5分、1分、2分。

⑤ 朗读不流畅(包括回读),视程度扣0.5分、1分、2分。

⑥ 超时扣1分。

4. 命题说话,限时3分钟,共40分

(1)目的:测查应试人在无文字凭借的情况下说讲普通话的水平,重点测查语音标准程度、词汇语法规范程度和自然流畅程度。

(2)要求:

① 说话话题从《普通话水平测试用话题》中选取,由应试人从给定的两个话题中选定一个话题,连续说一段话。

② 应试人单向说话;应试人须围绕话题说话,不说与话题无关的内容,时间必须说满3分钟。

(3)评分:

① 语音标准程度,共25分。分六档:

一档:没有语音错误,扣0分;失误1~2次,扣1分;失误3~4次,扣2分。

二档:语音错误5~7次,扣3分;语音错误8~10次,扣4分。如方音明显,降为三档,分别扣5分、6分。

三档:语音错误11~15次,无明显方音,扣5分、6分。

四档:语音错误11~15次,有明显方音,扣7分、8分。

五档:语音错误16~30次,视方音程度扣9分、10分、11分。

六档:语音错误超过30次,视方音程度扣12分、13分、14分。

基本用方言说话,酌情扣15~20分。

② 词汇、语法规范程度,共10分。分三档:

一档:词汇、语法规范,扣0分。

二档:词汇、语法不规范情况在3次以内,每出现1次扣1分。

三档:词汇、语法不规范情况在4次及以上,扣4分。

③ 自然流畅程度,共5分。分三档:

一档:语言自然流畅,扣0分。

二档:语言基本流畅,口语化较差,有背稿子的表现,扣0.5分、1分。

三档:语言不连贯,语调生硬,结结巴巴,明显背稿子,经常离题,视程度扣2分、3分。

④ 说话不足3分钟,酌情扣分;说话时间少于或等于30秒,扣40分。

⑤ 离题,内容雷同,视程度扣4分、5分、6分。

离题是指所说内容完全不符合或基本不符合规定的话题。直接或变相使用《普通话水平测试纲要》中60篇朗读短文,扣6分;其他内容雷同情况,视程度扣4分、5分。(本项可以重复扣分)

⑥ 无效话语,酌情扣1~6分。

无效话语指测试员无法据此作出评分的内容。包括:重复相同或大体相同的内容;经常重复相同语句;口头禅频密;简单重复。

有效话语不足30秒(含30秒),本测试项记为0分。

四、普通话水平测试的等级标准

普通话水平等级划分为三级,每一级又分为甲、乙两个等次,共有"三级六等"。一级甲等为最高,三级乙等为最低。应试人员的普通话水平等级根据在测试中所获得的分值确定。

一级甲等(简称"一甲"):是标准、纯正的普通话,也可称为标准级。它要求朗读和自由交谈时,语音标准,词汇、语法正确无误,语调自然,表达流畅。测试总失分率3%以内,得分97分以上(含97分)。

一级乙等(简称"一乙"):也是标准的普通话。它要求朗读和自由交谈时,语音标准,词汇、语法正确无误,语调自然,表达流畅。偶然有字音、字调失误。测试总失分率8%以内,得分92~97分(含92分)。

二级甲等(简称"二甲"):是比较标准的普通话。它要求朗读和自由交谈时,声韵调发音基本标准,语调自然,表达流畅。少数难点音(平翘舌音、前后鼻尾音、边鼻音等)有时出现失误。词汇、语法极少有误。测试总失分率13%以内,得分87~92分(含87分)。

二级乙等(简称"二乙"):朗读和自由交谈时,个别调值不准,声韵母发音有不到位现象。难点音(平翘舌音、前后鼻尾音、边鼻音等)失误较多。方言语调不明显。有使用方言词、方言语法的情况。测试总失分率20%以内,得分80~87分(含80分)。

三级甲等(简称"三甲"):朗读和自由交谈时,声韵调发音失误较多,难点音超出常见范围,声调调值多不准。方言语调较明显。词汇、语法有失误。测试总失分率30%以内,得分70~80分(含70分)。

三级乙等(简称"三乙"):朗读和自由交谈时,声韵调发音失误多,方音特征突出。方言语调明显。词汇、语法失误较多。外地人听其谈话有听不懂情况。测试总失分率40%以内,得分60~70分(含60分)。

五、国家普通话水平智能测试系统考试注意事项

从2008年起,江苏省启用计算机辅助普通话水平测试。试卷的前三项由国家语言文字工作部门认定的计算机辅助普通话水平测试系统评定分数,"命题说话"项由测试员评定分数。

为了能够取得更好的测试效果,应试人应仔细阅读下面的事项。

1. 登录阶段

正确佩戴好耳麦,麦克风应在左侧,调整麦克风至距嘴巴2~3厘米的位置,避免麦克风与面部接触,测试时手不要触摸麦克风。

正确输入自己的准考证号,准考证号的前几位系统已经自动给出,只需要输入最后四位即可,信息确认无误后,点击"确认"按钮进入。

2. 试音阶段

请在试音提示结束后开始试音,以适中音量朗读试音界面上的文字。

3. 考试阶段

测试共有四题,横向朗读测试内容,注意不要错行、漏行,测试过程中,不要说与测试内容无关的话。

第一至三题开始前都有一段提示音,在提示音结束并听到"嘟"的一声后,再开始朗读。读完一题后,及时点击界面右下方的"下一题"按钮,进入下一题的测试。

第四题说话部分有两个题目,选一个题目并用语言报出,说满三分钟后,即可点击"提交试卷"按钮,结束测试。

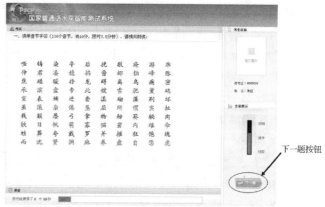

思考与训练

1. 什么是普通话?推广普通话有什么意义?怎样学好普通话?
2. 普通话水平测试的性质及其目的是什么?试卷由哪几项组成?
3. 普通话水平测试的等级是如何划分的?普通话水平等级证书的性质是什么?
4. 智能普通话水平测试要注意哪些问题?

附录

普通话水平测试样卷

一、**读单音节字词**(100个音节,共10分,限时3.5分钟)

耍	趁	丝	状	绝	瑟	禹	凝	炼	憨
掐	晾	嫩	肿	押	肉	瘠	蠢	舔	揍
而	砖	柄	控	庞	吮	儒	腻	嗑	廊

骚	翁	朽	滨	甩	梦	雄	湿	溺	巢
灌	染	瓶	撬	搔	您	颇	穗	祖	饼
蹬	敛	兑	哲	却	窖	浑	鸥	眸	肥
坤	蔫	闯	染	砌	屯	沁	宠	洼	锥
仄	掸	唬	荤	戳	区	庵	迷	抠	痕
陇	窘	咧	匹	窜	鳖	蹄	褐	氨	篾
缕	犊	扯	噙	踹	束	捣	窟	贩	矩

二、读多音节词语(100 个音节,共 20 分,限时 2.5 分钟)

折叠	安培	窘迫	拥护	行当	谬论	佛学	加塞儿
垮台	微弱	晚上	缺乏	定律	采取	翌日	逃窜
矮小	佛寺	稀罕	裸体	门槛儿	博得	纳闷儿	利落
不顾	佛像	稳妥	包涵	傀儡	编纂	一会儿	打算
似乎	纯粹	找茬儿	牌楼	划不着	撇开	富翁	聪明
小瓮儿	抽空儿	铁锨	觉得	唱歌儿	扭曲	濒于	操场
靠不住	一尘不染						

三、朗读短文(400 个音节,共 30 分,限时 4 分钟)

有这样一个故事。

有人问:世界上什么东西的气力最大?回答纷纭得很,有的说"象",有的说"狮",有人开玩笑似的说:是"金刚",金刚有多少气力,当然大家全不知道。

结果,这一切答案完全不对,世界上气力最大的,是植物的种子。一粒种子所可以显现出来的力,简直是超越一切。

人的头盖骨,结合得非常致密与坚固,生理学家和解剖学者用尽了一切的方法,要把它完整地分出来,都没有这种力气。后来忽然有人发明了一个方法,就是把一些植物的种子放在要剖析的头盖骨里,给它以温度与湿度,使它发芽,一发芽,这些种子便以可怕的力量,将一切机械力所不能分开的骨骼,完整地分开了。植物种子的力量之大,如此如此。

这,也许特殊了一点儿,常人不容易理解,那么,你看见过笋的成长吗?你看见过被压在瓦砾和石块下面的一棵小草的生长吗?它为着向往阳光,为着达成它的生之意志,不管上面的石块如何重,石与石之间如何狭,它必定要曲曲折折地,但是顽强不屈地透到地面上来,它的根往土壤钻,它的芽往地面挺,这是一种不可抗拒的力,阻止它的石块,结果也被它掀翻,一粒种子力量之大……

四、命题说话(请在下列话题中任选一个,共 40 分,限时 3 分钟)

1. 我尊敬的人
2. 学习普通话的体会

第二章　普通话的语音基础知识

第一节　语音的构成

学好一种语言首先要学好语音。语音与词汇、语法一起构成语言的三要素。学习普通话必须学好语音、词汇和语法三个方面,而语音是前提。普通话的语音系统是以北京语音为标准的。

一、语音的性质

语音是语言的外在表现,语言的交际作用主要是通过语音来实现的。

语音是一种声音,和自然界的其他声音(如风声、雨声、动物的鸣叫声、物体的撞击声)一样,也是产生于物体的振动,所以它具有物理的属性。

语音是由人的发音器官发出的代表一定意义的声音,自然具有生理的属性。

语音代表一定的意义,这种意义是一定社会所赋予的,语音形式和语义之间的对应关系是使用该语言的全体成员约定俗成的,所以它又具有社会的属性。社会属性是其本质属性。

（一）语音的物理性质

从物理学角度看,语音同其他声音一样,具有音高、音强、音长、音色四个要素。

1. 音高

音高指声音的高低。它取决于发音体在一定时间内振动次数的多少。在同一时间内,振动次数多,频率就大,声音就高;振动次数少,频率就小,声音就低。语音的高低同人的声带的长短、厚薄有关系。一般说来,女性和儿童的声带比成年男子的声带短些、薄些,所以声音比较高;成年男子的声带较女子和儿童的长、厚,所以声音比较低。同一个人可以发出高低不同的声音,这是由于人们能够控制自己声带的松紧。声带拉紧,声音就高;声带放松,声音就低。汉语声调高低升降的变化,主要是由音高不同形成的。

2. 音强

音强指声音的强弱。它取决于音波振动幅度的大小。音波振动幅度大,声音就强;音波振动幅度小,声音就弱。

普通话里的轻声与重音就是由不同的音强形成的。例如"电子"与"垫子"中的"子",在口语中前者读上声,重读,后者则读轻声,由于两个"子"的音强不同,从听感上就能区别意义。

3. 音长

音长指声音的长短。它取决于音波持续时间的长短。音波持续的时间长,声音就长;反之,声音就短。语言中音长也有区别意义的作用,如轻声音节较弱,同时音长也较短。另外,音长在表达不同的语气、语调中也起一定作用。

4. 音色

音色指声音的特色,是声音的本质,所以又叫音质。不同的音色是由于音波振动的形式不同形成的,是一个音与其他音相区别的最根本的特征。

音色的不同由以下三个条件决定:

第一,发音体。例如锣和鼓都是打击乐器,由于发音体不同,它们就各有自己的声音特色。语音也一样,不同的人声带的条件不同,其音色就不同。

第二,发音方法。例如二胡和琵琶同为弦乐,发音方法不同,音色就不同。语音也一样,相同器官发出的音,由于气流受阻的方式不同、声带颤动与否、气流的强弱不同,就会形成音色不同的音。

第三,共鸣器形状。例如小提琴和二胡虽然同是用弓弦拉的乐器,但由于共鸣箱形状不同,因而演奏时的音色就不同。语音也一样,发音时开口度的大小、舌位的前后高低不同,呈现出的音色是不同的。

(二) 语音的生理性质

语音是由人的发音器官发出的声音,是发音器官协同动作的结果。了解发音器官的构造及其活动情况,弄清发音原理,是学好语音的重要前提。

人的发音器官可以分成三个部分:提供发音原动力的肺和气管,作为发音体的喉头和声带,作为共鸣器的口腔、鼻腔和咽腔。

1. 肺和气管

肺和气管是人类重要的呼吸器官,起供气和通气作用。肺用来提供发音的动力——气流,气流通过气管到达喉部,作用于声带等部位,从而发出不同的声音。

2. 喉头和声带

喉头上通咽头,下连气管,起通道作用。声带位于喉头中间,是两片富有弹性的薄膜。两片声带之间的空隙叫声门。从肺部呼出的气流通过声门时,引起声带振动,发出声音。所以声带是主要的发音体,在发音中起重要作用。人们通过控制声带的松紧变化和振动,可以发出高低、清浊不同的声音。

3. 口腔和鼻腔

口腔、鼻腔是共鸣器。口腔和鼻腔靠软腭和小舌隔开。软腭和小舌上升时,鼻腔闭塞,口腔畅通,这时发出的音叫口音。软腭和小舌下垂,口腔某两个部位闭塞,气流只能从鼻腔呼出,这时发出的音叫鼻音。这是区别口音、鼻音或鼻化音的关键部位。

图1是发音器官示意图,有助于我们了解发音器官的各个部位,掌握普通话每个音的特点。

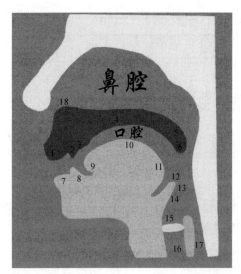

1. 上唇 2. 上齿 3. 齿龈 4. 硬腭 5. 软腭 6. 小舌 7. 下唇 8. 下齿 9. 舌尖 10. 舌面 11. 舌根 12. 咽头 13. 咽壁 14. 会厌 15. 声带 16. 气管 17. 食道 18. 鼻孔

图1　发音器官纵切面示意图

（三）语音的社会属性

用什么样的声音形式表达什么样的意义内容，是一个民族的社会成员在漫长的社会发展过程中约定俗成的。一种语言所用词的音与义的结合，是由社会公认的。所以，社会属性是语音的本质特点，也是语音的本质属性。

语音的社会属性主要从"地方特征"和"民族特征"两个方面反映出来。地域不同，不同方言区人的语音特征、发音习惯就不相同。人们往往对自己母语中的语音特征，听觉上比较敏感，发音也较容易；对自己母语中没有的语音特征，听辨不出，发音也感觉较难。如有的方言区 n,l 不分，有的方言区平翘舌音不分，有的方言区前后鼻音不分，学说普通话时，既听不出它们的区别，也发不好这些音。再如，普通话的辅音声母有不送气和送气的区别，b 是不送气音，p 是送气音，所以"波"和"坡"的意义不同。而英语的辅音，就没有送气与不送气之说，因此两种民族语言的语音系统是不同的。又如，西方人对汉语的四声、汉族人对西方语言的颤音，都是不易分辨和难以准确发音的。但经过训练后，一个人是可以掌握各种语音系统的。

二、语音的基本概念

（一）音素、音节

1. 音素

音素是最小的语音单位。音素是从音色的角度划分出来的。一个音节，如果按音色的不同进一步划分，就会得到一个个最小的各有特色的单位，这就是音素。汉语的音节由 1~4 个音素组合而成，如"花"（huā）从音色的自然度可以划分为"h""u"和"a"三个不同的音素。

2. 音节

音节是语音结构的基本单位，也是自然感到的最小的语音片断。一般来说，一个汉字代表一个音节,如"普通话"(pǔtōnghuà),3个汉字就是3个音节。只有少数儿化音是两个汉字由一个音节表示的,如"花儿"是两个汉字,读出来却是一个音节(huār)。

(二) 元音、辅音

根据发音性质的不同,音素可以分成元音、辅音两大类。

1. 元音

元音是发音时声带颤动、呼出的气流不受发音器官阻碍而发出的音。元音又叫母音。如 a,o,e,i,u,ü 等。

2. 辅音

辅音是发音时气流通过发音器官受阻碍而发出的音。辅音又叫"子音",如 b、p、n、l、x、zh、c 等。音节"妈"(mā)中,m 是辅音,a 是元音。

3. 元音和辅音的主要区别

(1) 元音发音时,气流不受阻碍;辅音发音时,气流通过口腔、鼻腔时要受到阻碍。

(2) 元音发音时,发音器官各部位保持均衡的紧张状态;辅音发音时,构成阻碍的部位比较紧张,其他部位比较松弛。

(3) 元音发音时,气流较弱;辅音发音时,气流较强。

(4) 元音发音时,声带颤动,发出的声音比较响亮;辅音发音时,声带不一定颤动,声音一般不响亮。

(三) 声母、韵母、声调

按汉语传统音韵学,汉语的音节分为声母、韵母两部分,再加上一个贯通整个音节的声调。声母、韵母、声调是汉语音节的三要素。

1. 声母

声母是指音节开头的辅音。声母和辅音不是一个概念。如果音节开头没有辅音,则称为"零声母"。如"汉语"(hànyǔ),"汉"的声母是"h","语"(yǔ)开头没有辅音,即为零声母。零声母的"零"是"没有"的意思,即没有辅音做声母。

2. 韵母

韵母是指音节中声母后边的部分。韵母和元音也不是一个概念。韵母可以是一个元音,也可以是元音的组合,还可以是元音和辅音的组合,如"mā"(妈)的韵母是单元音 a;"jiào"(教)的韵母是元音的组合 iao;"míng"(明)的韵母是元音和辅音的组合 ing。零声母音节整个由韵母构成,如"奥运"(àoyùn)。

3. 声调

声调是指音节中具有区别意义作用的音高变化。声调附着于整个音节。声调具有区别意义的作用,如:语言—寓言、预演—情景—情境—清静、题材—体裁、示范—师范。普通话的声调有四种:阴平、阳平、上声、去声。轻声不是声调,只是一种语流音变。

普通话共有 21 个辅音声母,39 个韵母,4 个声调。声母、韵母、声调是汉语音节结构中不可缺少的组成部分,都有区别意义的作用。例如:诗人—私人(声母不同)、民心—明星(韵母不同)、出席—除夕(声调不同)。

三、江苏方言的特点

现代汉语方言，可以分为七大方言区，即北方方言区、吴方言区、湘方言区、赣方言区、闽方言区、粤方言区、客家方言区。方言之间的差异，主要表现在语音上，词汇方面的差别较小，语法上的差异更小。各方言区的语音同普通话语音往往存在整齐的对应关系。

根据《江苏省志·方言志》所述，江苏省的方言可以分为"三区七片"，即江淮方言区，分扬淮片、南京片、通泰片；吴方言区，分为苏州片、常州片；北方方言区，分为徐州片、赣榆片。这三个方言区，大致上按流经江苏的长江、淮河（今为废黄河故道，苏北灌溉总渠）这两条大河把省境内分成三大块来划分的：长江以南主要是吴方言区，长江以北至淮河两岸主要是江淮方言区，淮河以北约100千米以外是北方方言区。江苏方言"三区七片"的特点如下。

1. 江淮方言区

本区方言语音有两大特点：一是保留了古代的入声声调；二是多数市县声母n，l不分。本区包括42个市县（区）和靖江市的部分乡村，分为三片：

（1）南京片：包括南京、江宁、句容、溧水、江浦、六合6个市县（区）。

（2）扬淮片：包括扬州、江都、高邮、宝应、仪征、镇江、扬中、淮安、楚州、涟水、灌南、沭阳、泗阳、泗洪、洪泽、盱眙、金湖、连云港、东海、灌云、盐城、阜宁、建湖、响水、滨海、射阳共26个市县（区）。

（3）通泰片：包括南通、如皋、海安、如东、泰州、姜堰、泰兴、兴化、东台、大丰共10个市县和靖江的部分。

2. 吴方言区

本区方言语音有三大特点：一是塞音、塞擦音声母三分，即清声母分为送气、不送气，同时保留同一部位的古全浊声母；二是有较系统的文白读；三是有入声声调。本区分为东、西两片：

（1）苏州片：包括苏州、吴江、太仓、昆山、常熟、无锡和启东、海门、通州的启海话部分。

（2）常州片：包括常州、江阴、张家港、宜兴、溧阳、金坛、丹阳、高淳、靖江的大部分和溧水的南部，以及启东、海门、通州的通东话部分。

3. 北方方言区

本区方言属于北方方言的华北次方言区，语音上相对上述两区的方言更接近普通话。本区分为两片——徐州片和赣榆片：

（1）徐州片：包括徐州、丰县、沛县、铜山、邳州、睢宁、新沂、宿迁8个市县（区）。

（2）赣榆片：仅赣榆1个县。

一方水土养一方人，方言是文化的缩影，也是文化的最好代表。地域差异造就了不同的地域方言和文化，也使人们的思维和理念产生不同，但是不同的方言文化在经济发展中的作用各有优劣，我们要打破思维定势，积极改造我们方言文化中的那些消极因素，说好普通话，方便你我他。

第二节 语音的记音方式

记音符号就是记录语音的符号。汉字不是拼音文字,不能从字形中看出读音来,所以需要记音符号给汉字注音。我们现在最常用的记音符号系统主要有《汉语拼音方案》和国际音标。

一、《汉语拼音方案》

《汉语拼音方案》是用拉丁字母记录现代汉语普通话语音系统的一套记音符号,是我国法定的拼音方案。它由第一届全国人民代表大会第五次会议审议批准,1958年2月11日作为正式方案推行。《汉语拼音方案》,比过去的各种注音法更加科学、完善。今天,电子信息技术的普及,为《汉语拼音方案》的使用开拓了更加广阔的天地。

1. **《汉语拼音方案》的制定原则**

（1）国际化的原则。字母采用国际通用的拉丁字母,便于与国际交流。

（2）音素化的原则。用音素来描述音节,符合现代语音学的要求。

（3）口语化的原则。所拼写的是以北京语音为标准音的普通话,有利于推动现代汉民族共同语的发展。

2. **《汉语拼音方案》的作用**

（1）给汉字注音。汉语拼音用26个字母和4个声调符号表示普通话的全部音节,为成千上万个汉字标明普通话的标准读音,使汉字的注音实现科学化、简便化。

（2）推广普通话的工具。汉语拼音是以北京语音为标准音制定的,也是为推广和普及普通话服务的。学好汉语拼音是学好普通话的基础。各种方言与普通话在声母、韵母和声调方面的差异都有整齐的对应规律。利用汉语拼音,分清方言与普通话发音的不同,对准确掌握普通话标准读音大有帮助。

（3）拼写人名、地名、科学术语等。《汉语拼音方案》成为中国人名、地名拼写的国际标准,我国的外交文件和新华社电讯稿全面采用《汉语拼音方案》来拼写中国的地名和人名。如"北京""天津"拼作 Beijing,Tianjin。

（4）为少数民族创制文字提供参照。

（5）帮助外国人、外族人学习汉语。

（6）用来编制索引、电报、旗语、工业产品代号等。

（7）用于中文信息处理。用拼音输入法可以在国际通用的电脑键盘和手机上方便地输入汉字。

3. **《汉语拼音方案》的内容**

《汉语拼音方案》包括五个部分,即字母表、声母表、韵母表、声调符号和隔音符号(见附录一)。

（1）字母表:规定了《汉语拼音方案》所用的字母,还规定了字母的形体、名称和排列顺序。字母全部采用国际通用的26个拉丁字母。

（2）声母表：规定了21个辅音声母的读音和写法。声母的读音用的是呼读音。声母表根据发音部位将普通话语音的全部21个辅音声母分三行六组排列。

（3）韵母表：规定了韵母的读音、写法及音节的拼写规则。表中列出了普通话语音的35个韵母，并在表后的注释中补充了4个韵母：ê,er,-i[前],-i[后]，共39个韵母。韵母表是纵按"四呼"、横按结构排列的。

（4）声调符号：规定了普通话四声的调类名称、调号和标调方法。

（5）隔音符号：规定了隔音符号的作用和使用方法。a,o,e开头的音节连接在其他音节后面的时候，如果音节的界限发生混淆，用隔音符号(')隔开。

二、国际音标

国际音标（International Phonetic Alphabet），简称IPA，是国际语音学会制定的一套标音符号。1888年首次公布，后经多次补充修订，一直使用至今。

1. 国际音标的用途

国际音标是一套比较科学的记音工具，能记录世界上任何语言的语音。

2. 国际音标的特点

（1）国际通用。采用拉丁字母符号及其各种变化形式记录各种音素，国际通行。

（2）记音准确。遵循"一个音素一个符号，一个符号一个音素"的原则，符号与音素之间呈一对一的关系，区别细致，每个音标的音值都是确定不变的，不会出现混淆。

（3）使用灵活。可根据需要，用变形或增加符号等方式进行扩充，形成严整缜密的记音符号系统。

思考与训练

1. 名词解释。

   音素——　　　　　　声母——

   音节——　　　　　　韵母——

   元音——　　　　　　声调——

   辅音——

2. 语音和自然界的声音有什么不同？从物理角度看，语音的四要素是什么？
3. 人的发音器官包括哪三个部分？各自的作用是什么？
4. 根据语音，现代汉语划分为哪七大方言区？江苏方言有什么特点？
5. 《汉语拼音方案》包括哪几个部分？熟读声母表和韵母表。

第三章 普通话的音节

按照汉语传统的分析方法,普通话的音节分析成声母、韵母两部分,加上一个贯通整个音节的声调。一般来说,一个汉字就是一个音节。

第一节 声 母

普通话里有21个辅音声母(见附录一中的《声母表》),要发准这21个声母,需掌握两个关键——发音部位和发音方法。

一、声母的分类

(一)发音部位

发音时,发音器官局部紧张,气流在口腔受到阻碍。构成阻碍的部位就是发音部位。按发音部位分,普通话声母可以分为以下七类:

(1)双唇音:由上唇和下唇形成阻碍。普通话声母有b,p,m三个。

(2)唇齿音:由上齿和下唇形成阻碍。普通话声母有f一个。

(3)舌尖前音:由舌尖和上齿背形成阻碍。普通话声母有z,c,s三个。

(4)舌尖中音:由舌尖和上齿龈形成阻碍。普通话声母有d,t,n,l四个。

(5)舌尖后音:由舌尖和硬腭前部形成阻碍。普通话声母有zh,ch,sh,r四个。

(6)舌面音:由舌面和硬腭前部形成阻碍。普通话声母有j,q,x三个。

(7)舌根音:由舌面后部和软腭形成阻碍。普通话声母有g,k,h三个。

(二)发音方法

发音方法指发音时气流在喉头、口腔和鼻腔内受到节制的情况,可从三个方面来区分:阻碍的方式、声带是否颤动、气流的强弱。

1. 阻碍的方式

辅音的发音可以分为成阻、持阻、除阻三个部分,根据形成阻碍和解除阻碍的方式不同,可把普通话的声母分成塞音、擦音、塞擦音、鼻音、边音五类。

(1)塞音。发音时,发音部位闭塞,小舌和软腭上升,堵住气流通往鼻腔的通路,气流冲破阻碍,从口腔中爆破而出。塞音又称爆破音。声母中的b,p,d,t,g,k(3对6个)就是塞音。

(2) 擦音。发音时,形成阻碍的发音器官相互接近,形成一条缝隙,软腭和小舌上升,堵住气流通往鼻腔的通路,气流从缝隙中挤出,摩擦成声。擦音又称摩擦音。声母中的 f,h,x,s,sh,r(6个)就是擦音。

(3) 塞擦音。发音时,发音部位先闭住,软腭和小舌上升,堵住通往鼻腔的气流,然后,形成阻碍的发音器官中间形成一条缝隙,气流从缝隙中摩擦而出,形成一个前半部分像塞音,后半部分像擦音的音,但它只有一个成阻、持阻、除阻的过程,是一个单辅音。声母中的 j,q,zh,ch,z,c(3对6个)就是塞擦音。

(4) 鼻音。发音时,口腔闭住,软腭和小舌下降,气流振动声带从鼻腔流出。声母中的 m,n 就是鼻音。

(5) 边音。发音时,舌尖顶住上齿龈,软腭和小舌上升,堵住气流通往鼻腔的通路,气流从舌头的两边流出,声带要颤动。声母中的 l 就是边音。

2. **声带是否颤动**

按照声带是否颤动,辅音可以分为两种,即清音和浊音。

(1) 清音。清音指发音时声门打开,声带不颤动的音。声母中的 b,p,f,d,t,g,k,h,j,q,x,zh,ch,sh,z,c,s 就是清音。

(2) 浊音。浊音指发音时声门闭合,声带颤动的音。声母中的 m,n,l,r 就是浊音。

现代汉语普通话声母中, m,n,l,r 都是浊音。其余的 17 个声母中的塞音、塞擦音、擦音都是清音:b,p,f,d,t,g,k,h,j,q,x,zh,ch,sh,z,c,s。

3. **气流的强弱**

按照发音时气流的强弱,可把塞音和塞擦音分成送气音、不送气音(成对出现)。鼻音、边音、擦音等没有送气不送气的区别。

(1) 送气音。指发音时气流较强的音。声母中的 p,t,k,q,ch,c 就是送气音。例如:炮膛、皮子、兔子、吃了。

(2) 不送气音。指发音时气流较弱的音。声母中的 b,d,g,j,zh,z 就是不送气音。例如:发报、鼻子、肚子、饱了。

二、声母的发音

根据发音部位和发音方法,普通话 21 个辅音声母发音情况描述如下。

1. **双唇音 b,p,m**

b:双唇、不送气、清、塞音。

发音时双唇闭住,软腭和小舌上升,堵住鼻腔通道,气流通过喉头,不振动声带,到达口腔,然后双唇突然打开,气流爆出而发音。如"褒贬、颁布、奔波、报表"的声母。

p:双唇、送气、清、塞音。

发音的情形与 b 相同,只是爆破发音时气流较强。如"偏旁、匹配、澎湃、品牌"的声母。

m:双唇、浊、鼻音。

发音时双唇闭住,软腭和小舌下垂,打开鼻腔通道,气流通过喉头,振动声带,然后从鼻腔缓缓流出。如"埋没、美满、面貌、美妙"的声母。

2. 唇齿音 f

f：唇齿、清、擦音。

发音时上齿靠近下唇,中间留一条缝隙,软腭和小舌开起,堵住鼻腔通道,气流通过喉头,不振动声带,气经过口腔,从唇齿的缝隙间摩擦而出。如"丰富、非凡、方法、风帆"的声母。

3. 舌尖中音 d,t,n,l

d：舌尖中、不送气、清、塞音。

发音时舌尖顶住上齿龈,软腭和小舌升起,堵住鼻腔通道,气流通过喉头,但不振动声带,到达口腔,然后舌尖突然离开上齿龈,气流爆出而发音。如"道德、抵达、等待、地点"的声母。

t：舌尖中、送气、清、塞音。

发音的情形与 d 相同,只是爆破发音时气流较强。如"淘汰、妥帖、探讨、团体"的声母。

n：舌尖中、浊、鼻音。

发音时舌尖翘起,顶住上齿龈,软腭和小舌下垂,打开鼻腔通道,气流通过喉头,振动声带,然后从鼻腔缓缓流出。如"袅娜、牛奶、泥泞、奶牛"的声母。

l：舌尖中、浊、边音。

发音时舌尖翘起,顶住上齿龈,软腭和小舌提升,堵住鼻腔通道,气流通过喉头,振动声带,到达口腔,从舌头的两边流出。如"流利、磊落、理论、浏览"的声母。

4. 舌根音 g,K,h

g：舌根、不送气、清、塞音。

发音时舌根隆起,顶住软腭,形成阻塞,软腭和小舌翘起,堵住鼻腔通道,气流通过喉头,但不振动声带;到达口腔,然后舌根与软腭突然离开,气流爆出而发音。如"更改、光顾、高贵、观光"的声母。

k：舌根、送气、清、塞音。

发音的情形与 g 相同,只是爆破发音时气流较强。如"空旷、苛刻、开阔、刻苦"的声母。

h：舌根、清、擦音。

发音时舌根隆起,与软腭之间留一条缝隙,软腭和小舌翘起,堵住鼻腔通道,气流通过喉头,但不振动声带,到达口腔,从缝隙间摩擦而出。如"荷花、绘画、黄河、呼唤"的声母。

5. 舌面音 j,q,x

j：舌面、不送气、清、塞擦音。

发音时舌面前部抬起,顶住硬腭前部,软腭和小舌翘起,堵住鼻腔通道,气流通过喉头,但不振动声带,到达口腔,然后舌面前部与硬腭前部打开,形成一条缝隙,气流摩擦而出,形成先塞后擦的发音。如"积极、经济、交际、简介"的声母。

q：舌面、送气、清、塞擦音。

发音的情形与 j 相同,只是发音时气流较强。如"齐全、恰巧、情趣、确切"的声母。

x：舌面、清、擦音。

发音时舌面前部抬起,靠近硬腭前部,中间留一条缝隙,软腭和小舌翘起,堵住鼻腔通道,气流通过喉头,但不振动声带,到达口腔,从缝隙间摩擦而出。如"信息、喜讯、学习、形象"的声母。

6. 舌尖后音 zh,ch,sh,r

zh:舌尖后、不送气、清、塞擦音。

发音时舌尖翘起,顶住硬腭前部,软腭和小舌翘起,堵住鼻腔通道,气流通过喉头,但不振动声带,到达口腔,然后舌尖与硬腭前部离开一条缝隙,气流摩擦而出,形成先塞后擦的发音。如"政治、战争、真正、纸张"的声母。

ch:舌尖后、送气、清、塞擦音。

发音的情形与 zh 相同,只是发音时气流较强。如"橱窗、超常、长城、出差"的声母。

sh:舌尖后、清、擦音。

发音时舌尖与硬腭前部中间留一条缝隙,软腭和小舌翘起,堵住鼻腔通道,气流通过喉头,但不振动声带,到达口腔,从缝隙间摩擦而出。如"赏识、设施、舒适、少数"的声母。

r:舌尖后、浊、擦音。

发音时舌尖上翘,接近硬腭前部,留一条缝隙,软腭上升,堵住鼻腔通道,气流振动声带,到达口腔,从缝隙间摩擦而出。如"荣辱、柔弱、容忍、仍然"的声母。

7. 舌尖前音 z,c,s

z:舌尖前、不送气、清、塞擦音。

发音时舌尖顶住上齿背,软腭和小舌上升,堵住鼻腔通道,气流通过喉头,但不振动声带,然后舌尖与上齿背离开一条缝隙,气流摩擦而出,形成先塞后擦的发音。如"自尊、总则、在座、造作"的声母。

c:舌尖前、送气、清、塞擦音。

发音的情形与 z 相同,只是发音时气流较强。如"草丛、参差、猜测、仓促"的声母。

s:舌尖前、清、擦音。

发音时舌尖靠近上齿背,中间留一条缝隙,软腭和小舌翘起,堵住鼻腔通道,气流通过喉头,但不振动声带,到达口腔,从缝隙间摩擦而出。如"搜索、色素、松散、洒扫"的声母。

◎ [发音训练]

1. 朗读下列单音节字词,注意声母的发音。

```
b——笔  奔  表  把  白  帮  班  编  兵  播  北  别  半
p——批  片  破  篇  陪  喷  剖  瞥  盘  派  匹  票  品
m——慢  民  某  麦  猫  门  忙  面  名  谬  梦  秒  灭
f——分  幅  非  发  放  反  福  峰  愤  防  否  风  饭
d——单  读  第  段  电  多  答  点  带  导  都  动  等
t——听  铁  桃  谈  他  跳  讨  图  套  塔  题  天  特
n——年  南  你  宁  鸟  您  念  女  能  内  努  牛  嫩
l——老  类  论  略  律  灵  蕾  龙  令  露  料  蓝  烈
g——轨  概  观  购  国  光  公  敢  港  冠  给  高  耕
```

k——	考	可	堪	跨	课	肯	刊	渴	空	凯	快	口	宽
h——	华	横	晖	荷	节	汉	魂	虹	寒	黑	核	幻	湖	海
j——	街	讲	节	家	届	君	炯	甲	剑	即	解	级	境
q——	且	琼	泉	去	求	请	鹊	潜	劝	群	齐	桥	秦
x——	笑	学	谐	新	雄	需	穴	屑	萧	许	夏	鞋	选
zh——	站	周	彰	指	竹	智	真	展	诸	准	债	召	征
ch——	持	察	初	窗	插	车	创	冲	春	承	揣	柴	产
sh——	水	市	声	爽	说	扇	诗	绍	沈	摄	申	晒	首
r——	日	如	然	容	弱	仍	染	热	人	软	让	绕	柔
z——	左	在	纵	最	走	则	组	咱	怎	早	脏	增	紫
c——	苍	草	层	村	萃	从	册	餐	错	采	促	岑	此
s——	苏	桑	虽	思	色	赛	森	散	算	洒	送	宿	所

2. 朗读下列双音节词语，注意声母的发音。

办法 播放 部门 模范 普遍 分配 笔墨 爆破 马匹 排版 喷发 蜂蜜
攀比 名片 篇幅 放牧 佩服 风波 论坛 努力 童年 电脑 聆听 典礼
朗读 泥土 头脑 蓝天 理念 讨论 独立 得体 东南 独特 年代 道路
海关 凯歌 狂欢 航空 开关 何况 概括 客观 荷花 广阔 坎坷 欢呼
骨骼 海港 考核 刻画 慷慨 黑客 奇迹 技巧 清醒 教学 界限 间隙
气象 健全 清新 清晰 夏季 机械 解决 揭晓 情境 局限 辛勤 心情
阵容 查收 主持 招生 诗人 日出 真诚 燃烧 生日 儒商 设置 容忍
湿润 侦察 衬衫 转让 常识 仍然 字词 总裁 沧桑 自尊 参观 咱们
祖国 足球 参赞 塞责 塑造 策略 赠送 色彩 存在 赞颂 桑蚕 阻塞

3. 朗读下列三音节词语，注意每个词语第一个音节声母的发音。

繁体字 边境线 北极光 保险柜 报告会 辩论赛 民族舞 普通话 防洪堤
方言区 排球赛 平衡木 莫斯科 牡丹江 讨论会 代理人 绿茸茸 太极拳
停机坪 年轻化 泥石流 听录音 黏合剂 螺丝刀 电热器 暖气片 雕刻家
电路图 可比性 海岸线 公开赛 挂号费 化工部 空格键 开夜车 合格率
高寒区 航空业 课间操 高科技 开门红 化合物 计算机 起点站 现代化
建设者 区域化 君子兰 心理学 鉴定会 驱逐舰 选举权 交响乐 六弦琴
气象台 星期六 沙尘暴 人事厅 双重性 热处理 软着陆 生日卡 注射器
出入口 时装界 入场券 出入境 主人公 双唇音 市场价 次大陆 三八节
测试仪 自然界 总司令 色拉油 三字经 紫罗兰 材料费 资料室 总导演

4. 朗读下列四音节词语，注意每个词语第一个音节声母的发音。

不卑不亢 盘根错节 满腹经纶 不屈不挠 排忧解难 丰功伟绩 旁征博引
评头论足 班门弄斧 非此即彼 马到成功 披星戴月 大张旗鼓 两袖清风
道貌岸然 鸟语花香 年富力强 铁面无私 龙腾虎跃 你来我往 亭亭玉立
雕梁画栋 老骥伏枥 玲珑别透 慷慨激昂 好高骛远 改朝换代 空中楼阁
汉语拼音 感性认识 刚柔相济 跨国公司 海底捞月 固定资产 宽宏大量

航空母舰　机械运动　浅尝辄止　激浊扬清　炯炯有神　岂有此理　雪上加霜
巧夺天工　学海无涯　心心相印　清规戒律　循规蹈矩　兼收并蓄　车水马龙
燃眉之急　守株待兔　超级市场　山珍海味　仗义执言　热血沸腾　真凭实据
察言观色　忍辱负重　舍生取义　政通人和　藏龙卧虎　责无旁贷　载歌载舞
所向披靡　草木皆兵　三令五申　随波逐流　走马观花　辞旧迎新　自然规律

三、声母辨正训练

学习普通话的声母,要弄清自己的方言与普通话声母的对应关系和主要差异。

（一）分清 zh,ch,sh,r 与 z,c,s

1. 区分 zh,ch,sh 与 z,c,s 的读音

普通话中舌尖前音 z,c,s 又叫平舌音,舌尖后音 zh,ch,sh 又叫翘舌音。

zh,ch,sh 与 z,c,s 的区别在于发音部位的不同:zh,ch,sh 发音时舌尖与硬腭前部构成阻碍,而 z,c,s 发音时舌尖与上齿背构成阻碍。

zh,ch,sh 与 z,c,s 不分的情况,分布地区较广,吴方言、闽方言、粤方言及东北、西北、江淮和西南的大部分地区以及鲁南、鲁东南、鲁西南等地区都有此现象。因此,这些方言区的人学习普通话时首先要学会 zh,ch,sh 的发音。

2. 区分读 zh,ch,sh 与 z,c,s 的字

区分读 zh,ch,sh 与 z,c,s 的字,可参照 zh,ch,sh 和 z,c,s 对照辨音字表(见表 2-1、表 2-2、表 2-3)。

表 2-1　zh,z 辨音字表

韵母	zh	z
a	①扎(驻~)渣②闸铡扎(挣~)札(信~)③眨④乍炸榨蚱栅	①扎(包~)匝②杂砸
e	①遮②折哲辙③者④蔗浙这	②泽择责则
u	①朱珠蛛株诸猪②竹烛逐③主煮嘱④注蛀住柱驻贮祝铸筑箸	①租②族足卒③组阻祖
-i	①之芝支枝肢知蜘汁只织脂②直植殖值执职③止址趾旨指纸只④至室致志治质帜挚掷秩置滞制智稚痔	①兹滋孳姿咨资孜觜偲辎③子仔籽梓滓紫④字自恣渍
ai	①摘斋②宅③窄④寨债	①灾哉栽③宰载④再在载(~重)
ei		②贼
ao	①昭招朝②着③找爪沼④照召赵兆罩	①遭糟②凿③早枣澡④造皂灶躁燥
ou	①州洲舟周粥②轴③帚肘④宙昼咒骤皱	①邹③走④奏揍
ua	①抓	
uo	①桌捉拙卓②着酌灼浊镯啄琢	①作(~坊)②昨凿(确~)③左④坐座作柞做
ui	①追锥④缀赘坠	③嘴④最罪醉

韵母	zh	z
an	①沾毡粘③盏展斩④占战站栈绽蘸	①簪②咱③攒④赞暂
en	①贞侦祯桢真③疹诊枕缜④振震阵镇	③怎
ang	①张章樟彰③长掌涨④丈仗杖帐涨瘴障	①赃脏(肮~)④葬藏脏
eng	①正(~月)征争峥挣③整拯④正政症证郑帧	①曾僧增缯④赠
ong	①中盅忠钟衷终③肿种(~子)④中(打~)种(~植)仲重众	①宗踪棕综鬃③总④纵粽
uan	①专砖③转④传转(~动)撰篆赚	①钻③纂④钻(~石)
un	③准	①尊遵
uang	①庄桩装妆④壮状撞	

注：表中的数字表示声调，①阴平，②阳平，③上声，④去声。以下辨音字表中不再说明。

表2-2 ch,c 辨音字表

韵母	ch	c
a	①叉杈插差(~别)②茶搽查察③衩④岔诧差(~错)	①擦嚓
e	①车③扯④彻撤掣	④册策厕侧测恻
u	①出初②除厨橱锄蹰刍雏③楚础杵储处(~分)④畜触矗处	①粗④卒(仓~)猝促醋簇
-i	①吃痴嗤②池弛迟持匙③尺齿耻侈敚④斥炽翅赤叱	①疵差(参~)②雌辞词柯瓷慈磁③此④次伺刺赐
ai	①差拆钗②柴豺	①猜②才财材裁③采彩踩④菜蔡
ao	①抄钞超②朝潮嘲巢③吵炒	①操糙②曹漕嘈槽③草
ou	①抽②仇筹畴踌绸稠酬愁③瞅丑④臭	④凑
uo	①踔戳④绰(~号)辍啜	①搓蹉撮④措错挫锉
uai	③揣④踹	
ui	①吹炊②垂锤捶槌	①崔催摧④萃悴淬翠粹瘁脆
an	①搀掺②蝉禅谗潺缠蟾③铲产阐④忏颤	①餐参②蚕残惭③惨④灿
en	①琛嗔②辰晨宸沉忱陈橙臣④趁衬称(相~)	①参(~差)②岑
ang	①昌猖娼伥②常嫦尝偿场肠长③厂场敞氅④倡唱畅怅	①仓苍舱沧②藏
eng	①称撑②成诚城盛(~水)呈和承乘澄惩③逞骋④秤	②曾层④蹭
ong	①充冲春②重虫崇③宠④冲(~压)	①匆葱囱聪②从丛淙
uan	①川穿②船传椽③喘④串钏	①蹿②窜篡
un	①春椿②唇纯淳醇③蠢	①村②存③忖④寸
uang	①窗疮创(~伤)②床③闯④创(~造)	

表 2-3 sh,s 辨音字表

韵母	sh	s
a	①沙纱砂痧杀杉③傻④煞厦(大~)	③洒撒(~种)④卅萨飒
e	①奢赊②舌蛇③舍(~弃)④社舍射麝设摄涉赦	④塞(~责)瑟啬穑(稼~)色(~彩)涩
u	①书梳疏蔬舒殊叔淑输抒纾枢②孰塾赎③暑署薯曙鼠数属黍④树竖术述束漱恕数	①苏酥②俗④素塑诉肃粟宿速
-i	①尸师狮失施诗湿虱②十什拾石时识实食蚀③史使驶始屎矢④世势誓逝市示事是视室适饰士氏恃式试拭轼弑	①司私思斯丝鸶③死④四肆似(~乎)寺
ai	①筛④晒	①腮鳃塞④塞(要~)赛
ao	①捎稍艄烧②勺芍杓韶③少(多~)④少(~年)哨绍邵	①臊骚搔③扫(~除)嫂④扫(~帚)臊(害~)
ou	①收②熟③手首守④受授寿售兽瘦	①溲廋飕搜艘馊③擞④嗽
ua	①刷③耍	
uo	①说④硕烁朔	①缩娑蓑梭唆③所锁琐索
uai	①衰③甩④帅率蟀	
ui	②谁③水④税睡	①虽尿②绥隋随③髓④岁碎穗隧燧遂
an	①山舢删衫姗栅跚③闪陕④扇善膳缮擅赡	①三叁③伞散(~文)④散
en	①申伸呻身深参(人~)②神沈审婶④慎肾甚渗	①森
ang	①商墒伤③响晌赏④上尚	①桑丧(~事)③嗓④丧
eng	①生牲笙甥升声②绳③省④圣胜盛剩	①僧
ong		①松③悚④送宋颂诵
uan	①拴栓④涮	①酸④算蒜
un	④顺	①孙③笋损
uang	①双霜③爽	

平翘舌音字辨记的方法

1. 利用声旁类推规律。

利用已知的声旁推断出同声旁的一批字的读音。例如：

中——忠、盅、钟、衷、肿、种、仲、种

宗——综、棕、踪、鬃、粽

尚——裳、赏、掌、常、嫦

采——菜、踩、彩、睬

这种方法也有例外，有的字声旁是翘舌音却读作平舌音，如"作、昨、钻、暂、惭、脏、赃"等；有的字声旁是平舌音却读作翘舌音，如"铡、债、肘、豺、柴、崇、疮"等。

2. 利用声韵配合规律。

（1）以 ua,uai,uang 作韵母的字，声母是 zh,ch,sh,不可能是 z,c,s,如"抓、耍、拽、庄、床、双"等。

(2) 以 en 作韵母的字，除了"怎、参（差）、岑、森"几个字外，以 eng 作韵母的字，除了"层、曾（经）"和以"曾"作声旁的少数字外，其余字的声母都是舌尖后音。

(3) 以 ou 作韵母的字，除了"凑"等少数字声母是平舌音外，其余的声母是翘舌音。

(4) 以 uen 作韵母的字中，只有"顺、吮、舜、瞬"四个字的声母是 sh，其余的字声母都是 s。

(5) 以 ong 作韵母的字中，声母只能是 s，翘舌音 sh 不和 ong 相拼。以下这些字都可以放心地读平舌音：松、淞、崧、嵩、忪、竦、悚、怂、耸、宋、讼、颂、送、诵。

3. 利用记少不记多的规律。

平翘舌音的常用字约 800～900 个，读翘舌音的字占 70％左右。在分辨平翘舌音的字时，可侧重记住读平舌音的一些常用字，如"曾、噌、层、蹭"。

另外，声旁是 d，t 或与 d，t 声母的字有关的，普通话里这些字的声母一般读翘舌音。如：

说—兑　　滞—带　　治—台　　终—冬　　绽—定　　蝉—单

也可以间接类推，如：

输—俞—偷—sh　　除—余—途—ch　　侍—寺—待—sh

3．读准 zh，ch，sh，去掉舌叶音

舌叶音就是舌叶和上齿龈后部形成阻碍发出的辅音。

4．读准 r 声母

普通话的 r 声母，各方言区读法比较复杂。

不同方言区的人学普通话时，要根据自己方言的情况掌握 r 声母字的发音。如方言中没有 r 声母的人，首先要学会发 r 声母。r 声母与 zh，ch，sh 发音部位相同，都是舌尖后音；r 是一个浊擦音，发音时，舌尖上翘，接近硬腭前部，留一条缝隙，软腭上升，堵住鼻腔通道，肺部呼出的气流振动声带，到达口腔，从缝隙间摩擦而出。

然后再分辨清楚哪些是 r 声母的字，并多加练习。普通话中 r 声母的字很少，常用的只有 70 多个：然、髯、燃、冉、苒、染、瓤、壤、攘、嚷、让、饶、扰、娆、绕、惹、热、人、壬、仁、任、忍、荏、稔、刃、认、纫、韧、饪、妊、扔、仍、日、戎、茸、荣、绒、容、嵘、蓉、溶、榕、熔、融、冗、柔、揉、糅、肉、如、茹、儒、嚅、濡、孺、汝、乳、辱、入、缛、褥、阮、软、芮、锐、瑞、睿、闰、润、若、偌、弱。

在这些字中，有些可以用声旁类推法记忆。如"瓤、壤、攘、嚷"都读 rang；"儒、嚅、濡、孺"都读 ru。

5．读准 z，c，s，去掉齿间音

普通话的舌尖前音 z，c，s，在有些方言区发成了齿间音。齿间音发音时舌尖外伸，放在上下齿之间。普通话没有齿间音。纠正的方法是，发音时不要把舌尖放在上下齿之间，而是舌尖和上齿背构成阻碍。

◎ ［发音训练］

1．舌尖后音 zh，ch，sh 与舌尖前音 z，c，s 分类练习。

(1) 舌尖后音 zh,ch,sh,r

zh——珍重　政治　战争　种植　真正　主张　卓著　挣扎　郑州
ch——长城　查处　踌躇　驰骋　长春　唇齿　橱窗　穿插　铲除
sh——硕士　书山　税收　少帅　山水　上升　事实　少数　收拾
r——仍然　容忍　柔软　濡染　软弱　柔韧　荣辱　荏苒　忍让
zh,ch——主持　侦察　正常　咫尺　真诚　战场　惩治　初中　厂长
zh,sh——知识　证书　招生　战胜　展示　甚至　深圳　手指　书斋
zh,r——　转让　阵容　正如　灼热　卓然　认真　乳汁　睿智　热衷
ch,sh——查收　阐释　衬衫　成熟　城市　舒畅　市场　审查　删除
ch,r——承认　出让　春日　耻辱　出入　日出　入场　热忱　冗长
sh,r——诗人　湿润　生日　收入　市容　认识　儒商　燃烧　柔顺

(2) 舌尖前音 z,c,s

z——自尊　藏族　祖宗　最早　罪责　总则　粽子　走卒　再造
c——层次　曹操　匆匆　从此　璀璨　催促　粗糙　措辞　参差
s——搜索　诉讼　思索　琐碎　松散　撕碎　色素　僧俗　洒扫
z,c——字词　总裁　自从　做操　存在　词组　错字　操作　参赞
z,s——赠送　走私　再三　总算　阻塞　塑造　色泽　嗓子　虽则
c,s——沧桑　参赛　彩色　测算　素材　思忖　素菜　随从　松脆

2. 舌尖前音与舌尖后音词语混合练习。

舌尖前音 z,c,s ＋ 舌尖后音 zh,ch,sh
组织　尊重　资助　作者　自治　自筹　造成　早晨　资产　尊称　综述　左手
暂时　遵守　素质　算账　苏州　丝竹　散装　速成　四川　赛车　随处　搜查
舌尖后音 zh,ch,sh ＋ 舌尖前音 z,c,s
著作　正在　职责　制造　追踪　创造　称赞　插座　吹奏　茶座　数字　实在
手足　失踪　始祖　中餐　政策　制裁　注册　助词　炒菜　筹措　纯粹　尺寸

3. 舌尖前音 z,c,s 与舌尖后音 zh,ch,sh 对比辨析练习。

近似—近视　　午睡—五岁　　粗布—初步　　姿势—知识　　自动—制动
资助—支柱　　自愿—志愿　　鱼刺—鱼翅　　私人—诗人　　仿造—仿照
主力—阻力　　乱吵—乱草　　支援—资源　　糟了—招了　　申诉—申述
山顶—三顶　　木柴—木材　　商业—桑叶　　树立—肃立　　增订—征订
摘花—栽花　　宗旨—中止　　找到—早到　　八成—八层　　搜集—收集

4. 读准下列 r 声母的字词。

仍然　容忍　柔软　软弱　荣辱　冉冉　柔弱　忍让　柔韧　荏苒　如若　如期
人物　认同　容易　软盘　容量　认可　日记　如何　热敷　柔道　乳酸　润泽
入学　如此　热闹　容貌　日光　如意　燃料　弱点　热血

(二)分清 n 与 l

1. 区分 n,l 的读音

怎样体会 n 和 l 正确的发音方法呢?不妨试一试以下对比做法。

按照 n 的发音要求做好发音准备,用拇指和食指捏住鼻孔并试图发 n 音,如果有很强的憋气的感觉,说明发音的部位和方法正确,松开拇指和食指,带上元音 e 或 a 呼读,n 则自然成声;反之则错误。

按照 l 的发音要求做好发音准备,用手捂住嘴巴,并试图发 l 音,如果两腮鼓起并伴有憋气的感觉,说明符合发音要求,移开手掌,带上元音 e 或 a 呼读,l 则自然成声。

n,l 不分的情形主要分布于湘方言、赣方言、闽方言的一部分地区以及西南、江淮话等地区,其表现情况也不同,有的两者可以互换,如兰州话;有的 l 变为 n,如重庆话;有的是 n 变为 l,如南京话。各方言区的人首先应对自己方言中 n,l 的情况进行了解,再纠正发音。

2. 区分读 n,l 的字

区分读 n 和 l 的字,一方面注意正确的发音,熟记读 n 和 l 的常用字词。我们同样可以用偏旁类推的方法:记住一个字的声母读音,就可以记住一系列同声旁字的读音。如:

农(n)——浓侬脓哝秾　　　龙(l)——笼拢聋陇垄垅珑砻眬泷

囊(n)——攮囔馕曩齉　　　来(l)——莱崃俫涞梾鶆铼

南(n)——楠喃腩　　　　　兰(l)——栏烂拦

表 2-4 对分辨 n,l 有帮助,要注意记忆。

表 2-4 n,l 辨音字表

韵母	n	l
a	①那②拿③哪④那纳呐捺钠	①拉啦垃邋③喇④辣剌瘌蜡腊落
ai	③乃奶④奈耐	②来④赖癞
an	②难男南楠④难	②兰栏篮蓝婪阑斓③懒览揽榄缆④烂滥
ang	②囊	①啷②狼郎廊榔螂琅③朗④浪
ao	②挠蛲铙③脑恼④闹	①捞②劳痨牢③老姥④涝烙酪
e	呢	①勒乐
ei	③馁④内那	①勒②雷擂镭③累(~进)垒儡蕾④累类泪肋
en	④嫩	
eng	②能	②棱③冷④愣
i	②尼泥呢霓③你拟④腻匿溺逆	②离篱璃厘狸黎犁梨蜊③礼里理鲤李④粒例立力历沥荔丽
ia		③俩
ian	①蔫拈黏②年粘鲇③撵捻碾④念	②怜连联帘廉镰③脸④炼链练恋敛殓
iang	②娘④酿	②良凉梁粮量③两④亮晾谅辆量
iao	③鸟袅④尿	①撩②辽疗僚潦燎嘹聊寥③了④料廖
ie	①捏④聂蹑镊镍孽啮	③咧列烈裂劣猎洌冽

韵母	n	l
in	②您	②邻鳞麟林淋琳临磷③凛檩④吝蔺赁
ing	②宁柠狞咛凝③拧④宁泞佞拧	②零灵龄伶蛉铃玲羚聆凌陵菱③岭领④令另
iu	①妞②牛③扭忸纽拗	①溜②刘流琉硫留榴瘤③柳绺④六镏陆
ong	②农浓脓④弄	②龙咙聋笼隆窿③垄拢陇④弄（~堂）
ou		①搂②楼喽耧⑨搂篓④陋漏露
u	②奴③努④怒	②卢庐炉芦驴颅③卤虏鲁橹④碌陆路赂鹭露（~水）录鹿辘绿（~林）
uan	③暖	②滦李③卵④乱
ui		
un		①抡②仑伦沦轮④论
uo	②挪④懦诺糯	①啰（~嗦）捋②罗萝逻箩锣螺骡③裸④落洛络骆
ü	③女	②驴③吕侣铝旅屡履缕④虑滤律率(效~)氯绿
üe	④虐	④略掠

◎ [发音训练]

1. n,l 分类练习。

n —— 南 内 耐 年 宁 牛 脑 泥 努 狞 您 能 鸟 念 你

l —— 理 量 论 联 率 料 络 流 来 露 领 临 略 拉 峦

n,n —— 牛奶 恼怒 扭捏 能耐 内能 男女 农奴

l,l —— 理论 联络 流露 拉力 老练 轮流 罗列

2. n和l词语混合练习。

n,l —— 哪里 纳凉 奶酪 脑力 内涝 能力 鸟类 内陆 暖流 女篮 年历
牛郎 努力 凝练 年龄

l,n —— 来年 老农 冷暖 流脑 岭南 理念 龙年 连年 老年 辽宁 留念
蓝鸟 雁难 流年 凌虐

n,n —— 袅娜 恼怒 袅袅 奶牛 泥泞 男女 奶奶 南宁 能耐

l,l —— 领略 浏览 笼络 伦理 褴褛 罗列 理论 利率 联络

3. n,l字词对比辨音练习。

女—旅 脑—老 怒—路 南—篮 年—连 娘—良 牛—刘 那—辣 能—棱
耐—籁 倪—黎 宁—零 您—林 你—李 虐—掠 聂—列 农—龙 料—尿
无赖—无奈 水牛—水流 男裤—蓝裤 旅客—女客 脑子—老子 连夜—年夜
留念—留恋 浓重—隆重 南部—蓝布 烂泥—烂梨 牛黄—硫磺 大娘—大梁

（三）分清 r 与 l

1. 区分 r,l 的读音

r 和 l 的发音部位比较接近,而且都是浊声母,音色比较近似,有些方言区的人容易把 r 读成 l,如"天然"读成"天蓝"。要分清这两个声母,首先要摆正它们的发音部位:发 l 时,舌尖接触的位置要比发 r 时略前一点;而发 r 时,舌尖要向上翘,舌尖略向后移。声母 r 的发音和 sh 相近,只是摩擦比 sh 弱,同时声带颤动,气流带音。

2. 区分读 r,l 的字

我们可以利用古今语音演变的规律来分辨这两个声母的字:凡普通话声母是 l 的字,方言也读 l;普通话是 r 声母的字,江淮方言中没有,把 r 声母字读成 l 声母字。

以下是 r 声母类推字,请辨记。

然——燃

冉——苒 髯

嚷——壤 瓤 攘

绕——饶

人——认

壬——任 妊 衽 荏 饪

刃——忍 韧 仞 纫 岃

仍——扔

戎——绒

荣——嵘 蝾

容——蓉 溶 榕 熔

柔——揉 糅 鞣 輮

如——茹

儒——濡 孺 蠕 嚅

辱——褥 缛 蓐

芮——蚋 枘

闰——润

若——偌 箬

◎ [发音训练]

r—l　乳汁—卤汁　孔融—恐龙　收入—收录　热土—乐土
　　　染料　热流　热浪　热泪　热力　热恋　日历　蹂躏　锐利

l—r　力气—热气　例如—日落　隆隆—融融　懒病—染病
　　　礼让　利润　利刃　丽人　落日　了然　连任　来日

(四) 分清 f 与 h

1. 区分 f,h 的读音

f 与 h 发音的区别:f 是唇齿清擦音,而 h 是舌根清擦音,二者的不同在于发音部位。f 与 h 混淆的情况主要出现在西南方言、赣方言及江淮方言的东南片等地区,应掌握其对应规律,逐步改正过来。

2. 区分读 f,h 的字

可以用谐声字来记忆其规律,便于纠正。例如:

伐(f)——筏 阀 垡
化(h)——花 华 骅 哗 桦
付(f)——附 府 符 腐 俯 苻 咐 拊
户(h)——沪 护 戽 扈

◎ [发音训练]

1. f,h 分类练习。

f——方法 丰富 仿佛 反复 发放 非法 防范 非凡 复发 芬芳 风范
h——混合 黄河 回环 呼唤 辉煌 黄昏 绘画 欢呼 红花 豪华 呼喊

2. f 和 h 词语混合练习。

发挥 返回 符合 凤凰 防洪 繁华 符号 防护 复活 负荷 反悔 富豪
恢复 化肥 合法 划分 寒风 合肥 耗费 哈佛 横幅 海风 花粉 洪峰
纷飞 花卉 绘画 黄花 芬芳 翻飞 华语 会话 风吹 蜂房 分发 肥皂

3. f,h 词语对比辨音练习。

舅父—救护 公费—工会 附注—互助 仿佛—恍惚 防虫—蝗虫 斧头—虎头
飞机—灰鸡 非凡—辉煌 奋战—混战 复员—互援 方地—荒地 防止—黄纸

(五) 分清 j,q,x 与 z,c,s

普通话的 j,q,x 是舌面音,有些方言区常常把 j,q,x 发成接近 z,c,s 的音,或者与舌尖后音 zh,ch,sh 声母混用,如把"知道"读成"机道",把"少数"读成"小数"等。

有的方言区将普通话的舌面音 j,q,x 发成了两套声母,即所谓"音尖团"。普通话是不分尖团的,因此分尖团的方言应将两类音合并为一类,把声母一律改为舌面音 j,q,x。

舌面前音 j,q,x 是由舌面前部与硬腭形成阻碍而发声的。有些人在发音时发音部位太靠近舌尖,发出的音带有"滋滋"的舌尖音的味道,属于语音缺陷。

普通话 j,q,x 的正确发音部位是:舌尖前部接近下齿背,使舌面前部与前硬腭构成阻碍。

◎ [发音训练]

1. j,q,x 和 zh,ch,sh,z,c,s 分类练习。
j,q,x——教学　前景　新疆　取消　心情　奇迹　信件　技巧　清洁　星球
zh,ch,sh——展示　车站　设置　主持　市场　传真　时装　证书　传说　删除
z,c,s——字词　色彩　赠送　参赛　早餐　存在　沧桑　塑造　阻塞　蚕丝　色泽

2. j,q,x 和 zh,ch,sh 词语混合练习。
实际　剪除　精致　趋势　消失　秩序　沉寂　深浅　审讯　少将　汽车
机器　急切　军区　迁就　劝酒　西式　机制　启齿　市区　戏曲　建设
奖章　签证　近视　精湛　鉴赏　前程　写照　消失　修饰　记者　休战

3. j,q,x 和 zh,ch,sh 对比辨音练习。
墨迹—墨汁　密集—密植　蜥蜴—诗意　边际—编制　就业—昼夜　浅明—阐明
砖墙—专长　洗礼—失礼　详细—翔实　缺席—确实　获悉—获释　逍遥—烧窑
修饰—收拾　电线—电扇　艰辛—艰深　交际—交织　姓名—盛名　失去—西去

4. j,q,x 和 z,c,s 词语混合练习。
缉私　集资　其次　袖子　下策　司机　丝线　私心　习字　戏词
资金　字迹　字据　私交　私情　思绪　自己　自觉　瓷器　刺激

第二节　韵　母

普通话有39个韵母(见附录一中的《韵母表》),其中23个是单元音韵母或复合元音韵母,16个是由元音加鼻辅音构成的韵母。

韵母的结构,根据发音的响亮清晰程度可分成韵头、韵腹和韵尾三个部分,其中发音最响亮的部分是韵腹(主要元音),韵腹前面是韵头,后面是韵尾。不是每个韵母都同时具备这三个部分,但韵腹是不可缺少的。

韵母的分类,按结构可以分为单韵母、复韵母、鼻韵母三类;按开头元音发音口形可分为开口呼、齐齿呼、合口呼、撮口呼,简称"四呼"。

一、韵母的发音

(一) 单韵母

由一个元音构成的韵母叫单韵母,又叫单元音韵母。单元音韵母发音的特点是自始至终口形不变,舌位不移动。普通话中单元音韵母共有10个:a,o,e,ê,i,u,ü,-i(前),-i(后),er。

1. 舌面元音

a 发音时,口腔大开,舌头前伸,舌位低,舌头居中,嘴唇呈自然状态。如"沙发""打靶""刹那"的韵母。

o 发音时,口腔半合微开,舌位半高,舌头后缩,嘴唇拢圆。如"薄膜""磨破""默默"的韵母。

e 发音状况大体像 o,只是双唇自然展开成扁形。如"隔阂""客车""特色"的韵母。

ê 发音时,口腔半开,舌位半低,舌头前伸,舌尖抵住下齿背,嘴角向两边自然展开,唇形不圆。在普通话里,ê 很少单独使用,经常出现在 i,ü 的后面,在 i,ü 后面时,书写要省去符号"∧"。如"憋""撇""雀""月"的韵母。

i 发音时,口腔开度很小,舌头前伸,前舌面上升接近硬腭,气流通路狭窄,但不发生摩擦,嘴角向两边展开,呈扁平状。如"集体""笔记""地理"的韵母。

u 发音时,口腔开度很小,舌头后缩,后舌面上升接近硬腭,气流通路狭窄,但不发生摩擦,嘴唇拢圆成一小孔。如"图书""互助""出路"的韵母。

ü 发音时,口腔开度很小,舌头前伸,前舌面上升接近硬腭,但气流通过时不发生摩擦,嘴唇拢圆成一小孔。发音情况和 i 基本相同,区别是 ü 嘴唇是圆的,i 嘴唇是扁的。如"语句""盱眙""女婿"的韵母。

2. 舌尖元音

-i(前)发音时,舌尖前伸,对着上齿背形成狭窄的通道,气流通过不发生摩擦,嘴唇向两边展开。用普通话念"私"并延长,字音后面的部分便是-i(前)。这个韵母只跟 z,c,s 配合,不和任何其他声母相拼,也不能自成音节。如"资""此""思""孜"的韵母。

-i(后)发音时,舌尖上翘,对着硬腭形成狭窄的通道,气流通过不发生摩擦,嘴角向两边展开。用普通话念"师"并延长,字音后面的部分便是-i(后)。这个韵母只跟 zh,ch,sh,r 配合,不与其他声母相拼,也不能自成音节。如"知识""支持""诗"的韵母。

3. 卷舌元音

er 发音时,口腔半开,开口度比 ê 略小,舌位居中,稍后缩,唇形不圆。在发 e 的同时,舌尖向硬腭轻轻卷起,不是先发 e 然后卷舌,而是发 e 同时舌尖卷起。"er"中的 r 不代表音素,只是表示卷舌动作的符号。er 只能自成音节,不和任何声母相拼。如"儿""而""耳""二"的读音。

(二) 复韵母

由两个或三个元音结合而成的韵母叫复韵母。普通话共有 13 个复韵母:ai,ei,ao,ou,ia,ie,ua,uo,üe,iao,iou,uai,uei。复韵母有两个发音特点:一是从前一个元音到后一个元音,口腔、舌位、唇形都有一个逐渐变动的过程(简称"动程"),在这个过程中气流不中断,而且这个过程不是突变的;二是复韵母的几个元音之间响亮度和清晰度并不是同等的,其中有一个元音发音清晰、响亮,是主要元音,称为韵腹。

根据主要元音所处的位置,复韵母可分为前响复韵母、中响复韵母和后响复韵母。

1. 前响复韵母

前响复韵母共有四个:ai,ei,ao,ou。它们的共同特点是前一个元音清晰响亮,后一个元音轻短模糊,音值不太固定,只表示舌位滑动的方向。

ai 发音时,先发 a(这里的 a 舌位靠前),念得长而响亮,然后舌位向 i 移动,不到 i 的高度。i 只表示舌位移动的方向,音短而模糊。如"白菜""海带""买卖"的韵母。

ei 发音时,先发 e,比单念 e 时舌位前一点(这里的 e 是个中央元音),然后向 i 的方向滑动。例如"配备""北美""黑霉"的韵母。

ao 发音时,先发 a(这里的 a 舌位靠后,是个后元音,发得响亮),接着向 o 的方向滑动。如"高潮""报道""吵闹"的韵母。

ou 发音时,先发 o,接着向 u 滑动,舌位不到 u 即停止发音。如"后楼""收购""漏斗"的韵母。

2. 后响复韵母

后响复韵母共有五个:ia,ie,ua,uo,üe。它们的共同特点是前面的元音发得轻短,只表示舌位从那里开始移动,后面的元音发得清晰响亮。

ia 发音时,i 表示舌位起始的地方,发得轻短,很快滑向前元音 a,a 发得长而响亮。如"加价""假牙""压下"的韵母。

ie 发音时,先发 i,很快发 ê,前音轻短,后音响亮。如"结业""贴切""趔趄"的韵母。

ua 发音时,u 念得轻短,很快滑向 a,a 念得清晰响亮。如"花褂""瓜花"的韵母。

uo 发音时,u 念得轻短,舌位很快降到 o,o 清晰响亮。如"过错""活捉""阔绰"的韵母。

üe 发音时,先发高元音 ü,ü 念得轻短,舌位很快降到 ê,ê 清晰响亮。如"雀跃""决绝"的韵母。

后响复韵母在自成音节时,韵头 i,u,ü 分别改写成 y,w,yu。

3. 中响复韵母

后响复韵母共有 4 个:iao,iou,uai,uei。它们共同的发音特点是前一个元音轻短,后面的元音含混,音值不太固定,只表示舌位滑动的方向,中间的元音清晰响亮。

iao 发音时,先发 i,紧接着发 ao,使三个元音结合成一个整体。如"巧妙""小鸟""教条"的韵母。

iou 发音时,先发 i,紧接着发 ou,紧密结合成一个复韵母。如"优秀""求救""牛油"的韵母。

uai 发音时,先发 u,紧接着发 ai,使三个元音结合成一个整体。如"摔坏""外快"的韵母。

uei 发音时,先发 u,紧接着发 ei,紧密结合成一个整体。如"退回""归队"的韵母。

中响复韵母在自成音节时,韵头 i,u 分别改写成 y,w。复韵母 iou,uei 前面加声母的时候,分别要省写成 iu,ui,如 liu(留),gui(归)等;不跟声母相拼时,不能省写,而是改为 y,w 开头,分别写成 you(油),wei(威)。

(三) 鼻韵母

由一个或两个元音后面带上鼻辅音构成的韵母叫鼻韵母。鼻韵母共有 16 个:an,ian,uan,üan,en,in,uen,ün,ang,iang,uang,eng,ing,ueng,ong,iong。鼻韵母的发音特点:第一,元音同后面的鼻辅音不是生硬地拼合在一起,而是鼻音色彩逐渐增加,由元音的发音状态向鼻辅音过渡,最后发音部位闭塞,形成鼻辅音。第二,鼻辅音韵尾发音时,除阻阶段不发音。

根据鼻韵母的韵尾,可将其分为前鼻韵母(带舌尖鼻音 n)和后鼻韵母(带舌根鼻音 ng)。

1. 前鼻韵母

由一个或两个元音后面带上鼻辅音-n 构成的韵母叫前鼻韵母。其发音特点是:先发元音,紧接着舌尖上翘,抵住上齿龈,软腭下降,堵塞口腔的通路,打开鼻腔的通路,发出纯粹的不除阻的前鼻音-n,同时声带颤动,气流最终从鼻腔出来。共有 an,en,in,ün,ian,uan,üan,uen 8 个。

an 发音时,先发 a,然后舌尖向上齿龈移动,最后抵住上齿龈,发前鼻音 n。如"感叹""灿烂"的韵母。

en 发音时,先发 e,然后舌尖向上齿龈移动,抵住上齿龈发鼻音 n。如"认真""根本"的韵母。

in 发音时,先发 i,然后舌尖向上齿龈移动,抵住上齿龈,发鼻音 n。如"拼音""尽心"的韵母。

ün 发音时,先发 ü,舌尖向上齿龈移动,抵住上齿龈,气流从鼻腔通过。如"均匀""军训"的韵母。

in,ün 自成音节时,分别写成 yin(音),yun(晕)。

ian 发音时,先发 i,i 轻短,接着发 an,i 与 an 结合得很紧密。如"偏见""先天"的韵母。

uan 发音时,先发 u,紧接着发 an,u 与 an 结合成一个整体。如"贯穿""转弯"的韵母。

üan 发音时,先发 ü,紧接着发 an,ü 与 an 结合成一个整体。如"轩辕""全权"的韵母。

uen 发音时,先发 u,紧接着发 en,u 与 en 结合成一个整体。如"春笋""温存"的韵母。

uen 跟声母相拼时,省写作 un,如 lun(伦),chun(春)。uen 自成音节时,仍按照拼写规则,写作 wen(温)。

2. 后鼻韵母

由一个或两个元音后面带上鼻辅音 ng 构成的韵母叫后鼻韵母。其发音特点是:先发元音,紧接着舌根上升,软腭下降,堵塞口腔的通路,打开鼻腔的通路,发出纯粹的不除阻的后鼻音 ng,同时声带颤动,气流最终从鼻腔出来。共有 ang,eng,ing,ong,iang,iong,uang,ueng 8 个。

ang 发音时,先发 a,舌头逐渐后缩,舌根抵住软腭,气流从鼻腔通过。如"厂房""沧桑"的韵母。

eng 发音时,先发 e,舌根向软腭移动,抵住软腭,气流从鼻腔通过。如"更正""生冷"的韵母。

ing 发音时,先发 i,舌头后缩,舌根抵住软腭,发后鼻音 ng。如"定型""命令"的韵母。ing 自成音节时,写作 ying(英)。

ong 发音时,舌头后缩,唇形拢圆,由后元音[u]开始,然后舌根微升,抬高抵住软腭,软腭下降,向发 ng 的状态过渡。如"工农""红松"的韵母。

iang 发音时,先发 i,接着发 ang,二者结合成一个整体。如"亮相""想象"的韵母。

iong 发音时,先发 i,接着发 ong,二者结合成一个整体。如"汹涌""穷凶"的韵母。

uang 发音时,先发 u,接着发 ang,由 u 和 ang 紧密结合而成。如"状况""双簧"的韵母。

ueng 发音时,先发 u,接着发 eng,由 u 和 eng 紧密结合而成。ueng 自成音节,不拼声母,如"翁""瓮"。

iang,iong,uang,ueng 自成音节时,韵头 i,u 分别改写成 y,w。

二、韵母辨正训练

韵母辨正就是辨别韵母的差异,纠正方言的读音。

(一) 分清前后鼻韵母

江淮方言区中没有后鼻韵母 eng,ing,ueng;en,eng 和 in,ing 几乎不分;另外,当 b,p,m,f 与 eng 拼时,发成 bong,pong,mong,fong,而普通话中 b,p,m,f 与 ong 是不相拼的。

1. 正音训练

(1) 对镜训练法:发前鼻韵尾-n 时,舌尖抵住上齿龈成阻,镜中可见舌头底部;发后鼻韵尾 ng 时,舌根上抵软腭成阻,镜中可见舌面。

(2) 韵尾拉长训练法:发准两个韵尾。发 an 并拉长尾音后保持发音姿势,舌尖抵住齿龈不动,软腭下降继续发音,使气流从鼻腔出来,发的就是前鼻韵尾-n 的音;同样,发 ang 后保持发音姿势,使舌根抵住软腭不动,再继续发音,使气流从鼻腔出来,发的就是后鼻韵尾 ng 的音。

2. 辨记方法

(1) 利用声韵配合规律。d,t,n,l 和 eng 能拼合,与 en 不能拼合("嫩""扽"除外);d,t 和 ing 能拼合,与 in 不能拼合;b,p,m,f 与 eng 能拼合,与 ong 不能拼合。

(2) 利用偏旁类推方法。如"正"是 eng 韵,由此类推出"证、征、症、政、整、惩"等也是 eng 韵;"斤"是 in 韵,由此类推出"近、靳、芹、新、欣、忻、欣、薪、昕"等也是 in 韵。以下是 in 和 ing 韵的代表字,分别以它们作偏旁加以类推就能够记住很多字了。

in 韵的代表字:心、斤、今、皿、尽、辛、林、侵、宾、禽、禁、音、嶙等。

ing 韵的代表字:丁、并、宁、病、平、名、令、廷、京、定、英、青、茎、冥、亭、凌、竟、营、婴、敬、景、明等。

(3) 记少不记多:n 与 in 相拼仅一个字"您",与 ing 相拼有很多字;g 与 en 相拼仅"艮、跟、根、亘、哏、茛"6 个字,与 eng 相拼有很多字;r 与 eng 相拼仅有两个字"仍、扔",与 en 相拼有很多字;z,c,s 与 en 相拼仅有几个字"怎、参(差)、岑、森",与 eng 相拼有很多字。

(二) 分清前鼻韵母 ün,uen

江淮方言区的部分地方,当 z,c,s 与 uen 拼合时,有些字的声母改为 j,q,x,韵母变为 ün。如"尊、存、孙"读成"军、群、熏";有时 zh,ch,sh 与 uen 拼合时,也读成了 jun,qun,xun,因为方言中没有翘舌音。

纠正方法:对比训练,加强记忆。如:

尊—军 存—群 孙—逊 谆—君 春—逡 顺—训

（三）关于韵头丢失的问题

普通话中的 uo,uei,uen 韵在江淮方言区的部分地方丢失韵头发成 o,ei,en,如"锅"读成 go,"对"读成 dei,"孙"读成 sen,"果"读成 gu。

发音区别(以 o,uo 为例)：二者都要圆唇,o 是单韵母,发音时唇形无变化;uo 是复韵母,发音时双唇要有从 u 到 o 滑动过程。

纠正方法：

一是发准 uo,uei,uen 韵,加强训练,找出代表字记忆。如"多、躲、朵、夺、堕、铎、惰、脱、驼、妥、椭、唾、过、国、果、郭、所、锁、索、缩、梭、我、蜗、窝、沃、倭、卧、渥、挝、罗、落、螺、洛、啰、络、或、货、火、活、说、硕、琐、蓑、朔"。

二是用顺口溜或绕口令来练习。如："小罗下山坡,遇见小广播,说是山坡下,正在卖火锅。小罗到坡下,细心挑火锅,不是座不平,就是有麻窝,没有厂家名,发票没盖戳。大伙莫上当,别买劣质锅。"

（四）关于变音问题

1. 分辨 e 和 o

有些方言 e 与 o 不分：没有 o 韵母;把 o 韵母的字读成了 e 韵母;把 e 韵母的字读成了 o 韵母。

首先要发准这两个韵母,e 与 o 都是舌面、后、半高元音,区别在于 e 是不圆唇元音,o 是圆唇元音,注意二者发音的异同;其次,普通话中 o 韵母只与唇音声母 b,p,m,f 相拼,不能与其他任何辅音声母相拼,而 e 韵母不能与 b,p,m,f（"么"除外）相拼。将方言中读 be,pe,me,fe 的音节改为 bo,po,mo,fo 即可。

纠正方法：找出代表字加强记忆。

2. 分辨 e 和 uo,a

普通话中一些 e 韵母的字,在有些方言中读成了 o[o]（如江淮方言）或者 uo 韵母,个别字读成了 a 韵母（如山东方言）。这种现象和声母有关,主要是舌根音和零声母之后的 e 韵母常常读成 uo 或 a,如"个、各、哥、歌、课、科、河、贺、饿、鹅、割、渴、喝"。

纠正方法：对比训练,加强记忆。如：

隔阂—国货　瓜葛—瓜果　割断—果断　歌曲—过去　大哥—大锅
褐色—货色　攻克—功课　刻本—课本　饿倒—卧倒　坩埚—干戈

3. 分辨 i 和 ü

有些方言没有撮口呼韵母 ü,把 i 和 ü 都念成了 i。首先,要找出这两类韵母的异同,发准这两类韵母,i 和 ü 都是舌面前、高元音,区别是 i 是不圆唇元音,ü 是圆唇元音;其次,针对方言区没有撮口呼韵母的特点,着重练习撮口呼韵母的发音,多练习唇形拢圆的动作,i 与 ü 对比发音,体会其区别;最后,要分清哪些字是齐齿呼韵母,哪些字是撮口呼韵母,我们可以利用形声字声旁类推法,掌握撮口呼韵母的字。如：

俞(yu)——榆　逾　愉　渝　揄　瑜　觎　谕　愈　喻
元(yuan)——园　沅　远　院　垸
爰(yuan)——援　媛　瑗

云(yun)——芸 纭 耘 运

i,ü 辨音词举例：

经济—京剧　气象—去向　一掀—预先　节节—决绝

间间—涓涓　前辈—全背　人勤—人群　激进—拘禁

4．分辨 i,ei,ian

普通话里的舌面元音 i 自成音节时，有时方言中读成舌尖元音-i。如"衣、医、已、易、姨"等。

普通话里的舌面元音 i 前是声母 l 时，舌面元音 i 变成 ei。如"里、理、李、丽、利、例、礼、厉"等。

普通话里的 ian 韵，有时方言中变成了 i 韵。如"天、年、点、连"等。

5．分辨 eng 和 ong,ing 和 iong

有些方言将普通话韵母 eng,ong,ing,iong 混读，一般是 eng 与 ong 混读，ing 与 iong 混读。具体读法各地方言又有不同，普通话 eng 与 ong 韵母的字有的方言都读成 eng 韵母，有的方言都读成 ong 韵母；ing 与 iong 韵母的字有的都读成 ing，有的都读成 iong。学习时可根据自己方言的情况找出方言与普通话的不同之处，有针对性地练习。

首先，要掌握普通话韵母 eng,ong,ing,iong 的正确发音。这四个韵母的不同读音是由于韵母中元音因素的不同造成的，因此掌握其中元音因素的发音成为关键。eng 与 ong,ing 与 iong 发音的不同，主要是由于其中的元音音素唇形的圆度造成的。

其次，要分清普通话中哪些字是不圆唇的 eng,ing，哪些字是圆唇的 ong,iong。可以利用形声字声旁类推法，例如：

eng	朋——棚 硼 鹏 崩 蹦 绷 嘣
	夆——蜂 峰 锋 缝 烽 逢
	登——凳 蹬 瞪 噔 澄 磴
	曾——增 赠 憎 蹭 僧
ong	龙——聋 垄 笼 拢 陇 垅 咙 珑
	宗——综 踪 棕 粽 鬃
	中——种 钟 忠 肿 仲 盅 衷
	共——供 恭 拱 龚 洪 烘 哄
ing	丁——顶 订 钉 盯 叮 酊 仃 疔 厅 汀
	廷——庭 挺 艇 霆 梃 铤 蜓
	宁——拧 狞 泞 咛
	令——龄 铃 零 领 岭 伶 玲 羚 聆 囹 瓴 翎
	青——请 情 清 晴 蜻 精 睛 靖 静
iong	凶——胸 匈 汹
	甬——蛹 勇 踊 恿 俑 涌

另外，还可以利用普通话声韵拼合规律来掌握一部分字的韵母，如普通话中 b,p,m,f 四个声母不能和圆唇的 ong,iong 搭配，可以和不圆唇的 eng,ing 相拼。如遇到 b,p,m,f 拼 ong,iong 的字，韵母要改为 eng 或 ing。

普通话中韵母 iong 只能和 j,q,x 及零声母相拼,不能和其他辅音声母相拼,并且构成的字也很少,可用记少不记多的方法,如常用的有"窘、炯、迥、穷、琼、邛、茕、穹、凶、胸、雄、兄、熊、汹、永、咏、泳、用、拥、佣、勇、甬、涌、踊、蛹、恿、俑、雍、臃、庸、慵"等。

(五)读准 ü 韵母字

江淮方言有些地方 ü 的发音,唇形、舌位不易到位,甚至将 ü 发成了 u,如"鱼、雨、语、羽"等。

江淮方言还有的地方将 ü 韵的字读成 üo,如"局、菊、鞠、曲、娶、屈、旭、蓄、酗、育"等。或将 uan 读成 ün,如"卷、娟、捐、涓、眷、隽、鹃"等。

要发准 ü,调整舌位很重要,舌头不要放得太前,稍微向后退点,才能把音发准。

◎ [发音训练]

一、单韵母辨正

1. i,ü 对比练习。

取(qǔ)名—起(qǐ)名　　于(yú)是—仪(yí)式　　名誉(yù)—名义(yì)
姓吕(lǚ)—姓李(lǐ)　　雨(yǔ)具—以(yǐ)及　　区(qū)域—歧(qí)义

2. e,o 对比练习。

(1)读准 e,o。

脖(bó)子　　老婆(po)　　蘑(mó)菇　　鸟窝(wō)　　伯(bó)父
哥(gē)哥　　天鹅(é)　　河(hé)水　　毒蛇(shé)　　记者(zhě)

(2)绕口令练习。

哥哥弟弟坡前坐,坡上卧着一只鹅,坡下流着一条河。哥哥说:宽宽的河。弟弟说:肥肥的鹅。鹅要过河,河要渡鹅。不知是鹅过河,还是河渡鹅。

二、复韵母辨正

1. 分辨 ai,ei。

白废(báifèi)　　败北(bàiběi)　　代培(dàipéi)　　败类(bàilèi)　　海类(hǎilèi)
悲哀(bēi'āi)　　黑白(hēibái)　　擂台(lèitái)　　内海(nèihǎi)　　内债(nèizhài)

2. 分辨 ao,ou。

保守(bǎoshǒu)　　刀口(dāokǒu)　　稿酬(gǎochóu)　　毛豆(máodòu)
矛头(máotóu)　　酬劳(chóuláo)　　逗号(dòuhào)　　漏勺(lòusháo)

3. 分辨 ia,ie。

家业(jiāyè)　　佳节(jiājié)　　假借(jiǎjiè)　　嫁接(jiàjiē)
接洽(jiēqià)　　野鸭(yěyā)　　截下(jiéxià)　　跌价(diējià)

4. 分辨 ie,üe。

解决(jiějué)　　竭蹶(jiéjué)　　谢绝(xièjué)　　灭绝(mièjué)
月夜(yuèyè)　　确切(quèqiè)　　学业(xuéyè)　　决裂(juéliè)

5. 分辨 ua,uo。

花朵(huāduǒ)　　话说(huàshuō)　　划拨(huàbō)　　华佗(Huàtuó)
帛画(bóhuà)　　国画(guóhuà)　　火花(huǒhuā)　　说话(shuōhuà)

6．分辨 iao,iou。

交流(jiāoliú)　　娇羞(jiāoxiū)　　料酒(liàojiǔ)　　校友(xiàoyǒu)
要求(yāoqiú)　　丢掉(diūdiào)　　柳条(liǔtiáo)　　牛角(niújiǎo)

7．分辨 uai,uei。

怪罪(guàizuì)　　快慰(kuàiwèi)　　快嘴(kuàizuǐ)　　衰退(shuāituì)
外汇(wàihuì)　　对外(duìwài)　　鬼怪(guǐguài)　　追怀(zhuīhuái)

三、鼻韵母辨正

1．an,ang 对比练习。

扳(bān)手—帮(bāng)手　　女篮(lán)—女郎(láng)　　涂染(rǎn)—土壤(rǎng)
粘(zhān)贴—张(zhāng)贴

2．读准 an 和 ang。

担当(dāndāng)　　班长(bānzhǎng)　　繁忙(fánmáng)　　反抗(fǎnkàng)
擅长(shàncháng)　　商贩(shāngfàn)　　当然(dāngrán)　　傍晚(bàngwǎn)

3．读准 ian 和 iang。

演讲(yǎnjiǎng)　　现象(xiànxiàng)　　坚强(jiānqiáng)　　绵羊(miányáng)
岩浆(yánjiāng)　　镶嵌(xiāngqiàn)　　香甜(xiāngtián)　　想念(xiǎngniàn)

4．读准 uan 和 uang。

观光(guānguāng)　　宽广(kuānguǎng)　　观望(guānwàng)　　万状(wànzhuàng)
端庄(duānzhuāng)　　光环(guānghuán)　　狂欢(kuánghuān)　　双关(shuāngguān)

5．en,eng 对比练习。

陈(chén)旧—成(chéng)就　　真(zhēn)气—蒸(zhēng)汽
诊(zhěn)断—整(zhěng)段　　上身(shēn)—上升(shēng)
瓜分(fēn)—刮风(fēng)　　出身(shēn)—出生(shēng)
粉(fěn)刺—讽(fěng)刺　　花盆(pén)—花棚(péng)

6．读准 en 和 eng。

真诚(zhēnchéng)　　本能(běnnéng)　　奔腾(bēnténg)　　神圣(shénshèng)
人生(rénshēng)　　成本(chéngběn)　　承认(chéngrèn)　　风尘(fēngchén)

7．in,ing 对比练习。

红心(xīn)—红星(xīng)　　人民(mín)—人名(míng)　　信(xìn)服—幸(xìng)福
劲(jìn)头—镜(jìng)头　　因(yīn)而—婴(yīng)儿　　海滨(bīn)—海兵(bīng)

8．读准 in 和 ing。

心情(xīnqíng)　　品行(pǐnxíng)　　心灵(xīnlíng)　　民兵(mínbīng)　　金星(jīnxīng)
灵敏(língmǐn)　　清音(qīngyīn)　　精心(jīngxīn)　　平民(píngmín)　　定亲(dìngqīn)

第三节　声　调

普通话声调是现代汉语音节里不可缺少的重要组成部分。普通话的声调主要由音高的变化构成。

一、声调的性质和作用

（一）声调的性质和作用

声调，指音节中的高低升降变化。它有区别意义的作用，如"语言、寓言、预演"，声母、韵母完全相同，就是由声调不同而区别意义的。普通话的声调还可以产生节律，增强语言的感染力，如诗歌、民歌往往运用声调手段来造成音节韵律的节奏感和音乐美感。

（二）调值和调类

声调可以从调值和调类两个方面进行分析。

调值是指音节高低升降、曲直长短的变化形式，也就是声调的实际读法，我们称之为调值。描写声调的调值，通常用"五度标记法"。调类是指声调的种类，我们把调值相同的字归纳在一起所建立的类称为调类。普通话有四种基本调值，就有四个调类，即阴平、阳平、上声、去声，统称为"四声"。

根据上面的解说，可以画出一个图表：

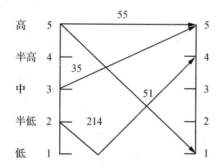

普通话调值五度标记图

从上图可以看出，普通话的基本调值分别为 55、35、214、51，分属四种不同调类，即阴平、阳平、上声、去声，俗称为第一声、第二声、第三声、第四声。普通话四声的调号就是由上图演化而来的。

阴平：高平调，调值为 55。如"江山多娇、居安思危"。

阳平：中升调，调值为 35。如"竭泽而渔、文如其人"。

上声：降升调，调值为 214。如"岂有此理、理想美好"。

去声：高降调，调值为 51。如"变幻莫测、万事俱备"。

普通话四个声调的发音特点，有人归纳成《普通话声调口诀》：

起音高高一路平，
由中到高往上升，
先降后升曲折起，
高起猛降到底层。

◎ [发音训练]

1. 音节四声练习。

huī	huí	huǐ	huì	fēi	féi	fěi	fèi
灰	回	毁	会	飞	肥	匪	费

yě	yè	péng	pěng	cán	cǎn	qián	qiǎn
野	业	朋	捧	残	惨	前	浅

liú	liǔ	shén	shěn	méi	měi	xuán	xuǎn
流	柳	神	审	玫	美	旋	选

2. 词语练习。

xīngqī	guānxīn	píngshí	liúxíng	yǒnggǎn
星期	关心	平时	流行	勇敢

biǎoyǎn	zhàoxiàng	sìjì	guāngmíng	lěiluò
表演	照相	四季	光明	磊落

shān míng shuǐ xiù　　shēn móu yuǎn lǜ　　fān yún fù yǔ
山　明　水　秀　　深　谋　远　虑　　翻　云　覆　雨

bān mén nòng fǔ　　xīn lǐng shén huì　　shuāng guǎn qí xià
班　门　弄　斧　　心　领　神　会　　双　管　齐　下

3. 辨音练习。

yǔyán yùyán	yánsè yǎnsè	shānxī shǎnxī
语言 寓言	颜色 眼色	山西 陕西
tícái tǐcái	sōngshǔ sōngshù	nǔlì núlì
题材 体裁	松鼠 松树	努力 奴隶
xǐshǒu xīshōu	wúlǐ wúlì	dàzhòng dàzhōng
洗手 吸收	无理 无力	大众 大钟
yóudēng yōuděng	dàolǐ dàolì	báihuā bǎihuā
油灯 优等	道理 倒立	白花 百花
tóngzhì tǒngzhì	kànshū kǎnshù	mǎicài màicài
同志 统治	看书 砍树	买菜 卖菜
xíqì xǐqì	yáguān yǎguān	dádào dǎdǎo
习气 喜气	牙关 雅观	达到 打倒
zhízhèng zhǐzhèng	dàyì dàyī	shēnglǐ shènglì
执政 指正	大意 大衣	生理 胜利
zǔzhī zǔzhǐ	cāngyíng cāngyīng	huǒchē huòchē
组织 阻止	苍蝇 苍鹰	火车 货车

zhīzhū	zhīzhù		shísù	shìsú		zāizhòng	zàizhòng
蜘蛛	支柱		时速	世俗		栽种	载重
shēngchēng	shěngchéng	shēngchéng				chūqī	chūqí	chūqì
声称	省城	生成				初期	出奇	出气
zhèngzhì	zhèngzhí	zhēngzhí				shíshì	shìshí	shǐshī
政治	正直	争执				时事	事实	史诗

二、声调辨正训练

普通话声调有一个很大的特点,即四个声调的调值区别非常明显:一平、二升、三曲、四降,不易混淆,这也是普通话悦耳动听的原因之一。学习普通话的声调,首先要弄清自己方言的声调跟普通话声调的对应关系,其次把普通话四个声调的调值读准,再次根据普通话声调高音成分多、抑扬分明的特点,克服受方音调值影响而读不到位的毛病。

不同方言区的人学习普通话,要纠正方言声调的读音,具体可以从以下三个方面入手。

(一)读准普通话调值

学习普通话要根据声调的特点,读准普通话的调值——发音要完整到位,把握好调值升降的"度"。不少人学习普通话声调时,有调值发音不到位的情况:阴平调往往音长偏短,音高偏低;阳平调往往起点偏低,或最后升不到 5 度;上声调出现的问题是发音不完整,普通话的上声是一个降升调,很多人往往只降不升,发成 21 调或 212 调,最后没有升到 4 度;去声调起点低,终点高,下降幅度小。这些都是学习普通话时需要特别注意的问题。

练习时可用带调的单韵母或由单韵母构成的字练习普通话四声的调值。例如:

yī　yí　yǐ　yì　　mā　má　mǎ　mà
衣　移　以　意　　妈　麻　马　骂

(二)区分方言调类调值

1. 调类

学习普通话需要找出自己方言的声调与普通话声调的对应关系,将方言特有的声调并入普通话某声调即可。方言的调类和普通话的调类差别是:一是调类数量多少不一;二是各调类收字也有出入。所以,就多数声调来说,不必一一背诵哪些字属于普通话哪个调类,只要记住个别例外就行了。比较困难的是入声。入声本来是古代汉语的一个声调,随着语言的发展变化,现代汉语普通话已经没有入声,原来的入声字现在已分化到阴、阳、上、去四个声调中,必须把它们分别归入阴、阳、上、去四个普通话声调中。

2. 调值

调值是指某种声调具体读成什么样。必须指出,跟调类的情况相反,同一个声调在不同方言中的调值往往是不一样的,这是我们能够辨别出不同方言口音的主要因素。所以,我们必须学好普通话四个声调的调值,否则,你说的普通话难免会露出乡音来。一般来说,只要求二级以下水平的,对普通话四声的调值要求不是很高,但如果想达到二级以上,就应按下面的提示作进一步纠正。

（1）阴平。普通话的阴平是个高平调55，顾名思义，就是念得又高又平，而江淮方言阴平都是低降调31，如"天"字等。

（2）阳平。普通话的阳平是个高升调35，方言的阳平调也是升调，但往往没有普通话的阳平高，先有一段平的过程，然后再上升，读成213，如"民"字等。

（3）上声。普通话的上声是一个曲折调214，降得少而升得多，而江淮方言常常升得不够高，读成53或42，要注意升到较高的位置，如"古"字等。

（4）去声。普通话的去声是个全降调51，即从最高降到最低。而江淮方言不容易降到最低，读成35或44，如"到"字等。

（三）改读入声字

要学好普通话，必须去掉入声。方言里的入声字，在普通话里改读成阴、阳、上、去四声，但是哪些字改读什么调，规律性不太强，这部分需要记忆。

1. 入声字

入声是古调类之一，在部分方言里保留了下来。在普通话里，古入声字已经分别归入阴、阳、上、去四声里面。有的方言，虽然入声也已经消失，但分布情况与普通话并不完全一致。入声调值很短，与其他调值相比，只有高低之分，没有升降变化，通常用一个数字来表示。所以入声字的读音很短促，音节一发即改。同时，入声字的韵母构成也有特点，音节入喉即封闭，而且力度较强，使整个字音有明显的收缩感。古汉语里描写"入声短促急收藏"，的确很形象，如"八、鼻、法、术"等。

常见古入声字只有500多个，其中一半以上归入了普通话去声，三分之一以上归入阴平，二者合计占入声字总数的六分之五以上，剩下的少数字才归入阳平和上声，其中归入上声的最少。这些，可为提高记忆效果提供参考。

2. 辨读训练

认识并体会入声字与非入声字的区别，要从学好普通话四声，培养普通话声调语感入手，减少改读字记忆的内容，这是入声字辨读的良策。主要采取对比法，克服发音短促的习惯，同时，在学习声调的基础上，注意多做语篇练习。

◎ [发音训练]

1. 对比体会。

（1）入声字与非入声字辨读。

练习时可以用两种方式进行：一是都用方言读。此项练习的目的是体会什么是入声，什么是非入声，找到短促与绵长的区分感觉。二是都用普通话读。此项练习的目的是帮助入声字的改读。先读非入声字，用非入声字的读音带动入声字的改读，也可同时记住一些入声字的普通话读音。

（2）组词辨读。

把入声字组成词语进行朗读，朗读时声音适当延长。此项练习的目的是克服发音短促的习惯，找到这些词语的普通话语感，积累并熟悉一些入声词语的正确读音。

(3) 集词辨读。

把读音相近的入声词语积集起来辨读,还要适当延长读音。如"学籍—血迹、食物—实物"等。

2. 寻找入声字的改调规律。

入声字的改调规律很少,但还是可以找出一些局部规律的。这里介绍两条比较普遍的规律:

(1) 入声字在普通话中属单韵母和复韵母,而声母为 m,n,l,r 或零声母的,一般改读为去声。如:

声母	例字			读音		
m	目	木	麦	mù	mù	mài
n	纳	聂	诺	nà	niè	nuò
l	陆	列	落	lù	liè	luò
r	日	入	弱	rì	rù	ruò
零声母	物	业	月	wù	yè	yuè

其中的例外字是:

一、壹、揖、压、押、鸭、药、挖、摸、抹、屋　　读阴平调
额、膜　　　　　　　　　　　　　　　　　　　　读阳平调
乙、辱、恶、抹　　　　　　　　　　　　　　　　读上声调

(2) 声母为 m,n,l,r 以及零声母以外的阳入字,一般改读为阳平。如"拔、白、敌、毒、合、活、集、局、十、学、直、族"等。但是,这一条规律中的例外字较多。

3. 语篇练习。

用慢速度朗读文章,用较慢的速度说话,注意"一"和"不"的变调,注意常用入声字词的改读,如"这个、那个、说话、吃饭、学习、出来"等。

4. 朗读下列词语,注意其中的古入声字在方言与普通话中读音的异同。

剥夺　活跃　哲学　接触　束缚　克服　答复　各国　压缩　出错
挖掘　褐色　的确　赤脚　适合　脉络　法律　魄力　熟悉　碧绿
复杂　博学　笔记　马匹　卑部　熊猫　办法　防止　山峰　幸福
铁塔　讨论　朗诵　掠夺　革新　时刻　横竖　立即　节约　鞠躬
甲乙　及格　刷子　成绩　黑色　稻谷　渴望　密切　桌子　客人

思考与训练

一、声母部分

1. 熟读普通话 21 个辅音声母。

2. 朗读下列词语,注意区别两个词语的声母。

(1) 舌尖后音 zh,ch,sh 与舌尖前音 z,c,s。

战歌—赞歌　志愿—自愿　收集—搜集　推迟—推辞　熟语—俗语
申述—申诉　春装—村庄　找到—早到　师长—司长　插手—擦手
池塘—祠堂　打闪—打伞　战时—暂时　致力—自力　商业—桑叶
竖立—肃立　支援—资源　新春—新村　木柴—木材　征订—增订

（2）鼻音 n 与边音 l。
脑子—老子　南部—蓝布　泥巴—篱笆　浓重—隆重　烂泥—烂梨
流脑—刘老　留念—留恋　年代—连带　女客—旅客　水牛—水流

（3）舌尖后音 r 与边音 l。
热—乐　如—炉　乳—鲁　攘—朗　壤—狼　日—力　若—落　饶—牢
肉—漏　柔—楼　软—卵　然—蓝　让—浪　荣—龙　入—录　弱—洛
染布—蓝布　热水—泪水　戎马—龙马　忍让—礼让　如若—硌硌

（4）舌根音 h 与唇齿音 f。
虎头—斧头　互助—附注　挥动—飞动　红衣—缝衣　送回—送肥
弧度—幅度　花生—发生　会话—废话　荒地—方地　工会—公费
恢复—飞赴　恍惚—仿佛　胡子—浮子　换人—犯人　皇粮—房梁

二、韵母部分

1. 熟读普通话韵母总表。

2. 朗读下列各组韵母,注意其舌位和唇形的主要区别。

　　i,ü　　　　o,e　　　　o,uo　　　　ai,ei
　　in,ing　　en,eng　　ong,eng　　uan,uang

3. 写出下列词语的拼音,注意读准韵母。

鼓励（　　）　必须（　　）　白玉（　　）　旋律（　　）　国家（　　）
破格（　　）　沉默（　　）　内部（　　）　灯光（　　）　本能（　　）
心灵（　　）　惊醒（　　）　沸腾（　　）　药品（　　）　压缩（　　）
倘若（　　）　宽阔（　　）　蓬勃（　　）　坚定（　　）　优胜（　　）
深情（　　）　证明（　　）　风雷（　　）　江河（　　）　灭绝（　　）

三、声调部分

1. 什么是声调？它的作用是什么？

2. 普通话的调类有几个？调值分别是多少？调类与调值的关系怎样？

3. 比较自己的方言和普通话声调的异同及对应关系。

4. 标出下面句子中每个字的声调。

（1）这里除了光彩,还有淡淡的芳香。香气似乎也是浅紫色的,梦幻一般轻轻地笼罩着我。

（2）森林,是地球生态系统的主体,是大自然的总调度室,是地球的绿色之肺。

5. 朗读下列词语,注意其中的古入声字在方言和普通话中读音的异同。

潜力　权力　雪花　职业　竹竿　尺寸　处理　仍然　儒家　咱们　憎恶　小组
昨天　纬度　愉快　此时　色泽　宿舍　缩小　骨髓　而且　适宜　仪式　邮寄
延长　应答　危机　违章　娱乐　赠与　国家　方法　钢铁　积极　识读

第三章 普通话的音节

6. 朗读下列词语,注意同一组词语声调的不同。

安然—黯然　摆脱—拜托　班机—班级　边缘—边远　标明—表明
病历—病理　步伐—不法　参与—残余　常识—尝试　迟到—赤道
厨房—处方　处决—触觉　豆浆—豆酱　防止—防治　凡例—范例
肥料—废料　分期—分歧　改编—改变　更改—梗概　孤立—鼓励
国籍—国际　古文—顾问　核实—合适　回忆—会意　火车—货车
坚定—鉴定　检疫—建议　教师—教室　接触—解除　例题—立体
论争—论证　毛衣—贸易　奴隶—努力　平凡—平反　抢先—抢险
清静—情景　歧途—企图　燃料—染料　生理—胜利　师范—示范

四、综合训练

庵　黯　雹　钡　苯　泵　鄙　贬　匾　膘　憋　鬓　禀　铂　箔
蹭　苌　巢　扯　押　惩　春　雏　踹　疮　戳　簇　蹲　窨　搓
呆　档　堤　滇　貂　兜　陡　窦　犊　兑　跛　翡　吠　酚　焚
氟　甫　复　腹　秆　赣　葛　羹　夼　诳　硅　骇　氦　颌　褐
桦　圪　姬　脊　髻　歼　柬　谏　浆　缴　较　秸　襟　窘　揪
灸　绢　撅　厥　蕨　爵　攫　指　抠　窟　框　奎　愣　怜　敛
辆　咧　拎　绺　陇　卤　履　氯　掠　卯　酶　昧　觅　幂　荬
抿　谬　回　囊　嫩　溺　腻　拈　蔫　捻　啮　镍　凝　挪　趴
畔　匹　僻　瞟　凭　剖　圃　瀑　沏　畦　鳍　泣　掐　跷
锹　沁　痢　绕　仍　儒　蕊　鳃　缫　瑟　筛　蛰　耍　闩　涮
吮　舜　耸　绥　髓　佟　捅　蜕　臀　瓮　涡　吾　弦　腺　饷
屑　穴　驯　逊　衍　舀　曳　乙　倚　尹　膺　铀　酉　禹　日
怎　凿　仄　铡　眨　债　辙　褶　臻　皱　贮　篆　椎　赘　拙
灼　攥

第四章　普通话的音变

每个音节都有一个相对固定的发音,即使多音字,在一定的词语中也有着自己相对稳定的声母、韵母和声调,但我们说话时常常是连续发出许多音素或音节,形成了语流。在此过程中,音素之间、音节之间就会互相影响,产生语音的变化,例如,"头"的声调原来是阳平,但是在"斧头"中,它失去了原有的阳平调,变读为一个又轻又短的音节,这在语言学上称为"轻声"。另外,有些原来读作上声的音节变读为近乎阳平的声调,如"老虎"中的"老"。有些由原来的阴平变读为去声或阳平,如"一生"和"一下"中的"一",等等。这些都属于普通话的连读音变现象。

普通话的连读音变主要有变调、轻声、儿化和"啊"的音变等。

第一节　变　调

普通话水平测试要求掌握的是最显著的两类变调:上声变调和"一""不"的变调。

测试规定,应该变调而未变调的,或者没有按照变调规律变调的,该音节判为错误。例如,两个上声连续,前一个音节应变读为阳平,如果没有变读,该音节视为错误。再如,"一"在去声音节前应变读为阳平,如果没有读为阳平,该音节也视为读音错误。

一、上声的变调

1. 上声连非上声字的变调

上声若处于阴平、阳平、去声、轻声之前,也就是说,后边的那个音节不是上声调,它就只需读原调值的一半,而丢掉后一半上升的尾巴,调值由 214 变为 211,即先降,再平拉。这一调形被称为"半上"。这条规则可用顺口溜帮助记忆:"上声连非上,前面变半上。"

(1) 上声 + 阴平 → 半上 + 阴平,如:

打开(dǎkāi) → 半上 + 阴平　　　水车(shuǐchē) → 半上 + 阴平
纺织(fǎngzhī) → 半上 + 阴平　　讲师(jiǎngshī) → 半上 + 阴平

(2) 上声 + 阳平 → 半上 + 阳平,如:

每年(měinián) → 半上 + 阳平　　履行(lǚxíng) → 半上 + 阳平
保持(bǎochí) → 半上 + 阳平　　小学(xiǎoxué) → 半上 + 阳平

(3) 上声 + 去声 → 半上 + 去声,如:

百姓(bǎixìng) → 半上 + 去声　　采购(cǎigòu) → 半上 + 去声

打仗(dǎzhàng)→半上+去声　　法律(fǎlǜ)→半上+去声
（4）上声+轻声→半上+轻声，如：
胆子(dǎnzi)→半上+轻声　　点心(diǎnxin)→半上+轻声
打扮(dǎban)→半上+轻声　　膀子(bǎngzi)→半上+轻声

2. 两个上声字相连的变调

两个上声字相连，前一个上声变得像阳平，调值由214变成35。这条规则可用顺口溜帮助记忆："上声连上声，前面变阳平。"
上声+上声→阳平+上声，如：
保管(bǎoguǎn)→阳平+上声　　采访(cǎifǎng)→阳平+上声
打倒(dǎdǎo)→阳平+上声　　腐朽(fǔxiǔ)→阳平+上声
需要注意的是：有些音节通常被误认为是上声，如"一会儿"和"等会儿"中的"会"，以致"一"和"等"的变调随之对应错了规律：把"一"变读为阳平。这在普通话水平测试中将会按两个音节错误扣分。

3. 三个上声字相连的变调

三个上声相连，若最后边是一个停顿（书面上有一个标点），且整个句子是陈述句，则末尾的那个上声字保持原来214的调值。如"他们是勇敢者，一起奋斗拼搏了半个世纪"中的"者"，保持上声原来的调值214，但开头和中间的上声音节要变调："勇"和"敢"均变读为阳平。

三个上声相连通常有两种变调：

（1）当词语的结构为"双音节+单音节"，习惯上称作"双单格"。如上述"勇敢者"，前两个上声变得像阳平，调值均为35。例如：
导管厂(dáoguánchǎng)　　选举法(xuánjúfǎ)
导火索(dáohuósuǒ)　　勇敢者(yónggánzhě)
保守党(báoshóudǎng)　　展览馆(zhánlánguǎn)
蒙古语(ménggúyǔ)　　洗脸水(xíliánshuǐ)

（2）当词语的结构为"单音节+双音节"，习惯上称作"单双格"。如"纸老虎"，第一个音节变读为半上，调值为211，第二个音节变得像阳平，调值为35。例如：
好厂长(hǎochángzhǎng)　　女选手(nǔxuánshǒu)
小老虎(xiǎoláohǔ)　　好本领(hǎobénlǐng)
党小组(dǎngxiáozǔ)　　搞管理(gǎoguánlǐ)
老场所(lǎochángsuǒ)　　小组长(xiǎozúzhǎng)
另外，有时还会有三个以上上声相连的词语。如：
岂有/此理　　彼此/友好　　你有/小雨伞　　手表厂/李厂长
我给你/五把/纸雨伞　　请你/给我/找找/演讲稿
这时我们也应该先将它们根据结构（两个字、三字组）分组，然后按上述规则确定变调。

◎ [发音训练]

1. 词语训练。

表演场	演讲稿	打靶场	敏感点	管理组	虎骨酒
蒙古语	考古场	洗脸水	跑马场	采访组	水彩笔
老场所	党小组	搞管理	海产品	很理解	冷处理
好导演	撒火种	小两口	老保守	纸雨伞	孔乙己
米老鼠	马厂长	买米粉	找铁锁	请领导	李小姐

2. 下面是《普通话水平测试用普通话词语表》中的"上＋上"的词语,为方便初学者训练,在此按变读标示第一个音节的声调。

矮小(áixiǎo)

把柄(bábǐng)	保守(báoshǒu)	把手(báshǒu)	保养(báoyǎng)
采取(cáiqǔ)	场所(chángsuǒ)	惨死(cánsǐ)	吵嘴(cháozuǐ)
打垮(dákuǎ)	诋毁(díhuǐ)	打铁(dátiě)	点火(diánhuǒ)

耳语(éryǔ)

反比(fánbǐ)	反感(fángǎn)	粉笔(fénbǐ)	腐朽(fúxiǔ)
改悔(gáihuǐ)	稿纸(gáozhǐ)	改口(gáikǒu)	给以(géiyǐ)
海岛(háidǎo)	好转(háozhuǎn)	海港(háigǎng)	缓解(huánjiě)
甲板(jiábǎn)	尽管(jínguǎn)	假使(jiáshǐ)	
考古(káogǔ)	口语(kóuyǔ)	可以(kéyǐ)	苦恼(kúnǎo)
老板(láobǎn)	老虎(láohǔ)	老鼠(láoshǔ)	领导(língdǎo)
马尾(máwěi)	美好(méihǎo)	美感(méigǎn)	勉强(miánqiǎng)

扭转(niúzhuǎn)

品种(pínzhǒng)

| 起点(qídiǎn) | 抢险(qiángxiǎn) | 起火(qíhuǒ) | 取暖(qúnuǎn) |

软骨(ruángǔ)

审美(shénměi)	水果(shuíguǒ)	手表(shóubiǎo)	水手(shuíshǒu)
倘使(tángshǐ)	土匪(túfěi)		
往往(wángwǎng)	武打(wúdǎ)	网点(wángdiǎn)	舞蹈(wúdǎo)
洗澡(xízǎo)	小组(xiáozǔ)	想法(xiángfǎ)	许可(xúkě)
眼睑(yánjiǎn)	影响(yíngxiǎng)	演讲(yánjiǎng)	勇敢(yónggǎn)
展览(zhánlǎn)	总理(zónglǐ)	主导(zhúdǎo)	总体(zóngtǐ)

3. 《普通话水平测试用朗读作品》中"上声＋上声"和"上声＋其他声调"的情况有许多,朗读时注意变调的训练。例如:

作品1号:<u>也许</u>你要说它不美丽。

作品50号:其实,只要<u>把握</u>好生命的每一分钟,也就把握了<u>理想</u>的人生。

作品51号:<u>捧着</u>作文本,他笑了,蹦蹦跳跳地回家了,像只<u>喜鹊</u>。

二、"一"和"不"的变调

1. "一"的本调

"一"的本调是阴平,调值为55。在单念或语句末尾以及表示日期、序数时读本调。例如:

(1)单念,如:"'一'这个字最好写。"

(2)语句末尾,"不管三七二十一","九九归一"。

(3)表示日期,"今天是五月一号"。

(4)表示序数:"他考试总是全年级第一。""他们住在一楼一号房间。"

2. "一"的变调

"一"的变调有三种情况。

(1)去声字前变阳平,调值为35。(以下"一"字标变调)

一半(yíbàn)　　一共(yígòng)　　一气(yíqì)

一并(yíbìng)　　一件(yíjiàn)　　一切(yíqiè)

(2)非去声之前变去声,调值为51。(以下"一"字标变调)

在阴平前:

一般(yìbān)　　一间(yìjiān)　　一生(yìshēng)

一边(yìbiān)　　一瞥(yìpiē)　　一双(yìshuāng)

在阳平前:

一连(yìlián)　　一时(yìshí)　　一头(yìtóu)

一流(yìliú)　　一台(yìtái)　　一直(yìzhí)

在上声前:

一百(yìbǎi)　　一举(yìjǔ)　　一捆(yìkǔn)

一点儿(yìdiǎnr)　　一口(yìkǒu)　　一览(yìlǎn)

需要注意的是:"一"表示"全部"的意思时,在形式上与表序数的词语是一样的,但有的要按变调规律变调。

例一:小学<u>一</u>年级的学生年龄还太小。("一"表序数,读原调55)

例二:今年的"五一"节假期特别长,同学们外出旅游的特别多,<u>一</u>年级没剩几个人。("一"表"全部","一年级"在这里表"全年级,整个年级","一"读去声)

(3)"一"夹在重叠式的动词之间,读得近乎轻声。例如:

听一听　　写一写　　读一读　　想一想

走一走　　念一念　　看一看　　找一找

试一试　　谈一谈　　摸一摸　　弹一弹

因为这些词语中的"一"读得近乎轻声,所以一旦音量稍强,就会跟着其后的那个音节发生变调。变调的规律同前边所述。例如,"歇一歇、谈一谈、走一走"中的"一"并不是按照其前的"歇""谈""走"变成短促的低降调轻声调形,即并非"阴平+轻声"的读法,而是按"一"+非去声[见上面"一"变调的(2)]的规律变读。即"一"在此为去声调形,但调值不宜长。"念一念"中的"一"也不是按照"去声+轻声"的读法,而是按"一"+去声的变读规律,把"一"发成近乎阳平但又较短较模糊的调子。

3．"不"的变调

"不"的变调相对"一"来说比较容易掌握。

(1)在去声音节前改变原来的调值,即由51变为阳平的35：

"不"(bù) + 去声→"不"(bú) + 去声
　　51　　　　　　　　35

例如(以下"不"字标变调)：

不必(búbì)　　不利(búlì)　　不错(búcuò)　　不论(búlùn)
不当(búdàng)　不去(búqù)　　不顾(búgù)　　　不幸(búxìng)
不过(búguò)　 不用(búyòng)　不治(búzhì)

(2)"不"夹在重叠式的动词之间或动补式的词语之间时,读得近乎轻声。例如：

稀不稀　　油不油　　苦不苦　　完不完
红不红　　穿不穿　　谈不谈　　好不好
做不好　　打不开　　看不清　　起不来

其中的"不"依其后边的音节(都是非去声的音节)读原调,但较去声调的51要短而模糊。又如：

看不上　　带不去　　管不了　　吃不下
洗不净　　长不大　　够不着　　挡不住

以上各词语中的"不"依其后边的音节(均为去声音节)变读为调形虽为阳平却又轻又短的调子。

还需要注意的是,"一"和"不"有时会连在一起构成词语,如"一不小心""不一起",这时,我们就要先将它们划分为两部分,如把"一不小心"划为"一"和"不小心",把"不一起"分为"不"和"一起",然后按照"不"和"一"的变调规律确定"不小心"的"不"和"一起"的"一"都读去声,最后,仍然按"一""不"的变调规律将第一、二个词语中的"一"和"不"都变读为阳平。

为方便记忆,上述"一""不"的变调规则,可编个顺口溜："一""不"有变调,去前变阳平,非去前去声,中间变次轻。见表4-1。

表4-1　"一""不"变调表

变化条件	变化结果	举　　例
在去声前	变阳平	一位(yíwèi)　一道(yídào)　不会(búhuì)
在非去声前	读去声	一天(yìtiān)　一年(yìnián)　一晚(yìwǎn) 不公(bùgōng)　不成(bùchéng)　不久(bùjiǔ)
夹在词语中	变轻声	看一看(kànyikàn)　看不看(kànbukàn)

◎ [发音训练]

1．朗读下面的词语,注意"一"的变调。

第四章　普通话的音变

一般　一边　一半　一定　一辈子　一带　一起　一旦　一瞥　一点儿　一齐
一度　一气　一端　一共　一个　一念　一向　一方　一腔　一张　一同　一体
一撇　一直　一致　一心　一再　一概　一瞬　一流　一律　一面　一旁　一早
一筹莫展　一帆风顺　一丝不苟　一目了然　一诺千金　一朝一夕　一来二去
一唱一和　一笔勾销　一鼓作气　一见如故　一蹴而就　一脉相承　一见钟情
一劳永逸　一心一意　一呼百诺　一气呵成　一尘不染　一毛不拔

2. 朗读下面的词语,注意"不"的变调。
不快　不用　不过　不幸　不错　不当　不便　不安　不曾　不但　不利　不吃
不等　不久　不堪　不可　起不来　拿不动　长不大　看不清　不至于　不一定
不胫而走　不动声色　不可思议　不可一世　不计其数　不言而喻　不速之客
不以为然　不伦不类　不即不离　不卑不亢　不闻不问　不见经传

3. 朗读下列短句,找出其中变调的音节,注意其在语流中的实际调值。
　　没有一片绿叶,没有一缕炊烟,没有一粒泥土,没有一丝花香,只有水的世界,云的海洋。
　　一阵台风袭过,一只孤单的小鸟无家可归,落到被卷到洋里的木板上,乘流而下,姗姗而来,近了,近了!……
　　　　　　　　　　　　　——节选自《普通话水平测试实施纲要》作品22号
　　在浩瀚无垠的沙漠里,有一片美丽的绿洲,绿洲里藏着一颗闪光的珍珠。这颗珍珠就是敦煌莫高窟。它坐落在我国甘肃省敦煌市三危山和鸣沙山的环抱中。
　　莫高窟是举世闻名的艺术宝库。这里的每一尊彩塑、每一幅壁画、每一件文物,都是中国古代人民智慧的结晶。
　　　　　　　　　　　　　——节选自《普通话水平测试实施纲要》作品29号

4. 朗读下列诗歌,注意"一"和"不"的变调。
清代陈沆的"一"字诗:
　　　　　　一帆一桨一渔舟,
　　　　　　一个渔翁一钓钩。
　　　　　　一俯一仰一顿笑,
　　　　　　一江明月一江秋。

在青岛崂山微子崮南,太清景区东南太清湾口,有一块黛青色巨石,石上刻有太古子宋绩臣所作的一首七言诗亦类于此:
　　　　　　一蓑一笠一髯叟,
　　　　　　一丈长杆一寸钩。
　　　　　　一山一水一明月,
　　　　　　一人独钓一海秋。

清代女诗人何佩玉也有一首"一"字诗佳作:

一花一柳一鱼矶,
一抹夕阳一鸟飞。
一山一水中一寺,
一林黄叶一僧归。

注意下面文字中的"一"和"不":

不怕不会

不怕不会,就怕不学,一回学不会再来一回,一直到学会,我就不信学不会。

第二节 轻 声

一、轻声的含义

汉语普通话音节都有固定的一个声调,可是某些音节在词和句子中失去了它原有的声调,读成一种轻短模糊的调,这就是轻声。

轻声是一种特殊的变调现象。普通话的轻声都是从阴、阳、上、去四个声调变化而来,如"哥哥、婆婆、姐姐、弟弟",所以,轻声没有固定的调值,不是四声之外的第五种声调,而是四声的一种特殊音变。例如,"消息、石头、朋友、月亮"等词语中的"息、头、友、亮",单念时各自都有固定的声调,分别是阴平、阳平、上声、去声,但在这些词语中都读得既轻又短了。

鉴于以上原因,轻声不标调号。

在普通话中,轻声音节一般位于双音节词或词语的后一音节,如"厚道、稀罕"等。在多音节词语中,轻声音节一般也在中间或后面,如"糊涂虫、功夫茶",第二个音节读轻声;"泡蘑菇、翘尾巴",第三个音节读轻声;"黑不溜秋、稀里糊涂",第二个音节读轻声;"胳膊肘子、木头疙瘩",第二、四音节读轻声。

二、轻声的作用

(1)区别词义和词性。例如,"兄弟"指哥哥和弟弟,而把"弟"读轻声的"兄弟",却单指弟弟;"言语"指所说的话,而把"语"读轻声的"言语",却指开口、招呼;"运气"指武术气功的一种健身方法,而把"气"读轻声的"运气",却指幸运;"老子"指古代哲学家,而把"子"读轻声的"老子",却指父亲;"过去"是时间词,而把"去"读轻声的"过去",却指离开此地点向另一地点去;"东西"指方向,而把"西"读轻声的"东西",却指物件;"本事"指作品主题所根据的故事情节,而把"事"读轻声的"本事"却指本领。

(2)赋予节律美感。轻声是普通话语音系统的一个重要特征,从本质上来说,轻声是一种韵律。轻声使普通话语音变得抑扬顿挫,富有音乐美。

三、轻声的规律

大多数轻声音节与词汇、语法有联系，表现出一定的规律性，也有些轻声音节缺乏规律性，取决于语言习惯。

（1）单音节语气词"吗、呢、啊、吧"等。如"对吗、我呢、行啊、好吧"等。

（2）助词"着、了、过、的、地、得"。如"笑着、来了、看过、他的、悄悄地、快得很"等。

（3）词的后缀"子、头、么、巴"等。如"桌子、石头、多么、尾巴"等。（注意："原子、烟头"不是轻声词。）

（4）方位词后缀和用在其他词语后边表示方位的单音节词或语素。如"那边、后面、桌上、地下、屋里、外头、巷子里"等。

（5）单音节的名词、动词重叠形式后面的字。如"哥哥、妈妈、娃娃、星星、看看、听听、劝劝、试试"等。

（6）动词、形容词后边表示动作趋向的词。如"过来、下去、打开、跑出来、干起来、取回来"等。

（7）双音节单纯词的后一个音节。如"葡萄、萝卜、石榴"等。

（8）某些常用双音节口语词的第二音节（以《现代汉语词典》和《普通话水平测试用必读轻声词语表》收录的为准）。如"巴结、出息、摸索、生意、疏忽、马虎、休息、知道、娇嫩、头发、太阳、芝麻、打扮、痛快、豆腐"等。

普通话水平测试只要求掌握《现代汉语词典》和《普通话水平测试用必读轻声词语表》收录的固定下来的轻声音节。

四、轻声的读法

轻声变调的"特殊"在于：根据前一个音节声调的调值，决定后一个轻声音节的调值，而不论后一个音节原调调值的具体形式。即使固定读轻声的单音节助词、语气词也是这样，总是体现在词语和句子中。

普通话轻声音节的调值有两种形式：

（1）当前面一个音节的声调是阴平、阳平、去声时，后一个轻声音节的调形是短促的低降调，调值为31（调值下加短横线表示音的长短，下同）。例如：

阴平 + 轻声

| 巴掌（bāzhang） | 拍子（pāizi） | 窗户（chuānghu） | 秧歌（yāngge） |
| 称呼（chēnhu） | 吆喝（yāohe） | 耷拉（dāla） | 知识（zhīshi） |

阳平 + 轻声

| 能耐（néngnai） | 盘算（pánsuan） | 白净（báijing） | 柴火（cháihuo） |
| 儿子（érzi） | 糊涂（hútu） | 和尚（héshang） | 什么（shénme） |

去声 + 轻声

| 案子（ànzi） | 刺猬（cìwei） | 凑合（còuhe） | 道士（dàoshi） |
| 地道（dìdao） | 日子（rìzi） | 扫帚（sàozhou） | 钥匙（yàoshi） |

（2）当前面一个音节的声调是上声时，后一个轻声音节的调形是短促的半高平调，调

值为44。例如：

我的 起了 斧子 姐姐 老实 马虎 耳朵 妥当 脑袋

五、轻声的辨正

现代汉语方言中,有些方言没有轻声现象,这些方言区的人学习普通话,首先要培养普通话的语感,学会发轻声音节;其次根据普通话变读轻声的规律,掌握有规律的轻声词,这类轻声词数量有限,比较容易把握;然后再掌握口语中常用的轻声词,这类词数量较多,没有什么规律,需要长期积累,培养语感。

有轻声现象的方言区的人,学习普通话需要注意两点:一是有的方言中的轻声读得比较重,纠正方法是在多听、多读、多说的基础上,逐步培养普通话语感。二是有的方言将作为后缀的"子"(zi)读成了其他音,虽然也是轻声音节,但音值变了。这些方言区的人首先要学会普通话轻声音节"子"的正确读音,然后通过大量的练习,逐步培养语感。

要分清普通话中末字是"子、头"的词语,哪些是轻声词,哪些不是轻声词。

"子、头"作为后缀要读轻声,但在有些词语中"子、头"不是后缀,而是实词或实语素,不能读轻声。例如：

~子：

才子 菜子 臣子 赤子 弟子 父子 公子 瓜子 君子 浪子 莲子
母子 男子 女子 逆子 棋子 孺子 松子 天子 童子 王子 虾子
孝子 学子 游子 幼子 义子 养子 老子 孟子 墨子 孔子 电子
离子 粒子 分子 原子 因子 黑子 核子 介子

~头：

带头 东头 地头 弹头 到头 当头 额头 分头 坟头 关头 过头
工头 个头 光头 回头 喉头 话头 滑头 猴头 肩头 街头 镜头
扭头 牛头 喷头 平头 碰头 排头 起头 桥头 牵头 墙头 人头
认头 蒜头 抬头 探头 推头 田头 滩头 窝头 心头 西头 线头

◎ [发音训练]

1. 朗读下列词语,注意轻声音节的读音。

苗条 衣服 精神 耽误 庄稼 秧歌 招牌 舒坦 煎饼 烟筒
东西 甘蔗 师傅 踏实 交情 知识 消息 商量 先生 关系
学生 朋友 棉花 核桃 黄瓜 糊涂 拾掇 累赘 逻辑 眉毛
粮食 合同 麻烦 模糊 脾气 凉快 学问 琢磨 觉得 便宜
眼睛 已经 有的 显得 本着 搅和 数落 喇嘛 比方 晓得
早晨 老实 你们 暖和 耳朵 舍得 妥当 脑袋 讲究 嘴巴
动静 热闹 月亮 扫帚 故事 热乎 似的 大方 队伍 告诉
漂亮 后边 护士 记得 近视 志气 客气 快活 骆驼 这个

2. 找出下面一段文字中应读轻声的音节,并有感情地朗读。

月光如流水一般,静静地泻在这一片叶子和花上。薄薄的青雾浮起在荷塘里。叶子和花仿佛在牛乳中洗过一样;又像笼着轻纱的梦。虽然是满月,天上却有一层淡淡的云,所以不能朗照;但我以为这恰是到了好处——酣眠固不可少,小睡也别有风味的。月光是隔了树照过来的,高处丛生的灌木,落下参差的斑驳的黑影,峭楞楞如鬼一般;弯弯的杨柳的稀疏的倩影,却又像是画在荷叶上。塘中的月色并不均匀;但光与影有着和谐的旋律,如梵婀玲上奏着的名曲。

——节选自朱自清《荷塘月色》

3. 绕口令练习。

(1) 天上日头,嘴里舌头。地上石头,桌上纸头。
　　大腿骨头,小脚趾头。树上枝头,集上市头。

(2) 小兔子,开铺子。
　　一张小桌子,两把小椅子,
　　三根小绳子,四个小匣子,
　　五管小笛子,六条小棍子,
　　七个小盘子,八颗小豆子,
　　九本小册子,十双小筷子。

4. 《普通话水平测试用必读轻声词语表》收录的轻声词(见附录二)。

第三节　儿　化

一、儿化的含义

单韵母 er 是一个比较特殊的韵母,它不同声母相拼,也不能同其他音素组合成复合韵母,可以自成音节。普通话中 er 韵字很少,常见的有"儿、而、尔、耳、二"等。但是 er 常附在其他音节后边,使这个音节发生变化,成为一个带卷舌动作的韵母,这种现象就是儿化。儿化后的韵母称儿化韵。儿化音节的拼写,只要在原音节后面加上一个表示卷舌动作的符号"r"即可,如"鸟儿"拼写成"niaor"。

儿化是汉语的一种构词方式。在词根(一般为名词)后面加上儿尾以构成一个新的名词,新名词的含义是对词根名词含义的拓展或者特定化。

二、儿化的作用

儿化在表达词语的词汇意义、语法意义和修辞色彩上都起着积极的作用。

1. 区别词义及词性

例如:

信(信件)——信儿(信息)

眼(眼睛)——眼儿(窟窿)

笑话(耻笑、讥笑,动词)——笑话儿(可笑的故事,名词)
盖(动词)——盖儿(名词)
个(量词)——个儿(名词)
亮(形容词)——亮儿(名词)
拍(动词)——拍儿(名词)
头(肢体的上端)——头儿(负责人)
本色(本来面貌)——本色儿(物品原来的颜色)

2. 区分同音词

例如:

拉练(野营训练,动词)——拉链儿(拉锁,名词)
开伙(办伙食)——开火儿(交战)

3. 表示喜爱、温婉的感情色彩

例如:

小曲儿　鲜花儿　女孩儿　好玩儿　山歌儿　大婶儿　老头儿　来玩儿　慢慢儿走　说说话儿

4. 表示细小、轻微的事物或状态

例如:

小鱼儿　门缝儿　一会儿　针尖儿　没事儿

三、儿化韵的发音

儿化是一种韵母的音变。它不是简单地在韵母后面加上一个 er 音,其中包含着一系列的音变现象,包括增音、脱落、更换、同化等现象。

(1) 直接卷舌:在主要元音(i,ü 除外)上加卷舌动作。例如:

a→ar:哪儿(nǎr)　　　　　　手把儿(shǒubàr)
ia→iar:叶芽儿(yèyár)　　　　钱夹儿(qiánjiár)
ua→uar:画儿(huàr)　　　　　浪花儿(lànghuār)
o→or:粉末儿(fěnmòr)　　　　竹膜儿(zhúmór)
uo→uor:眼窝儿(yǎnwōr)　　　大伙儿(dàhuǒr)
e→er:小盒儿(xiǎohér)　　　　硬壳儿(yìngkér)
ue→uer:主角儿(zhǔjuér)　　　木橛儿(mùjuér)
ie→ier:石阶儿(shíjiēr)　　　　字帖儿(zìtiěr)
u→ur:泪珠儿(lèizhūr)　　　　离谱儿(lípǔr)
ao→aor:小道儿(xiǎodàor)　　　荷包儿(hébāor)
ou→our:老头儿(lǎotóur)　　　路口儿(lùkǒur)
iao→iaor:小调儿(xiǎodiàor)　　嘴角儿(zuǐjiǎor)
iou→iour:小球儿(xiǎoqiúr)　　　顶牛儿(dǐngniúr)

(2) 增音:在主要元音 i,ü 后面加上 er。读法是先增加一个舌面、央、不、中圆唇元音 [ə],再在此基础上卷舌。例如:

i→ier：锅底儿(guōdǐr)　　　柳丝儿(liǔsīr)　　　玩意儿(wányìr)
ü→üer：小曲儿(xiǎoqǔr)　　毛驴儿(máolǘr)　　　有趣儿(yǒuqùr)

（3）脱落：韵尾音素为 i 或鼻辅音 n 的韵母发儿化音时，因 i 和 n 的发音动作与卷舌有所冲突，所以，儿化时原韵尾在发音过程中脱落，在主要元音的基础上卷舌。例如：

ai→ar：大牌儿(dàpáir)　　　窗台儿(chuāngtáir)
ei→er：同辈儿(tóngbèir)　　宝贝儿(bǎobèir)
uai→uar：糖块儿(tángkuàir)　一块儿(yíkuàir)
uei→uer：口味儿(kǒuwèir)　　一对儿(yíduìr)
an→ar：顶班儿(dǐngbānr)　　传单儿(chuándānr)
en→er：亏本儿(kuīběnr)　　　命根儿(mìnggēnr)
ian→iar：鸡眼儿(jīyǎnr)　　　路边儿(lùbiānr)
in→inr：用劲儿(yòngjìnr)　　　手印儿(shǒuyìnr)
uan→uar：好玩儿(hǎowánr)　　拐弯儿(guǎiwānr)
uen→uer：皱纹儿(zhòuwénr)　　开春儿(kāichūnr)
üan→üar：圆圈儿(yuánquānr)　手绢儿(shǒujuànr)
ün→üer：合群儿(héqúnr)　　　花裙儿(huāqúnr)

（4）更换：舌尖元音儿化时应将其变为舌面、央、中、不圆唇元音[ə]，再在此基础上进行卷舌。例如：

-i（前）→er：找刺儿(zhǎocìr)　　柳丝儿(liǔsīr)
-i（后）→er：树枝儿(shùzhīr)　　找事儿(zhǎoshìr)

（5）鼻化：原韵母为后鼻韵尾，儿化后原韵尾脱落，但主要元音仍保留鼻化色彩。例如：

茶缸儿(chágāngr)　　药方儿(yàofāngr)　　小羊儿(xiǎoyángr)
竹筐儿(zhúkuāngr)　　门窗儿(ménchuāngr)　跳绳儿(tiàoshéngr)
竹凳儿(zhúdèngr)　　裤缝儿(kùfèngr)　　　小洞儿(xiǎodòngr)
抽空儿(chōukòngr)　　酒盅儿(jiǔzhōngr)　　小熊儿(xiǎoxióngr)

◎ [发音训练]

1. 短文和绕口令练习。

下雪了，雪下得真大。雪花儿像鹅毛一样从天上飘下来，落在山上，田野上，房子上，大树上，盖了一层又一层，全是白茫茫的了。

外边儿静悄悄的，行人很少。

雪停了，太阳出来了。太阳光照在树上，亮得耀眼。山啊、田野啊、房子啊、大树啊，全都变了样儿了，都穿上白色外衣。校旁那两座小塔，都戴了顶白帽子，比平常更好看了。下课后，同学们都到院子里来了。大家滑雪、扔雪球儿、堆雪人儿。他们的脸跟鼻子都冻得红红的，可还是玩儿得很起劲儿。

进了门儿,倒杯水儿,喝了两口运运气儿。顺手拿起小唱本儿,唱了一曲儿,又一曲儿,练完了嗓子练嘴皮儿,绕口令儿,练字音儿,还有快板儿对口词儿,越说越唱越带劲儿。

有个小孩儿叫小兰儿,口袋里装着几个小钱儿,又打醋,又买盐儿,还买了一个小饭碗儿。小饭碗儿,真好玩儿,红花儿绿叶儿镶金边儿,中间儿还有个小红点儿。

小女孩儿,红脸蛋儿,红头绳儿,扎小辫儿,黑眼珠儿,滴溜溜儿转,手儿巧,心眼儿好,会做袜子会做鞋儿。能开地儿,能种菜儿,又会浇花儿又会做饭儿。

一个老头儿,上山头儿,砍木头,砍了这头砍那头儿。对面来了个小丫头儿,给老头送来一盘小馒头儿,没留神儿撞上一块大木头,栽了一个小跟头儿,撒了一地小馒头。

2. 熟读《普通话水平测试用儿化词语表》(见附录三)。

第四节 "啊"的音变

"啊"有两种用法:作叹词和作语气词。

一、"啊"作叹词

"啊"作叹词用时,出现在句子开头。这时的"啊"韵母不变,但在音高上有着阴平、阳平、上声和去声四种不同调类的变化。读哪种声调与说话人所要表达的思想感情有着密切的关系,正因为这种原因,不同声调的"啊"透露出不同的语气语调。例如:

啊(ā),真美呀!(读阴平,表示惊异、赞叹)
啊(á),怎么搞成这样?(读阳平,表示惊讶和遗憾)
啊(ǎ),这是怎么回事呀!(读上声,表示惊疑)
啊(à),我回去。(读去声,表示应诺、恍然大悟等)

需要说明的是,"啊"读阴平和去声都可以表示惊异和赞叹,可根据具体的表达需要确定语气。读去声时,表示应诺(音短)、恍然大悟(音长)、舞台朗诵中表示的赞叹(音较长)。例如:

啊,我去就是了。
啊,原来如此。
啊,黄河!

二、"啊"作语气词

"啊"作语气词用时,读轻声,由于处于语流的末尾,其读音受前面音节末尾音素的影响而发生变化。其音变规律如下:

(1)当"啊"前面的那个音节末尾音素是"a,o,e,i,ü,ê"时,"啊"读ya,书面上也可以写作"呀"。例如:

韵母为 a：
　　她进步怎么这么大啊(dàya)！
韵母为 ia：
　　瞧，多干净的家啊(jiāya)！
韵母为 o：
　　上坡啊(pōya)！
韵母为 e：
　　大哥啊(gēya)！
韵母为 i：
　　桂林的水真奇啊(qíya)！
韵母为 ü：
　　快去啊(qùya)！
韵母为 üe：
　　好大的雪啊(xuěya)！

(2) 当"啊"前面音节末尾音素是 u 或韵母是 ao，iao 时，"啊"字读成 wa，也可以写作"哇"。例如：
　　你要不要点儿醋啊(cùwa)？
　　你到底走不走啊(zǒuwa)？
　　唱得多好啊(hǎowa)？
　　瞧啊(qiáowa)？

(3) 当"啊"前面音节末尾音素是 -n 时，"啊"字读 na，也可以写作"啊"。例如：
　　我的天啊(tiānna)！
　　现如今啊(jīnna)！
　　你在弹琴啊(qínna)？

(4) 当"啊"前面音节末尾音素是 -ng 时，"啊"字读 nga，仍可以写作"啊"。例如：
　　这座桥可真长啊(chángnga)！
　　快上啊(shàngnga)！
　　这不可能啊(néngnga)！

(5) 当"啊"前面音节末尾音素是舌尖后元音 -i 后和卷舌韵母 er 时，"啊"字读 ra，仍可以写作"啊"。例如：
　　这是你们老师啊(shīra)？
　　怎么这么直呀(zhíra)？
　　女儿啊(érra)！

(6) 当"啊"前面音节末尾音素是舌尖前元音 -i 前时，"啊"字读[za]，仍可以写作"啊"。例如：
　　你不认识这个字啊[za]！
　　这是谁的帽子啊[za]？
　　你可要三思啊[za]！

以上规律可归纳成下表：

举 例	"啊"前音节尾音	读 音
是他啊！好多啊！	a　o	
喝啊！写啊！	e　ê	
学习啊！下雨啊！	i　ü	ya
书啊！好啊！	u　ao	wa
天啊！小心啊！	n	na
唱啊！好冷啊！	ng	nga
几次啊？什么事啊？	-i(前) -i(后)	[za](前)　ra(后)

在书面语中，由于写作者习惯不同，或者不了解语气词"啊"的音变规律和相应的汉字书写形式，语气词"啊"的写法比较混乱。当我们将书面语转变为口语表达时，往往无所适从。如果按音变规律变读，书面上可能没有表示出来；如果按书写形式去读，由于不符合变读规律，读出来就会很别扭。这需要我们在朗读时注意分辨，按照语气词"啊"的音变规律变读。

◎ [发音训练]

1. 请按"啊"的音变规律朗读下面的句子。

(1) ya—(在 a,o,e,i,ü,ê 音素后面时)：

快打啊！

就等你回家啊！

夸啊！

大家快来吃菠萝啊！

都是记者啊！

好新潮的大衣啊！

日子过得真快啊！

快帮我解围啊！

你怎么不吃鱼啊？

这孩子多活跃啊！

(2) wa—(在 u 音素后面时，包括 ao,iao)：

您在哪儿住啊？

他普通话说得真好啊！

还这么小啊！

屋顶还漏不漏啊？

看你一身油啊！

(3) na—(在-n 音素后面时)：

这件事儿可不简单啊！

笑得真欢啊!
买这么些冷饮啊!
发音真准啊!

（4）nga—（在 -ng 音素后面时）：
小心水烫啊!
小点儿声啊!
行不行啊?
不管用啊!

（5）[za]—（在舌尖前元音 -i 后面时）：
烧茄子啊!
这是第几次啊?
他就是老四啊!

（6）ra—（在舌尖后元音 -i、卷舌元音 er 后面时，在儿化韵后面时）：
没法治啊!
随便吃啊!
什么了不起的事啊!
他是王小二啊!
这儿多好玩儿啊!

2. 下面是语气词"啊"的部分不规范用法，请按照语气词"啊"的音变规律变读。
钱这东西，多少才是多哇?
这块丑石，多占地面呀，抽空把它搬走吧。
多么美丽的一片梨树林呀!
没有呀! 我真没收到呀!
我吃得很多，并没有不舒服呀!
家乡的桥呀，我梦中的桥!

3. 根据"啊"的音变规律，注出下列句子中语气词"啊"的实际读音和符合音变规律的汉字的写法，并反复朗读。

你发音真准啊!　　　　　　日子过得真快啊!
他普通话说得真好啊!　　　还这么小啊!
您在哪儿住啊?　　　　　　怎么办啊?
什么了不起的事啊!　　　　大家快来吃菠萝啊!
别打啊!　　　　　　　　　好新潮的大衣啊!
电脑你还学不学啊?　　　　孩子们笑得多欢啊!
快帮我解围啊!　　　　　　先别夸啊!
等你回家啊!　　　　　　　这儿多好玩儿啊!
小心水烫啊!　　　　　　　随便吃啊!
你怎么不吃鱼啊?　　　　　屋顶还漏不漏啊?
不管用啊!　　　　　　　　没法治啊!

这是第几次啊?   原来如此啊!
你小点儿声啊!   这些书啊,都是我精心挑选的。

思考与训练

1. 什么是变调?普通话的连读音变主要有几种情况?普通话水平测试要求掌握的最显著的两类变调是什么?

2. 什么是轻声?轻声有什么作用?

3. 什么是儿化?它的作用是什么?

4. 语气词"啊"的音变主要有几种情况?根据变读规律改正下列句子中语气词"啊"使用的错误,并反复朗读。

① 今天天气真好呀!
② 大家唱呀,跳呀,玩儿得可高兴了。
③ 他是你的老师呀?
④ 你在背单词哇?
⑤ 今天谁值日哪?
⑥ 这首歌真好听呀!
⑦ 你们去踢足球哪?

5. 课后朗读舒婷的《祖国啊,我亲爱的祖国》。

祖国啊,我亲爱的祖国
舒　婷

我是你河边上破旧的老水车
数百年来纺着疲惫的歌
我是你额上熏黑的矿灯
照你在历史的隧洞里蜗行摸索
我是干瘪的稻穗;是失修的路基
是淤滩上的驳船
把纤绳深深
勒进你的肩膊
——祖国啊

我是贫困
我是悲哀
我是你祖祖辈辈
痛苦的希望啊
是"飞天"袖间
千百年来未落到地面的花朵

—— 祖国啊

我是你簇新的理想
刚从神话的蛛网里挣脱
我是你雪被下古莲的胚芽
我是你挂着眼泪的笑窝
我是新刷出的雪白的起跑线
是绯红的黎明
正在喷薄
—— 祖国啊

我是你十亿分之一
是你九百六十万平方的总和
你以伤痕累累的乳房
喂养了
迷惘的我,深思的我,沸腾的我
那就从我的血肉之躯上
去取得
你的富饶,你的荣光,你的自由
—— 祖国啊
我亲爱的祖国

6. 朗读下面的词语。

挨个儿　盎然　翱翔　懊丧　白桦　本色　本色儿　笨拙　编纂　蝙蝠　濒于
摈除　摈弃　苍穹　层出不穷　称职　尺蠖　处方　处分　揣度　疮疤　纯粹
从容　簇拥　篡夺　痤疮　挫伤　挫折　大相径庭　呆板　旦角儿　当即　当作
陡坡　堵塞　发型　方兴未艾　分泌　氛围　风驰电掣　风靡　敷衍　附和　高涨
给予　骨髓　关卡　盥洗　果脯　海市蜃楼　憨厚　汗流浃背　横财　花蕊　荒谬
混合　混乱　机械化　即日　脊梁　夹克　家畜　将军　胶片　角色　尽量　居然
矩形　瞌睡　空隙　快乐　框子　累赘　擂台　连累　卤水　掠夺　落汗　马匹
勉强　模糊　模样　囊膪　脑髓　拈阄儿　涅槃　拧螺丝　牛皮癣　暖和　挪用
讴歌　胚胎　毗邻　琵琶　剽窃　撇开　摒弃　叵测　恰当　强劲　强求　悄然
悄声　侨眷　亲家　确凿　仍然　撒谎　山坳　审处　枢纽　宿舍　隧道　坍塌
搪塞　铁锹　停泊　拓本　挖潜　围剿　戏谑　细菌　肖像　泄露　胸脯　旋转
炫耀　血泊　血管　鹞子　一丝不苟　一直　翌日　荫庇　殷红　甬道　佣金
友谊　有的放矢　在场　召开　症状　主人翁　抓阄儿　状况　字帖　总称　遵照

第五章　普通话朗读

普通话朗读在口语表达中有着重要的作用,小学、中学各阶段的语文教学中,普通话朗读占有很重要的地位,因此,很多语文老师非常重视朗读的训练。

第一节　朗读的意义

小学生学习汉语言都是从琅琅的读书声开始的,许多人认为朗读就是放大声音来念文字,这种认识是否正确呢?

一、什么是普通话朗读

普通话朗读就是把书面语言转化为发音规范的有声语言的再创作活动。它是一种口头语言的艺术,朗读的过程就是把文字转化为有声语言的一种创造性劳动的过程。

朗读不是朗诵。朗诵是一种艺术表演,通常在文艺活动中使用,在语言表达的幅度上要比朗读大,还需要借助一定的表情和手势来强化它的表达效果,舞台演出还需要化妆。而朗读主要在课堂上、播音室里和各种会议上,用接近生活语言的真实来表达文字的内容,使听者感到亲切自然。另外,朗读可以看着作品读,朗诵一般要脱稿表演。

朗读也不是"念读"。念读一般是为理解书面语言而念,不求再现作品内容和思想感情以感应听者,不讲求表达技巧,朗读则要求朗读者对作品能理解、会表达,代表作者表达作品的思想感情。

朗读作者写出的文学作品,也不是单纯地照字念音,它要求朗读者在认真分析、理解文字作品的基础上,进行深入的感受、体味,然后有感而发,运用有声语言的各种表达技巧,准确、形象、生动地表达出原作的思想内容和作者的思想感情。同时,朗读会不可避免地融入朗读者个人的理解。所以,可以说,朗读是再创作活动。

二、普通话朗读的意义

朗读的社会作用与它的特点是紧密联系的。在社会上,大至播送国内外大事,小至会议上的报告、讲稿和通知,都离不开朗读。朗读能够迅速直接地把书面材料所表达的内容传递给听众,有很大的宣传使用价值。

朗读训练是普通话口语表达训练的有机组成部分,它既是学习普通话正音的继续,又是普通话说话训练的开始。用普通话朗读,可以逐步纠正方音,熟练运用语言技巧,提高普通话水平,是口语表达训练初级阶段最为理想的形式。此外,普通话朗读还具有以下意义。

1. 朗读可以深入理解、体味文字作品,从作品中汲取丰富的精神营养

朗读者声情并茂的朗读,不仅可以使听者理解作品,还可以把听者带入作品的意境,体验作品的生活情景,体会作者的思想感情。同时,朗读能引导朗读者和听者走向文字作品更深的去处,其感人力量要超过文字作品本身。尤其是朗读那些优秀的文学作品,可以陶冶情操、启迪思想、净化心灵,激励人们蓬勃向上、奋发有为。例如,朗读《黄河颂》能唤起中华民族自强不息的精神;《妈妈喜欢吃鱼头》作品中呈现出的其乐融融、情真意切的母爱画面,读来使人感触颇深,禁不住产生共鸣,联想起自己的母亲和全天下千千万万的母亲,由衷赞美平凡、伟大、无私的母爱。

2. 普通话朗读可以锻炼说话和写作能力

通过朗读,可以训练发音技能,使说话字音清晰;可以积累语言材料,使说话词语丰富生动;可以借鉴规范的句子,使说话通顺简练;可以熟悉语调语气的各种变化,使说话生动活泼,富于表情。例如,有人说话吭吭哧哧,词不达意,语无伦次,催人欲睡,如果经常朗读一些优秀的文字作品,有助于规范口语、记忆字词、积累词汇,领会不同语句的感情色彩,锻炼正确、流利、清晰、富于表情的说话技巧,促进口头言语表达能力的发展(比如口吃的人通过朗读优秀的文学作品进行训练,能矫正口吃的毛病)。

朗读还可以丰富写作知识,提高书面语言的表达能力。因为朗读能够细致体察文章的语言特点,掌握文章的结构,学习名家名篇的表达方法,感觉不同文体的风格特色。朗读的过程,也就是汲取优秀文字作品营养的过程。朗读者在朗读中学到的语言知识、写作技巧和思维方式都会潜移默化地影响到日常生活的说话和写作,从而提高书面语言和口语的表达能力。

3. 普通话朗读有助于发挥汉语语言的感染力

当朗读者把文字作品变为有声语言的时候,那感人的力量比文字作品本身更加强烈。因为作品语言里包含着思想感情和音韵节律美感,通过朗读者深刻的体会、感受,运用熟练的技巧和声音的魅力传递出来,可以更好地发挥出汉语语言的感染力。尤其是朗读那些优秀的经典文学作品,不仅有情操的陶冶、心灵的感染以及思想的启迪都,同时对读者与听者而言都是一种美的享受。

三、普通话朗读的基本要求

1. 深入理解作品

理解作品是朗读的先决条件和基础。朗读的正确途径应该是从理解到表达,在理解的基础上表达。那种有口无心和尚念经式的朗读,或是"自我陶醉"感情泛滥式的朗读,都是对作品缺乏深刻正确的理解的体现。朗读者只有对文字作品里的每个词句的含义,它的语言环境、地位、作用和所蕴含的思想感情,有深刻的理解和感受,把作者的感情化作朗读者自己的感情,把作者急切反映现实生活的创作冲动变成自己热切倾诉的愿望,朗读时才能语意连贯,感情奔放,情随意转,以情带声。

要理解作品,除了了解语句的含义、掌握作品的主题思想外,还应该掌握作品的结构:明确作品有几部分,哪里是重点,哪里是过渡或陪衬;总纲是什么,分项有多少。只有这样,才能运用各种技巧,层次分明、有条不紊地表达作品的思想感情。

比如朗读作品 1 号《白杨礼赞》,首先就有一个理解作品中心思想的问题。这篇短文景色描写得很美,但不是一般地写景抒情,而是对中国共产党领导下的抗日军民的歌颂。如果不理解作品的立意,采用过分抒情的基调就有悖于原意了。

又如朗读作品 28 号《迷途笛音》,其中有这样一段:

"你好,小家伙儿,"卡廷说,"看天气多美,你是出来散步的吧?"

我怯生生地点点头,答道:"我要回家了。"

"请耐心等上几分钟,"卡廷说,"瞧,我正在削一支柳笛,差不多就要做好了,完工后就送给你吧!"

从文字上看,卡廷说话带有些许冷冷的语气,但如果深入理解,就会感受到"卡廷先生以乡下人的纯朴,保护了一个小男孩儿强烈的自尊"的细腻和热情。

2. 语音准确规范

掌握普通话的标准发音是朗读者必备的基本条件。要读准字音,就必须认读生字,纠正方音,并能按义定音,读出音变。

发音准确的标准就是在吐字发音上对声母、韵母、声调上有严格要求。声母要读得坚实有力,韵母要读得响亮完整(韵腹读准确,韵尾不含糊),声调要清晰。要"咬"字,不要"吃"字。这样,一个音节念出来,必然清晰、圆润、有力。而学习汉语拼音字母正是练习吐字发音达到准确的基本手段。

3. 语句流利通畅

朗读时,要把语句读得通顺、流畅、明白、自然,干净利落。不添字,不丢字,不颠倒重复字词,不破词破句,也不能像平时说话一样随随便便、不讲节奏,任意破坏作品语言的完整性。如果读得拖泥带水、结结巴巴,就会破坏文章的表现力,还会造成语义的费解和误解,在普通话水平测试时也会因此而失分。

4. 感情基调真实

真挚的感情是朗读的生命,作者的爱憎悲喜都融注在作品的字里行间。朗读时不仅要达意,而且要传情。

有感情的朗读,要在理解作品内容的基础上,深入发掘作品蕴含的丰富而细微的感情变化,边读边想,设身处地、身临其境,从而调动起自己的真情实感,使作品的字字句句如同从自己心中流出;同时,还要确定好作品的感情基调,是昂扬有力、深沉坚定、喜悦明快,还是悲愤凝重、豪放舒展、清新细腻……

处理作品具体感情的变化,还应该恰当地运用有声语言的各种表达技巧,如语速的快慢、重音与强调、停顿与连接、语调的抑扬等,都要根据表情达意的需要进行恰当的艺术处理。

5. 语调自然朴素

朗读使用的语言,必须是活生生的生活语言,但它又不等同于"拉家常式"的自然语言。它比自然语言更规范、更典型、更生动、更具美感。朗读的语言要朴实、真挚,以情带声,以声传情,声情并茂,切忌脱离作品实际,矫揉造作,拿腔捏调,使朗读显得虚假,弄巧成拙,破坏朗读效果。有些人朗读脱离生活,喜欢拿腔作调的"播音腔""舞台腔"和"朗诵腔"。朗读还要切忌表面化地、形式化地套用停顿、重音、语速、升降等技巧。比如有人一碰到文章中的重音性词语就一味放大音量,遇到感情激动之处就一定用很高的嗓音。其实,语音的重和轻、高和低、停和连都是统一物的两个对立面,互相依存,互相转化。都是重音,也就没有了重音,变成大嗓门了;没有慢速,也就不存在快速。有时突出重点也可以用轻读、低调、慢速来表达。例如,"骆驼很高,羊很矮","高"和"矮"都是语法重音,但是骆驼和羊的形象完全不同,朗读时就可以作不同的处理,可把"高"读得高些强些,把"矮"读得低些弱些。总之,我们应该从思想内容出发,从语言本身的规律出发,辩证地运用语言技巧,做到真切、自然、朴实。

第二节　朗读的表达方法

朗读的表达方法是实现朗读目的的重要手段。朗读时,为了更好地表达作品思想感情,句子语调的抑扬、语速的疾缓、语音的轻重、语句的顿歇等声音表现技巧的运用很重要。因此,朗读方法应分两步训练:第一步是"内部心理状态"训练,包括形象感受、逻辑感受、内在语气等;第二步是"外部表达技巧"训练,包括语调、停连、重音、节奏等。

一、内部心理状态

(一)感受

感受是理解和表达之间的桥梁,也是调动感情的基础。感受可分形象感受和逻辑感受两种。

1. 形象感受

形象感受是从作品的文字语言所包含的形象中获得的具体感受。它要求朗读者根据文字描述,在作品形象性词语的刺激下,调动自己的记忆联想和再造想象。感知(看到、嗅到、尝到、触到等)具体事物的形象,并产生相应的内心体验,这就叫做有动于衷。

朗读者要善于发挥记忆联想和再造想象的能力,以增强有声语言表达的强烈感染力。如《卖火柴的小女孩》第一段:"天冷极了,下着雪,又快黑了。""冷、雪、黑"这些实词,刺激着朗读者的视觉、触觉等感官,因此,朗读者不应仅仅把它们看成是白纸黑字,而应透过这些表达形象的字词,产生视觉想象,看到"雪花、天黑",从而感到"冷极了"。又如:"热心肠同志送我两瓶。一开瓶子塞儿,就是那么一股甜香;调上半杯一喝,甜香里带着股清气,很有点鲜荔枝的味儿。"当朗读者读到"一开瓶子塞儿"时,由于生活经验的作用,会情不自禁地抽一下鼻子,深吸一口气,觉得一股甜香味扑鼻而来。当然,实际我们什么也没闻到,只有白纸上几个黑字给我们的刺激、感受罢了。这就是嗅觉想象和味觉想象给予朗读者的感受。

2. 逻辑感受

逻辑感受是指从作品的脉络结构和语句之间的逻辑关系得到的具体感受,也可以说是对作者思想的一种再体验。逻辑感受包括并列、对比、递进、转折、主次、总括等多种感受。

形象感受和逻辑感受在朗读中应相互结合,缺一不可。只有逻辑感受,朗读就会变成干巴巴的几条筋,虽严谨却不生动;相反,只有形象感受,朗读就会有句段而无全篇。二者相互交织,完美结合,才能为朗读准备好恰切扎实的内在依据。

(二) 内在语

没有内在语,有声语言就会失去光彩和生命。要学会在朗读中运用"内在语"的力量,赋予语言一定的思想态度和感情色彩。

(1) 朗读时,内在语要像一股巨大的潜流,在朗读者的语言底下不断滚动着,赋予有声语言以根据,以生命。内在语的潜流越厚,朗读也就越有深度,越有"味儿"。

(2) 作品中的某些词语和句子,有时并不服从其直接含义或表面意思。如用"恳求"的语气来命令,用"命令"的语气来劝告;"亲爱的"一词也可以表示"恨","你真坏"一句,也可以是"你真好"。

例如,朗读《卖火柴的小女孩》中的一段话:

……奶奶把小孩抱起过来,搂到怀里。她们俩在光明和快乐中飞走了,越飞越高,飞到那没有寒冷,没有饥饿,没有痛苦的地方了。

从文字表面看,这一段的基调应该是快慰的、幸福的、欢乐的,但从故事内容和主题思想来理解,这些词语的内在语潜流是极为痛苦、悲惨的。就当时的社会而言,人只有死亡才能永远摆脱寒冷和饥饿。朗读时,应该使这些反义的内在语在文字下面滚动,将小女孩冻饿而死的悲惨结局,感人地表达出来。

(三) 语气

语气,从字面上理解,"语"是通过声音表现出来的"话语","气"是支撑声音表现出来的话语的"气息状态"。朗读语气则包含两个方面的内容:既有内在的思想感情的色彩和分量(也称"神"),又有外在的快慢、高低、强弱、虚实的声音形式(又称"形"),所以说,语气就是朗读中"话语"的"神"与"形"的结合体。

朗读时,朗读者的感情、气息、声音状态,与表达有着极为密切的关系。声音受气息支配,气息则由感情决定,有什么样的感情,就产生什么样的气息;有什么样的气息,就有什么样的声音状态。语气运用的一般规律是:喜则气满声高,悲则气沉声缓,爱则气缓声柔,憎则气足生硬,急则气短声重,疑则气细声粘,静则气舒声平。当然,感情的引发不是随心所欲的,而要受到朗读目的和语言环境的制约。例如,朗读《七根火柴》中的一段话:

……他蓦地抽回手去,深深地吸了一口气,用尽所有的力气举起手来,直指着正北方向,"好,好同志……你……你把它带给……"

这句话,是长征中一位红军战士临终前勉强说出来的。朗读时,感情是悲壮的,气息是短促的,声音是虚弱的、断续的。

又如,朗读《最后一次讲演》(闻一多)中的一段话:

……今天,这里有没有特务?你站出来!是好汉的站出来!你出来讲……

这段话,是闻一多在极大愤怒的语境中说的。朗读时,感情应是憎恨的,气息是充沛的,语调是强硬的。

二、外部表达技巧

一般说来,要朗读好一篇文章,除了有充分的感受、理解,还要借助相应的外部表达技巧,借助停连、重音、语调、节奏等,才能准确地传达文章的内容,生动地表达作者所要表达的思想感情。

(一) 停连

包括停顿和连接,是指语流中声音的中断和延续。

1. 停顿

停顿指声音的中断,它是人们生理上换气的需要,也是表情达意的需要。合理的停顿是准确、清楚地表达文章内容的首要条件。生理上需要的顿歇(换气)必须服从于心理状态的需要,不能破坏语意的完整。

停顿可以分为语法停顿和逻辑停顿(又叫强调停顿)。

(1) 语法停顿是句子中一般的间歇,反映句子结构中的语法关系。标点符号是语法停顿的主要标志,段落也可以看做语法停顿的标志。同样一句话,有无停顿,意思会不一样,如:

我赞成他,也赞成你,怎么样?(赞成他和你)

我赞成,他也赞成。你怎么样?(我和他都赞成)

一般说来,语法停顿时间的长短,跟标点符号所表示的语法结构的层次大致相应:段落>句号、问号、叹号、省略号>分号、冒号>逗号>顿号。

较长的句子中间没有标点符号时,可按语法结构成分来停顿,如:

森林维护地球生态环境的/这种"能吞能吐"的特殊功能/是其他任何物体/都不能取代的。(作品31号)

(2) 逻辑停顿是指在没有标点符号的地方,为了强调语意、观点、事情所作的停顿。逻辑停顿是为了强调某一事物,突出某个语意或某种感情所运用的停顿。这是由个人说话的意图和情绪变化决定的。它可以跟语法停顿一致,即强调停顿的地方正好也是语法停顿的地方,这时需要在语法停顿的基础上变化停顿时间,或延长或缩短;也可以跟语法停顿不一致,即语法上不应该停顿的地方也可以停顿。如:

好像我背上的同她背上的加起来,就是/整个世界。(作品33号)

"就是整个世界"句内原可不必停顿,但是如果在"整个"之前用个停顿,就给人以思考的时间,为结论的出现作一个短暂的铺垫,起到强调突出的效果。再如:

莫高窟的彩塑,/每一尊/都是一件/精美的艺术品。//最大的/有九层楼那么高,/最小的/还不如一个手掌大。//这些彩塑/个性鲜明,/神态各异。//有/慈眉善目的菩萨,/有/威风凛凛的天王,/还有/强壮勇猛的力士……(作品29号)

句内都可以有短暂的强调停顿(用/表示),这种强调停顿跟强调重音往往是一致的。上面这个例子中很多停顿的地方都有标点符号,语法停顿和强调停顿都是一致的。

2. 连接

连接,是指在有标点符号的地方,缩短停顿时间,把两个句子连起来读。如:

人群里,年长的是大爷、大娘,同年的是大哥、大嫂,兄弟、姐妹,都是亲人。

(二)重音

重音是指将句子里的某些词语读得比较重一些的语言现象,说话时较用力,读得更加响亮,有强调的意思。句子重音可分语法重音和逻辑重音。

1. 语法重音

语法重音是指句子中的某一成分说得重,其他成分相对轻的一种现象。

(1) 主语和谓语比较,谓语读得重一些。如(加点词重读):

　　天气暖和了。
　　他积极而热情。

(2) 动词和宾语比较,宾语读得重一些。如:

　　读书。
　　做针线。
　　讨论问题。

(3) 表性状、程度等的状语和中心语比较,状语读得重一些。如:

　　他非常高兴。
　　您慢慢地走哇。

(4) 表结果和程度的补语读得重一些。如:

　　我们打赢了。
　　他说得太好了。
　　房间布置得美观大方。

(5) 疑问代词和指示代词读得重一些。如:

　　谁找我呀?
　　什么东西不见了?
　　要坚持原则,那样做可不行。
　　为什么哭?

2. 逻辑重音

逻辑重音是指用说得特别重的方式来表示含蓄的意思或某种感情的一种现象。逻辑重音是在特定的具体环境中,针对某种情况而采取的表达手段,言外含有特别的意思和感情,也可叫强调重音和感情重音。主要有两种:一是表示不同意义和情感的语句一般需重读。如"我知道你会唱歌"一句,不同的重音处理,就会表现出不同的意义和感情色彩。

　　我知道你会唱歌。(别人不一定知道,而我知道。)
　　我知道你会唱歌。(别瞒了,我知道。)
　　我知道你会唱歌。(别人会不会我不知道,反正知道你会。)
　　我知道你会唱歌。(别谦虚了,你会。)
　　我知道你会唱歌。(你会不会别的我不知道,你会唱歌。)

二是为表达某种强烈的感情而有意把某些词语重读。如:

　　然而,火光啊……毕竟……毕竟就在前头!……("毕竟"重读,以强调"火光"虽然曲折遥远,但只要不断努力,光明和希望终会到来。)

需要注意的是,重音的方法并不是单纯地加大音量,它不是"加重声音"的简称。突出重音的方法多种多样,主要有下面几种:

一是加强音量,就是有意识地把一些词或词组读得响亮,以增强音势。如:

　　欢欣,这是一种青春的、诗意的情感。(王蒙《喜悦》)

二是轻读、拖长,就是有意识地将需要重读的音节拖长,用延长音节的办法使重音突出、清晰。如:

　　山朗润起来了,水涨起来了,太阳的脸红起来了。(朱自清《春》)

三是重音轻读,就是对需要重读的词语发音时气息、声势减弱,轻轻吐出,造成一种"轻中显重"、四两拨千斤的艺术效果。这种技巧常用以表达深沉、凝重、含蓄、细腻的情感。如:

　　轻轻地我走了,正如我轻轻地来。(徐志摩《再别康桥》)

四是连中有停,语流中,在重音前后运用停顿,以使重音更加鲜明地显现出来,使语句目的更加明确。如:

　　妈妈/喜欢吃鱼头。(《妈妈喜欢吃鱼头》)

五是实中转虚,利用内心深切的震动,把声音坚实地表达出来。这种方法的表达特点是声多气少。如:

　　这位伟大的战士,直到最后一息,也没挪动一寸地方,没发出一声呻吟。(《我的战友邱少云》)

(三) 语调

语调是语气外在的快慢、高低、长短、强弱、虚实等各种声音形式的总和。只有语气的千变万化,才有语调的丰富多彩。"曲折性"是语调的根本特征。语调不是字调,不能把它固定在上扬下降、平直的框框里。朗读时语调的"曲折性",表现在有声语言中,就是语句的行进趋向和态势,也叫"语势"。

目前,一般把语调分成四类:升调、降调、平调、曲调。

1. 升调

升调指语调由低逐渐升高,表示疑问、反诘、惊奇、命令、呼唤等语气。如:

　　是你给吃见底了?

　　原来你懂苏州话。

2. 降调

降调指音调由高逐渐降低,最后一个字读得低而短,表示感叹、祈使、肯定、请求的句子。如:

　　暴风雨! 暴风雨就要来了!

　　张太太打断道:"没有结婚的,不能称为妻。"

3. 平调

平调指直述语气,语调平直,没有显著的高低升降变化,一般读陈述句时使用。如:

　　那年我六岁,离我家仅一箭之遥的小山坡上,有一个早已被废弃的采石场。

4. 曲折调

曲折调常用来表示反诘、讽刺和言外之意等特殊感情。如：

难道我还不如这只虫子？

（四）语速

语速是朗读时话语的速度。语速的快慢取决于作品思想内容与心境情感表达的需要。朗读作品时，只有准确感受到作品的思想内容和情感的发展，才能运用不同的语速，恰当表达出作者在文章中所寄托的思想感情。常见的语速类型有以下几种。

1. 轻快型

这种类型语速较快，声音清而不着力，多扬少抑，有时有跳跃感，它常用来描绘欢快、诙谐的情态。例如：

啊！蜕变的桥，传递了家乡进步的消息，透露了家乡富裕的声音。时代的春风，美好的追求，我蓦地记起儿时唱给小桥的歌，哦，明艳艳的太阳照耀了，芳香甜蜜的花果捧来了，五彩斑斓的岁月拉开了！

我心中涌动的河水，激荡起甜美的浪花。我仰望一碧蓝天，心底轻声呼喊：家乡的桥啊，我梦中的桥！（郑莹《家乡的桥》）

2. 沉稳型

这种类型语速沉缓，音强而着力，多抑少扬，一般用来表示庄重、肃穆或压抑、悲痛的情感。例如：

读小学的时候，我的外祖母去世了。外祖母生前最疼爱我，我无法排除自己的忧伤，每天在学校的操场上一圈儿又一圈儿地跑着，跑得累倒在地上，扑在草坪上痛哭。那哀痛的日子，断断续续地持续了很久，爸爸妈妈也不知道如何安慰我。他们知道与其骗我说外祖母睡着了，还不如对我说实话：外祖母永远不会回来了。（林清玄《和时间赛跑》）

3. 舒缓型

这种类型语速较缓，声音轻柔而不着力，语势舒展平稳，多用来表现幽静、清秀的场景或展现舒缓的情怀。例如：

如今在海上，每晚和繁星相对，我把它们认得很熟了。我躺在舱面上，仰望星空。深蓝色的天空里悬着无数半明半昧的星。船在动，星也在动，它们是这样低，真是摇摇欲坠呢！渐渐地我的眼睛模糊了，我好像看见无数萤火虫在我的周围飞舞。海上的夜是柔和的，是寂静的，是梦幻的。（巴金《繁星》）

4. 强疾型

这种类型语速较快，音强而有力，语势多扬少抑，气急音短，跳跃感强，多用来表现紧张急迫的情景或高昂激愤、难以抑制的情愫。例如：

乌云越来越暗，越来越低，向海面压下来；波浪一边歌唱，一边冲向空中去迎接那雷声。

雷声轰鸣。波浪在愤怒的飞沫中呼啸着，跟狂风争鸣。看吧，狂风紧紧抱起一堆巨浪，恶狠狠地扔到峭崖上，把这大块的翡翠摔成尘雾和水沫。（高尔基《海燕》）

上述分类仅仅是语速的基本类型。事实上,任何一篇文章的朗读都不会是如此简单的定型。语速类型只是对全局性、整体性的概括。在一篇作品中,各种语速类型是互相渗透、互相映衬、互相转换的。这些不同的语速类型及其转换,会把作品表达得更加丰富多彩。

语速的快慢是语言节奏的主要标志。朗读时,音节相连有长有短,有快有慢,有强有弱。语速的疾缓与长短、强弱的反复交替,便形成一种自然节奏,造成语言的音乐性,增强语言的表达效果。

三、普通话水平测试的"短文朗读"要求及其训练

(一) 普通话水平测试中"短文朗读"的要求

普通话水平测试中的第三项"短文朗读",是考查应试人用普通话朗读书面材料的水平。既考查应试人的语音标准程度(声母、韵母、声调),还考查连读音变(上声、"一""不"的变调,轻声,儿化,"啊"的音变)和语调(停顿、重音、语速、句调)等。《普通话水平测试实施纲要》提供了60篇作品供测试朗读用,所以应试人在测试前必须做到:

(1) 在测试前反复练习规定的60篇作品,达到熟练流畅的程度。切不可回读、停顿过多、按音节崩读。

(2) 朗读时语调应自然、平实,尽量读准每一个音节。

(3) 语速快慢要适中。

(二) 普通话水平测试中"短文朗读"的训练

1. 针对作品的体裁特点训练

测试大纲规定的60篇作品主要分为记叙文和议论文两种体裁。各种体裁的作品朗读要求及方法都不一样。

朗读记叙文要求因事明理,以事感人,具体细微,语气自然,节奏简朴。朗读时注意以下几点:①记叙文中的叙述性语言的发音要舒展;②记叙文中的描写性语言的发音要实在;③记叙文中的人物语言的发音要写意化;④朗读记叙文时声音要轻柔。

朗读议论文要求就事论理,以理服人,必须透彻地把握作品的内在逻辑关系,以切身的感受和鲜明的态度,用具有逻辑的声音表达出作品的主旨来。朗读时注意以下几点:①论点鲜明,论据有力;②态度明朗,感情含蓄;③语气肯定,重音坚实;④引语的读法应给以突出。

2. 针对测试大纲的要求训练

(1) 重点训练"//"前的400个音节。

(2) 尽量读准每一个字词的音。

要避免出现以下三种情况:①声母、韵母、声调误读;②变调、轻声、儿化、语气词"啊"音变不合规律;③增读、漏读、颠倒、回读。

(3) 严格按照语音提示朗读。

大纲提供的60篇作品,每篇后面都有语音提示,一般对该篇作品中的必读轻声词、儿化词、多音多义词、容易读错的词及"啊"的音变等标注了汉语拼音,测试前应重点训练。

(4) 避免语调偏误。这里的语调主要指朗读中的重音、句调、速度。

(5) 正确停连。普通话水平测试"短文朗读"中有一个评分项"停连不当"。停连不当

指由不恰当的停顿或连读造成的对词语的肢解或对语义的误解。因换气需要或个人理解造成的短暂停顿(未曲解原文意思)不视为停连不当。

(6) 熟练流畅。测试前必须反复朗读大纲提供的60篇作品,朗读不流畅会被扣分。下面三种情况属于朗读不流畅:回读、停顿过多、按音节崩读(一个字一个字或一个词一个词地发音)。

思考与训练

1. 朗读的含义和作用是什么?
2. 朗读的技巧有哪些?
3. 如何应对普通话水平测试中的"短文朗读"?
4. 课后朗诵诗词,体会朗诵与朗读的不同。
5. 反复朗读普通话水平测试用60篇作品,要求发音准确流畅。

附录

普通话水平测试用朗读作品60篇

作品1号

那是力争上游的一种树,笔直的干①,笔直的枝。它的干呢,通常是丈把高,像是加以人工似的②,一丈以内,绝无旁枝;它所有的桠枝③呢,一律向上,而且紧紧靠拢,也像是加以人工似的,成为一束,绝无横斜逸出;它的宽大叶子也是片④片向上,几乎没有斜生的,更不用说倒垂了;它的皮,光滑而有银色的晕圈⑤,微微泛出淡青色。这是虽在北方的风雪的压迫下却保持着倔强挺立的一种树!哪怕只有碗来粗细罢,它却努力向上发展,高到丈许,两丈,参天耸立,不折不挠⑥,对抗着西北风。

这就是白杨树,西北极普通的一种树,然而决不是平凡的树!

它没有婆娑⑦的姿态,没有屈曲盘旋的虬⑧枝,也许你要说它不美丽,——如果美是专指"婆娑"或"横斜逸出"之类而言,那么,白杨树算不得树中的好女子⑨;但是它却是伟岸,正直,朴质,严肃,也不缺乏温和,更不用提它的坚强不屈与挺拔,它是树中的伟丈夫⑩!当你在积雪初融的高原上走过,看见平坦的大地上傲然挺立这么一株或一排白杨树,难道你就只觉得它只是树,难道你就不想到它的朴质,严肃,坚强不屈,至少也象征了北方的农民;难道你竟一点儿⑪也不联想到,在敌后的广大土//地上,到处有坚强不屈,就像这白杨树一样傲然挺立的守卫他们家乡的哨兵!难道你又不更远一点想到这样枝枝叶叶靠紧团结,力求上进的白杨树,宛然象征了今天在华北平原纵横决荡用血写出新中国历史的那种精神和意志?

(节选自茅盾《白杨礼赞》)

语音提示

① 干　　　gàn
② 似的　　shì·de
③ 桠枝　　yāzhī
④ 片　　　piàn
⑤ 晕圈　　yùnquān
⑥ 挠　　　náo
⑦ 婆娑　　pósuō
⑧ 虬　　　qiú
⑨ 女子　　nǚzǐ
⑩ 丈夫　　zhàng·fu
⑪ 一点儿　yìdiǎnr

作品2号

两个同龄的年轻人同时受雇于一家店铺①，并且拿同样的薪水。

可是一段时间后，叫阿诺德的那个小伙子青云直上，而那个叫布鲁诺的小伙子却仍在原地踏步。布鲁诺很不满意老板的不公正待遇。终于有一天他到老板那儿②发牢骚了。老板一边耐心地听着他的抱怨，一边在心里盘算③着怎样④向他解释清楚⑤他和阿诺德之间的差别。

"布鲁诺先生，"老板开口说话了，"您现在到集市上去一下，看看今天早上有什么⑥卖的。"

布鲁诺从集市上回来向老板汇报说，今早集市上只有一个农民拉了一车土豆在卖。

"有多少？"老板问。

布鲁诺赶快戴上帽子又跑到集上，然后回来告诉老板一共四十袋土豆。

"价格是多少？"

布鲁诺又第三次跑到集上问来了价格。

"好吧，"老板对他说，"现在请您坐到这把椅子上一句话也不要说，看看阿诺德怎么说。"

阿诺德很快就从集市上回来了。向老板汇报说到现在为止只有一个农民在卖土豆，一共四十袋，价格是多少多少；土豆质量⑦很不错，他带回来一个让老板看看。这个农民一个钟头⑧以后还会弄⑨来几箱西红柿，据他看价格非常公道。昨天他们铺子的西红柿卖得很快，库存已经不//多了。他想这么便宜的西红柿，老板肯定会要进一些的，所以他不仅带回了一个西红柿做样品，而且把那个农民也带来了，他现在正在外面等回话呢。

此时老板转向了布鲁诺，说："现在您肯定知道为什么阿诺德的薪水比您高了吧！"

（节选自张健鹏、胡足青主编《故事时代》中《差别》）

语音提示

① 店铺　　diànpù
② 那儿　　nàr
③ 盘算　　pán·suan
④ 怎样　　zěnyàng
⑤ 清楚　　qīng·chu
⑥ 什么　　shén·me
⑦ 质量　　zhìliàng
⑧ 钟头　　zhōngtóu
⑨ 弄　　　nòng
⑩ 便宜　　pián·yi

作品3号

我常常遗憾我家门前那块丑石:它黑黝黝①地卧在那里,牛似的②模样③;谁也不知道是什么④时候留在这里的,谁也不去理会它。只是麦收时节,门前摊了麦子,奶奶总是说:这块丑石,多占地面呀,抽空把它搬走吧。

它不像汉白玉那样的细腻⑤,可以刻字雕花,也不像大青石那样的光滑,可以供来浣纱⑥捶布。它静静地卧在那里,院边的槐阴没有庇覆⑦它,花儿⑧也不再在它身边生长。荒草便繁衍⑨出来,枝蔓⑩上下,慢慢地,它竟锈上了绿苔⑪、黑斑。我们这些做孩子的,也讨厌起它来,曾合伙要搬走它,但力气又不足;虽时时咒骂⑫它,嫌弃它,也无可奈何,只好任它留在那里了。

终有一日,村子里来了一个天文学家。他在我家门前路过,突然发现了这块石头,眼光立即⑬就拉直了。他再没有离开,就住了下来;以后又来了好些人,都说这是一块陨石⑭,从天上落下来已经有二三百年了,是一件了不起的东西。不久便来了车,小心翼翼地将它运走了。

这使我们都很惊奇!这又怪又丑的石头,原来是天上的啊⑮!它补过天,在天上发过热、闪过光,我们的先祖或许仰望过它,它给了他们光明、向往、憧憬⑯;而它落下来了,在污土里,荒草里,一躺就//是几百年了!

我感到自己的无知,也感到了丑石的伟大,我甚至怨恨它这么多年竟会默默地忍受着这一切!而我又立即深深地感到它那种不屈于误解、寂寞的生存的伟大。

(节选自贾平凹《丑石》)

语音提示

① 黑黝黝	hēiyǒuyǒu/ hēiyōuyōu		⑨ 繁衍	fányǎn
② 似的	shì·de		⑩ 枝蔓	zhīmàn
③ 模样	múyàng		⑪ 绿苔	lǜtái
④ 什么	shén·me		⑫ 咒骂	zhòumà
⑤ 细腻	xìnì		⑬ 立即	lìjí
⑥ 浣纱	huànshā		⑭ 陨石	yǔnshí
⑦ 庇覆	bìfù		⑮ 啊	ya
⑧ 花儿	huār		⑯ 憧憬	chōngjǐng

作品4号

在达瑞八岁的时候①,有一天他想去看电影。因为②没有钱,他想是向爸妈要钱,还是自己挣钱。最后他选择了后者。他自己调制③了一种汽水,向过路的行人出售。可那时正是寒冷的冬天,没有人买,只有两个人例外——他的爸爸和妈妈。

他偶然有一个和非常成功的商人谈话的机会。当他对商人讲述了自己的"破产史"

后,商人给了他两个重要的建议:一是尝试为别人解决一个难题;二是把精力集中在你知道的、你会的和你拥有的东西④上。

这两个建议很关键。因为对于一个八岁的孩子而言,他不会做的事情⑤很多。于是他穿过大街小巷,不停地思考:人们会有什么⑥难题,他又如何利用这个机会?

一天,吃早饭时父亲让达瑞去取报纸。美国的送报员总是把报纸从花园篱笆⑦的一个特制的管子里塞⑧进来。假如你想穿着睡衣舒舒服服地吃早饭和看报纸,就必须离开温暖的房间,冒着寒风,到花园去取。虽然路短,但十分麻烦⑨。

当达瑞为父亲取报纸的时候,一个主意⑩诞生了。当天他就按响邻居的门铃,对他们说,每个月只需付给他一美元,他就每天早上把报纸塞到他们的房门底下。大多数人都同意了,很快他有//了七十多个顾客。一个月后,当他拿到自己赚的钱时,觉得自己简单是飞上了天。

很快他又有了新的机会,他让他的顾客每天把垃圾⑪袋放在门前,然后由他早上运到垃圾桶里,每个月加一美元。之后他还想出了许多孩子赚钱的办法,并把它集结⑫成书,书名为《儿童挣钱的二百五十个主意》。为此,达瑞十二岁时就成了畅销书作家,十五岁有了自己的谈话节目,十七岁就拥有了几百万美元。

[节选自(德)博多·舍费尔《达瑞的故事》,刘志明译]

> **语音提示**

① 时候	shí·hou	⑦ 篱笆	lí·ba
② 因为	yīn·wèi	⑧ 塞	sāi
③ 调制	tiáozhì	⑨ 麻烦	má·fan
④ 东西	dōng·xi	⑩ 主意	zhǔ·yi
⑤ 事情	shì·qing	⑪ 垃圾	lājī
⑥ 什么	shén·me	⑫ 集结	jíjié

作品 5 号

这是入冬以来,胶东半岛上第一场雪。

雪纷纷扬扬,下得很大。开始还伴着一阵儿①小雨,不久就只见大片大片的雪花,从彤云②密布的天空中飘落下来。地面上一会儿③就白了。冬天的山村,到了夜里就万籁俱寂④,只听得雪花簌簌⑤地不断往下落,树木的枯枝被雪压断了,偶尔咯吱一声响。

大雪整整下了一夜。今天早晨,天放晴了,太阳出来了。推开门一看,嗬!好大的雪啊⑥!山川、河流、树木、房屋,全都罩上了一层厚厚的雪,万里江山,变成了粉妆玉砌的世界。落光了叶子的柳树上挂满了毛茸茸亮晶晶的银条儿⑦;而那些冬夏常青的松树和柏树⑧上,则挂满了蓬松松沉甸甸的雪球儿⑨。一阵风吹来,树枝轻轻地摇晃,美丽的银条儿和雪球儿簌簌地落下来,玉屑⑩似的⑪雪末儿⑫随风飘扬,映着清晨的阳光,显出一道道五光十色的彩虹。

大街上的积雪足有一尺多深,人踩上去,脚底下发出咯吱咯吱的响声。一群群孩子在雪地里堆雪人,掷⑬雪球儿。那欢乐的叫喊声,把树枝上的雪都震落下来了。

俗话说,"瑞雪兆丰年"。这个话有充分的科学根据,并不是一句迷信的成语。寒冬大雪,可以冻死一部分越冬的害虫;融化了的水渗⑭进土层深处,又能供应⑮//庄稼⑯生长的需要。我相信这一场十分及时的大雪,一定会促进明年春季作物,尤其是小麦的丰收。有经验的老农把雪比做是"麦子的棉被"。冬天"棉被"盖得越厚,明春麦子就长得越好,所以又有这样一句谚语:"冬天麦盖三层被,来年枕着馒头⑰睡。"

我想,这就是人们为什么⑱把及时的大雪称为"瑞雪"的道理吧。

(节选自峻青《第一场雪》)

语音提示

① 一阵儿	yízhènr	⑩ 玉屑	yùxiè
② 彤云	tóngyún	⑪ 似的	shì·de
③ 一会儿	yíhuìr	⑫ 雪末儿	xuěmòr
④ 万籁俱寂	wàn lài jù jì	⑬ 掷	zhì
⑤ 簌簌	sùsù	⑭ 渗	shèn
⑥ 啊	ya	⑮ 供应	gōngyìng
⑦ 银条儿	yíntiáor	⑯ 庄稼	zhuāng·jia
⑧ 柏树	bǎishù	⑰ 馒头	mán·tou
⑨ 雪球儿	xuěqiúr	⑱ 为什么	wèi shén·me

作品6号

我常想读书人是世间幸福人,因为①他除了拥有现实的世界之外,还拥有另一个更为浩瀚②也更为丰富的世界。现实的世界是人人都有的,而后一个世界却为③读书人所独有。由此我想,那些失去或不能阅读的人是多么的不幸,他们的丧失④是不可补偿的。世间有诸多的不平等,财富的不平等,权力的不平等,而阅读能力的拥有或丧失却体现为精神的不平等。

一个人的一生,只能经历自己拥有的那一份欣悦,那一份苦难,也许再加上他亲自闻知的那一些关于自身以外的经历和经验。然而,人们通过阅读,却能进入不同时空的诸多他人的世界。这样,具有阅读能力的人,无形间获得⑤了超越有限生命的无限可能性。阅读不仅使他多识了草木虫鱼之名,而且可以上溯⑥远古下及未来,饱览存在的与非存在的奇风异俗。

更为⑦重要的是,读书加惠于人们的不仅是知识的增广,而且还在于精神的感化与陶冶。人们从读书学做人,从那些往哲先贤以及当代才俊的著述中学得他们的人格。人们从《论语》中学得智慧的思考,从《史记》中学得严肃的历史精神,从《正气歌》中学得人格的刚烈,从马克思学得人世//的激情,从鲁迅学得批判精神,从托尔斯泰学得道德的执著⑧。歌德的诗句刻写着睿智⑨的人生,拜伦的诗句呼唤着奋斗的热情。一个读书人,一个有机会拥有超乎个人生命体验的幸运人。

(节选自谢冕《读书人是幸福人》)

语音提示

① 因为	yīn·wèi	⑥ 溯	sù
② 浩瀚	hàohàn	⑦ 为	wéi
③ 为	wéi	⑧ 执著	zhízhuó
④ 丧失	sàngshī	⑨ 睿智	ruìzhì
⑤ 获得	huòdé		

作品7号

一天,爸爸下班回到家已经很晚了,他很累也有点儿①烦,他发现五岁的儿子②靠在门旁正等着他。

"爸,我可以问您一个问题吗?"

"什么③问题?"

"爸,您一小时可以赚多少钱?"

"这与④你无关,你为什么问这个问题?"父亲生气地说。

"我只是想知道,请告诉我,您一小时赚多少钱?"小孩儿⑤哀求道。

"假如你一定要知道的话,我一小时赚二十美金。"

"哦,"小孩儿低下了头,接着又说,"爸,可以借我十美金吗?"

父亲发怒了:"如果你只是要借钱去买毫无意义的玩具的话,给我回到你的房间睡觉去。好好想想为什么你会那么自私。我每天辛苦工作,没时间和你玩儿小孩子⑥的游戏。"

小孩儿默默地回到自己的房间关上门。

父亲坐下来还在生气。后来,他平静下来了。心想他可能对孩子太凶了——或许孩子真的很想买什么东西,再说他平时很少要过钱。

父亲走进孩子的房间:"你睡了吗?"

"爸,还没有,我还醒着。"孩子回答。

"我刚才可能对你太凶了,"父亲说,"我不应该发那么大的火儿⑦——这是你要的十美金。"

"爸,谢谢您。"孩子高兴地从枕头⑧下拿出一些被弄皱的钞票,慢慢地数着。

"为什么你已经有钱了还要?"父亲不解地问。

"因为⑨原来不够,但现在凑够了。"孩子回答,"爸,我现在有 // 二十美金了,我可以向您买一个小时的时间吗?明天请早一点儿⑩回家——我想和您一起吃晚餐。"

(节选自唐继柳编译《二十美金的价值》)

语音提示

① 有点儿	yóudiǎnr		⑥ 小孩子	xiǎohái·zi
② 儿子	ér·zi		⑦ 火儿	huǒr
③ 什么	shén·me		⑧ 枕头	zhěn·tou
④ 与	yǔ		⑨ 因为	yīn·wèi
⑤ 小孩儿	xiǎohair		⑩ 一点儿	yìdiǎnr

作品 8 号

　　我爱月夜,但我也爱星天。从前在家乡七八月的夜晚在庭院里纳凉的时候,我最爱看天上密密麻麻的繁星。望着星天,我就会忘记一切,仿佛①回到了母亲的怀里似的②。

　　三年前在南京我住的地方③有一道后门,每晚我打开后门,便看见一个静寂的夜。下面是一片菜园,上面是星群密布的蓝天。星光在我们的肉眼里虽然微小,然而它使我们觉得光明无处不在。那时候我正在读一些天文学的书,也认得④一些星星,好像它们就是我的朋友⑤,它们常常在和我谈话一样。

　　如今在海上,每晚和繁星相对,我把它们认得很熟⑥了。我躺在舱面上,仰望天空。深蓝色的天空里悬着无数半明半昧⑦的星。船在动,星也在动,它们是这样低,真是摇摇欲坠呢!渐渐地我的眼睛模糊⑧了,我好像看见无数萤火虫在我的周围飞舞。海上的夜是柔和的,是静寂的,是梦幻的。我望着许多认识⑨的星,我仿佛看见它们在对我眨眼⑩,我仿佛听见它们在小声说话。这时我忘记了一切。在星的怀抱中我微笑着,我沉睡着。我觉得自己是一个小孩子,现在睡在母亲的怀里了。

　　有一夜,那个在哥伦波上船的英国人指给我看天上的巨人。他用手指着://那四颗明亮的星是头,下面的几颗是身子,这几颗是手,那几颗是腿和脚,还有三颗星算是腰带。经他这一番指点,我果然看清楚⑪了那个天上的巨人。看,那个巨人还在跑呢!

(节选自巴金《繁星》)

语音提示

① 仿佛	fǎngfú		⑦ 昧	mèi
② 似的	shì·de		⑧ 模糊	mó·hu
③ 地方	dì·fang		⑨ 认识	rèn·shi
④ 认得	rèn·de		⑩ 眨眼	zháyǎn
⑤ 朋友	péng·you		⑪ 清楚	qīng·chu
⑥ 熟	shú			

作品9号

假日①到河滩上转转,看见许多孩子在放风筝②。一根根长长的引线,一头系③在天上,一头系在地上,孩子同风筝都在天与地之间悠荡,连心也被悠荡得恍恍惚惚了,好像又回到了童年。

儿时的放风筝,大多是自己的长辈或家人编扎④的,几根削⑤得很薄⑥的篾,用细纱线扎成各种鸟兽的造型,糊上雪白的纸片,再用彩笔勾勒出面孔与翅膀的图案。通常扎得最多的是"老雕""美人儿⑦""花蝴蝶"等。

我们家前院就有位叔叔,擅扎风筝,远近闻名。他扎得风筝不只体形好看,色彩艳丽,放飞得高远,还在风筝上绷一叶用蒲苇削成的膜片,经风一吹,发出"嗡嗡"的声响,仿佛⑧是风筝的歌唱,在蓝天下播扬,给开阔的天地增添了无尽的韵味,给驰荡的童心带来几分疯狂。

我们那条胡同⑨的左邻右舍的孩子们放的风筝几乎⑩都是叔叔编扎的。他的风筝不卖钱,谁上门去要,就给谁,他乐意自己贴钱买材料。

后来,这位叔叔去了海外,放风筝也渐与孩子们远离了。不过年年叔叔给家乡写信,总不忘提起儿时的放风筝。香港回归之后,他的家信中说道,他这只被故乡放飞到海外的风筝,尽管飘荡游弋⑪,经沐风雨,可那线头儿⑫一直在故乡和 // 亲人手中牵着,如今飘得太累了,也该要回归到家乡和亲人身边来了。

是的。我想,不光是叔叔,我们每个人都是风筝,在妈妈手中牵着,从小放到大,再从家乡放到祖国最需要的地方去啊⑬!

(节选自李恒瑞《风筝畅想曲》)

语音提示

① 假日	jiàrì	⑧ 仿佛	fǎngfú
② 风筝	fēng·zheng	⑨ 胡同	hú·tong
③ 系	jì	⑩ 几乎	jīhū
④ 编扎	biānzā	⑪ 游弋	yóuyì
⑤ 削	xiāo	⑫ 线头儿	xiàntóur
⑥ 薄	báo	⑬ 啊	ya
⑦ 人儿	rénr		

作品10号

爸不懂得怎样表达爱,使我们一家人融洽①相处②的是我妈。他只是每天上班下班,而妈则把我们做过的错事开列清单,然后由他来责骂我们。

有一次我偷了一块糖果,他要我把它送回去,告诉③卖糖的说是我偷来的,说我愿意替他拆箱卸货④作为赔偿。但妈妈⑤却明白⑥我只是个孩子⑦。

我在运动场打秋千跌断了腿,在前往医院的途中一直抱着我的,是我妈。爸把汽车停在急诊室⑧门口,他们叫他驶开,说那空位⑨是留给紧急车辆停放的。爸听了便叫嚷道:"你以为这是什么⑩车?旅游车?"

在我生日会上,爸总是显得有些不大相称⑪。他只是忙于吹气球,布置餐桌,做杂务。把插着蜡烛的蛋糕推过来让我吹的,是我妈。

我翻阅照相册时,人们总是问:"你爸爸⑫是什么样子的?"天晓得!他老是忙着替别人拍照。妈和我笑容可掬⑬地一起拍的照片⑭,多得不可胜数⑮。

我记得妈有一次叫他教⑯我骑自行车。我叫他别放手,但他却说是应该放手的时候⑰了。我摔倒之后,妈跑过来扶我,爸却挥手要她走开。我当时生气极了,决心要给他点儿⑱颜色看。于是我马上爬上自行车,而且自己骑给他看。他只是微笑。

我念大学时,所有的家信都是妈写的。他 // 除了寄支票外,还寄过一封短柬⑲给我,说因为⑳我不在草坪上踢足球了,所以他的草坪长得很美。

每次我打电话回家,他似乎㉑都想跟我说话,但结果㉒总是说:"我叫你妈来接。"

我结婚㉓时,掉眼泪的是我妈。他只是大声擤㉔了一下鼻子㉕,便走出房间。

我从小到大都听他说:"你到哪里去?什么时候回家?汽车有没有汽油?不,不准去。"爸完全不知道怎样表达爱。除非……

会不会是他已经表达了,而我却未能察觉?

[节选自(美)艾尔玛·邦贝克《父亲的爱》]

语音提示

① 融洽	róngqià	⑭ 照片	zhàopiàn
② 相处	xiāngchǔ	⑮ 不可胜数	bù kě shèng shǔ
③ 告诉	gào·su	⑯ 教	jiāo
④ 卸货	xièhuò	⑰ 时候	shí·hou
⑤ 妈妈	mā·ma	⑱ 点儿	diǎnr
⑥ 明白	míng·bai	⑲ 短柬	duǎnjiǎn
⑦ 孩子	hái·zi	⑳ 因为	yīn·wèi
⑧ 诊室	zhěnshì	㉑ 似乎	sìhū
⑨ 空位	kòngwèi	㉒ 结果	jiéguǒ
⑩ 什么	shén·me	㉓ 结婚	jiéhūn
⑪ 相称	xiāngchèn	㉔ 擤	xǐng
⑫ 爸爸	bà·ba	㉕ 鼻子	bí·zi
⑬ 笑容可掬	xiào róng kě jū		

作品11号

一个大问题一直盘踞在我脑袋①里:

世界杯怎么②会有如此巨大的吸引力?除去足球本身的魅力之外,还有什么超乎其上而更伟大的东西③？

近来观看世界杯,忽然从中得到了答案:是由于一种无上崇高的精神情感——国家荣誉感!

地球上的人都会有国家的概念,但未必时时都有国家的感情。往往人到异国,思念家乡,心怀故国,这国家概念就变得有血④有肉,爱国之情来得非常具体。而现代社会,科技昌达,信息快捷,事事上网,世界真是太小太小,国家的界限似乎⑤也不那么清晰了。再说足球正在快速世界化,平日里各国球员频繁转会⑥,往来随意,致使越来越多的国家联赛都具有国际的因素。球员们不论国籍,只效力于自己的俱乐部,他们比赛时的激情中完全没有爱国主义的因子⑦。

然而,到了世界杯大赛,天下大变。各国球员都回国效力,穿上与光荣的国旗同样色彩的服装。在每一场比赛前,还高唱国歌以宣誓对自己祖国的挚爱⑧与忠诚。一种血缘⑨情感开始在全身的血管⑩里燃烧起来,而且立刻热血⑪沸腾。

在历史时代,国家间经常发生对抗,好男儿⑫戎装卫国。国家的荣誉往往需要以自己的生命去换取。但在和平时代,唯有这种国家之间大规模对抗性的大赛,才可以唤起那种遥远而神圣的情感,那就是:为祖国而战!

(节选自冯骥才《国家荣誉感》)

语音提示

① 脑袋	nǎo·dai	⑦ 因子	yīnzǐ
② 怎么	zěn·me	⑧ 挚爱	zhì'ài
③ 东西	dōng·xi	⑨ 血缘	xuèyuán
④ 血	xiě	⑩ 血管	xuèguǎn
⑤ 似乎	sìhū	⑪ 热血	rèxuè
⑥ 转会	zhuǎnhuì	⑫ 男儿	nán'ér

作品12号

夕阳落山不久,西方的天空,还燃烧着一片橘红色的晚霞。大海,也被这霞光染成了红色,而且比天空的景色更要壮观。因为①它是活动的,每当一排排波浪涌起的时候②,那映照在浪峰上的霞光,又红又亮,简直就像一片片霍霍燃烧着的火焰,闪烁着,消失了。而后面的一排,又闪烁着,滚动着,涌了过来。

天空的霞光渐渐地淡下去了,深红的颜色变成了绯红③,绯红又变为④浅红。最后,当这一切红光都消失了的时候,那突然显得高而远了的天空,则呈现出一片肃穆的神色。最早出现的启明星,在这蓝色的天幕上闪烁起来了。它是那么大,那么亮,整个广漠的天幕上只有它在那里放射着令人注目的光辉,活像一盏悬挂在高空的明灯。

夜色加浓,苍空中的"明灯"越来越多了。而城市各处的真的灯火也次第亮了起来,尤其是围绕⑤在海港周围山坡上的那一片灯光,从半空倒映在乌蓝的海面上,随着波浪,晃动着,闪烁着,像一串流动着的珍珠,和那一片片密布在苍穹⑥里的星斗⑦互相辉映,煞⑧是好看。

在这幽美的夜色中,我踏着软绵绵的沙滩,沿着海边,慢慢地向前走去。海水,轻轻地抚摸着细软的沙滩,发出温柔的 // 刷刷声。晚来的海风,清新而又凉爽。我的心里,有着说不出的兴奋⑨和愉快。

夜风轻飘飘地吹拂⑩着,空气中飘荡着一种大海和田禾相混合⑪的香味儿,柔软的沙滩上还残留着白天太阳炙晒⑫的余温。那些在各个工作岗位上劳动了一天的人们,三三两两地来到这软绵绵的沙滩上,他们浴着凉爽的海风,望着那缀满了星星的夜空,尽情地说笑,尽情地休憩⑬。

(节选自峻青《海滨仲夏夜》)

语音提示

① 因为	yīn·wèi	⑧ 煞	shà
② 时候	shí·hou	⑨ 兴奋	xīngfèn
③ 绯红	fēihóng	⑩ 吹拂	chuīfú
④ 为	wéi	⑪ 混合	hùnhé
⑤ 围绕	wéirào	⑫ 炙晒	zhìshài
⑥ 苍穹	cāngqióng	⑬ 休憩	xiūqì
⑦ 星斗	xīngdǒu		

作品13号

生命在海洋里诞生绝不是偶然的,海洋的物理和化学性质,使它成为孕育原始生命的摇篮。

我们知道,水是生物的重要组成部分,许多动物组织的含水量在百分之八十以上,而一些海洋生物的含水量高达百分之九十五。水是新陈代谢的重要媒介,没有它,体内的一系列生理和生物化学反应就无法进行,生命也就停止。因此,在短时期内动物缺水要比缺少食物更加危险。水对今天的生命是如此重要,它对脆弱的原始生命,更是举足轻重了。生命在海洋里诞生,就不会有缺水之忧。

水是一种良好的溶剂。海洋中含有许多生命所必需的无机盐,如氯①化钠、氯化钾、碳酸盐、磷酸盐,还有溶解氧,原始生命可以毫不费力地从中吸取它所需要的元素。

水具有很高的热容量,加之海洋浩大,任凭夏季烈日曝晒②,冬季寒风扫荡,它的温度变化却比较③小。因此,巨大的海洋就像是天然的"温箱",是孕育原始生命的温床。

阳光虽然为④生命所必需,但是阳光中的紫外线却有扼杀原始生命的危险。水能有效地吸收紫外线,因而又为原始生命提供了天然的"屏障"⑤。

这一切都是原始生命得以产生和发展的必要条件。

(节选自童裳亮《海洋与生命》)

语音提示

① 氯　　lǜ
② 曝晒　pùshài
③ 比较　bǐjiào
④ 为　　wéi
⑤ 屏障　píngzhàng

作品 14 号

读小学的时候①,我的外祖母去世了。外祖母生前最疼爱我,我无法排除自己的忧伤,每天在学校的操场上一圈儿②又一圈儿地跑着,跑得累倒在地上,扑在草坪上痛哭。

那哀痛的日子③,断断续续地持续了很久,爸爸④妈妈⑤也不知道如何安慰我。他们知道与其⑥骗我说外祖母睡着⑦了,还不如对我说实话:外祖母永远不会回来了。

"什么⑧是永远不会回来呢?"我问着。

"所有时间里的事物,都永远不会回来。你的昨天过去,它就永远变成昨天,你不能再回到昨天。爸爸以前也和你一样小,现在也不能回到你这么⑨小的童年了;有一天你会长大,你会像外祖母一样老;有一天你度过了你的时间,就永远不会回来了。"爸爸说。

爸爸等于给我一个谜语,这谜语比课本上的"日历挂在墙壁,一天撕去一页,使我心里着急⑩"和"一寸光阴一寸金,寸金难买寸光阴"还让我感到可怕;也比作文本上的"光阴似⑪箭,日月如梭"更让我觉得有一种说不出的滋味。

时间过得那么飞快,使我的小心眼儿⑫里不只是着急,还有悲伤。有一天我放学回家,看到太阳快落山了,就下决心说:"我要比太阳更快地回家。"我狂奔回去,站在庭院前喘气的时候,看到太阳//还露⑬着半边脸,我高兴地跳跃⑭起来,那一天我跑赢了太阳。以后我就时常做那样的游戏,有时和太阳赛跑,有时和西北风比快,有时一个暑假⑮才能做完的作业,我十天就做完了;那时我三年级,常常把哥哥五年级的作业拿来做。每一次比赛胜过时间,我就快乐⑯得不知道怎么⑰形容。

如果将来我有什么要教⑱给我的孩子,我会告诉⑲他:假若⑳你一直和时间比赛,你就可以成功!

[节选自(台湾)林清玄《和时间赛跑》]

语音提示

① 时候　shí·hou
② 一圈儿　yìquānr
③ 日子　rì·zi
④ 爸爸　bà·ba
⑤ 妈妈　mā·ma
⑥ 与其　yǔqí
⑦ 睡着　shuìzháo
⑧ 什么　shén·me
⑨ 这么　zhè·me
⑩ 着急　zháojí

⑪ 似	sì		⑯ 快乐	kuàilè
⑫ 心眼儿	xīnyǎnr		⑰ 怎么	zěn·me
⑬ 露	lòu		⑱ 教	jiāo
⑭ 跳跃	tiàoyuè		⑲ 告诉	gào·su
⑮ 暑假	shǔjià		⑳ 假若	jiǎruò

作品 15 号

　　三十年代初，胡适在北京大学任教授。讲课时他常常对白话文大加称赞①，引起一些只喜欢文言文而不喜欢白话文的学生②的不满。

　　一次，胡适正讲得得意的时候③，一位姓魏的学生突然站了起来，生气地问："胡先生，难道说白话文就毫无缺点吗？"胡适微笑着回答说："没有。"那位学生更加激动了："肯定有！白话文废话太多，打电报用字多，花钱多。"胡适的目光顿时变亮了，轻声地解释说："不一定吧！前几天有位朋友④给我打来电报，请我去政府部门工作，我决定不去，就回电拒绝了。复电是用白话文写的，看来也很省字。请同学们根据我这个意思⑤，用文言文写一个回电，看看究竟是白话文省字，还是文言文省字！"胡教授刚说完，同学们立刻认真地写了起来。

　　十五分钟过去，胡适让同学举手，报告用字的数目，然后挑了一份用字最少的文言电报稿，电文是这样写的："才疏学浅，恐难胜任，不堪从命。"白话文的意思是：学问不深，恐怕很难担任这个工作，不能服从安排。

　　胡适说，这份写得确实不错，仅用了十二个字。但我的白话电报却只用了五个字："干不了，谢谢⑥！"

　　胡适又解释说："干不了"就有才疏学浅、恐难胜任的意思；"谢谢"既//对朋友的介绍表示感谢，又有拒绝的意思。所以，废话多不多，并不看它是文言文还是白话文，只要注意选用字词，白话文是可以比文言文更省字的。

　　　　　　　　　　［节选自陈灼主编《实用汉语中级教程》（上）中《胡适的白话电报》］

语音提示

① 称赞	chēngzàn		④ 朋友	péng·you
② 学生	xué·sheng		⑤ 意思	yì·si
③ 时候	shí·hou		⑥ 谢谢	xiè·xie

作品 16 号

　　很久以前，在一个漆黑的秋天的夜晚，我泛舟在西伯利亚一条阴森森的河上。船到一个转弯处，只见前面黑黢黢①的山峰下面一星火光蓦地②一闪。

火光又明又亮,好像就在眼前……

"好啦,谢天谢地!"我高兴地说,"马上③就到过夜的地方④啦!"

船夫扭头朝身后的火光望了一眼,又不以为然地划起桨来。

"远着呢!"

我不相信他的话,因为火光冲破朦胧⑤的夜色,明明在那儿闪烁⑥。不过船夫是对的,事实上,火光的确⑦还远着呢。

这些黑夜的火光的特点是:驱散黑暗,闪闪发亮,近在眼前,令人神往。乍一看,再划几下就到了……其实却还远着呢!……

我们在漆黑如墨的河上又划了很久。一个个峡谷和悬崖,迎面驶来,又向后移去,仿佛⑧消失在茫茫的远方,而火光却依然停在前头,闪闪发亮,令人神往——依然是这么近,又依然是那么远……

现在,无论是这条被悬崖峭壁⑨的阴影笼罩的漆黑的河流,还是那一星明亮的火光,都经常浮现在我的脑际,在这以前和在这以后,曾有许多火光,似乎⑩近在咫尺⑪,不止使我一人心驰神往。可是生活之河却仍然在那阴森森的两岸之间流着,而火光也依旧非常遥远。因此,必须加劲划桨……

然而,火光啊⑫……毕竟……毕竟就 // 在前头⑬!……

[节选自(俄)柯罗连科《火光》,张铁夫译]

语音提示

① 黑黢黢	hēiqūqū	⑧ 仿佛	fǎngfú
② 蓦地	mòdì	⑨ 峭壁	qiàobì
③ 马上	mǎshàng	⑩ 似乎	sìhū
④ 地方	dì·fang	⑪ 咫尺	zhǐchǐ
⑤ 朦胧	ménglóng	⑫ 啊	nga
⑥ 闪烁	shǎnshuò	⑬ 前头	qián·tou
⑦ 的确	díquè		

作品 17 号

对于一个在北平住惯的人,像我,冬天要是不刮风,便觉得①是奇迹②;济南③的冬天是没有风声的。对于一个刚由伦敦回来的人,像我,冬天要能看得见日光,便觉得是怪事;济南的冬天是响晴的。自然,在热带的地方④,日光是永远那么⑤毒,响亮的天气,反有点儿⑥叫人害怕。可是,在北方的冬天,而能有温晴的天气,济南真得⑦算个宝地。

设若单单是有阳光,那也算不了出奇。请闭上眼睛⑧想:一个老城,有山有水,全在天底下晒着阳光,暖和⑨安适地睡着,只等春风来把它们唤醒,这是不是理想的境界?小山把济南围了个圈儿⑩,只有北边缺着点口儿⑪。这一圈小山在冬天特别可爱,好像是把济南放在一个小摇篮里,它们安静不动地低声地说:"你们放心吧,这儿⑫准保暖和。"真的,济南的人们在冬天是面上含笑的。他们一看那些小山,心中便觉得有了着落⑬,有了依靠。他们由天上看到山上,便不知不觉地想起:明天也许就是春天了吧?这样的温暖,今天夜里山草也许就绿起来了吧?就是这点儿幻想不能一时实现,他们也并不着急⑭,因为⑮这样慈善的冬天,干什么⑯还希望别的呢!

最妙的是下点小雪呀。看吧,山上的矮松越发的青黑,树尖儿⑰上顶//着一髻儿⑱白花,好像日本看护⑲妇。山尖儿全白了,给蓝天镶⑳上一道银边。山坡上,有的地方雪厚点儿,有的地方草色还露㉑着;这样,一道儿白,一道儿暗黄,给山们穿上一件带水纹儿㉒的花衣;看着看着,这件花衣好像被风儿㉓吹动,叫你希望看见一点儿更美的山的肌肤。等到快日落的时候㉔,微黄的阳光斜射在山腰上,那点儿薄㉕雪好像忽然害羞,微微露㉖出点儿粉色。就是下小雪吧,济南是受不住大雪的,那些小山太秀气㉗。

(节选自老舍《济南的冬天》)

语音提示

① 觉得	jué·de	⑮ 因为	yīn·wèi
② 奇迹	qíjì	⑯ 什么	shén·me
③ 济南	jǐ'nán	⑰ 尖儿	jiānr
④ 地方	dì·fang	⑱ 髻儿	jìr
⑤ 那么	nà·me	⑲ 看护	kānhù
⑥ 有点儿	yǒudiǎnr	⑳ 镶	xiāng
⑦ 得	děi	㉑ 露	lòu
⑧ 眼睛	yǎn·jing	㉒ 水纹儿	shuǐwénr
⑨ 暖和	nuǎn·huo	㉓ 风儿	fēngr
⑩ 圈儿	quānr	㉔ 时候	shí·hou
⑪ 口儿	kǒur	㉕ 薄	báo
⑫ 这儿	zhèr	㉖ 露	lòu
⑬ 着落	zhuóluò	㉗ 秀气	xiù·qi
⑭ 着急	zháojí		

作品18号

纯朴的家乡村边有一条河,曲①曲弯弯,河中架一弯石桥,弓样的小桥横跨两岸。

每天,不管是鸡鸣晓月、日丽中天,还是月华泻地,小桥都印下串串足迹②,洒落串串汗珠。那是乡亲③为了追求多棱④的希望,兑现⑤美好的遐想⑥。弯弯小桥,不时荡过轻吟低唱,不时露⑦出舒心的笑容。

因而,我稚小⑧的心灵,曾将心声献给小桥:你是一弯银色的新月,给人间普照光辉;你是一把闪亮的镰刀,割刈⑨着欢笑的花果;你是一根晃悠悠的扁担⑩,挑起⑪了彩色的明天!哦,小桥走进我的梦中。

我在漂泊⑫他乡的岁月,心中总涌动⑬着故乡的河水,梦中总看到弓样的小桥。当我访南疆探北国,眼帘闯进座座雄伟的长桥时,我的梦变得丰满了,增添了赤橙黄绿青蓝紫。

三十多年过去,我带着满头霜花回到故乡,第一紧要的便是去看望小桥。

啊!小桥呢?它躲起来了?河中一道长虹,浴着朝霞熠熠⑭闪光。哦,雄浑的大桥敞开胸怀,汽车的呼啸、摩托的笛音、自行车的叮铃,合奏着进行交响乐;南来的钢筋、花布,北往的柑橙、家禽,绘出交流欢悦图……

啊!蜕变⑮的桥,传递着家乡进步的消息⑯,透露了家乡富裕的声音。时代的春风,美好的追求,我蓦地⑰记起儿时唱∥给小桥的歌,哦,明艳艳的太阳照耀了,芳香甜蜜的花果捧来了,五彩斑斓⑱的岁月拉开了!

我心中涌动的河水,激荡起甜美的浪花。我仰望一碧蓝天,心底轻声呼喊:家乡的桥啊⑲,我梦中的桥!

(节选自郑莹《家乡的桥》)

语音提示

①	曲	qū		⑪	挑起	tiāoqǐ
②	足迹	zújì		⑫	漂泊	piāobó
③	乡亲	xiāngqīn		⑬	涌动	yǒngdòng
④	棱	léng		⑭	熠熠	yìyì
⑤	兑现	duìxiàn		⑮	蜕变	tuìbiàn
⑥	遐想	xiáxiǎng		⑯	消息	xiāo·xi
⑦	露	lù		⑰	蓦地	mòdì
⑧	稚小	zhìxiǎo		⑱	斑斓	bānlán
⑨	割刈	gēyì		⑲	啊	wa
⑩	扁担	biǎn·dan				

作品19号

三百多年前,建筑设计师莱伊恩受命设计了英国温泽市政府大厅。他运用工程力学的知识①,依据自己多年的实践,巧妙地设计了只用一根柱子支撑②的大厅天花板。一年以后,市政府权威人士进行工程验收时,却说只用一根柱子支撑天花板太危险,要求莱伊恩再多加几根柱子。

莱伊恩自信只要一根坚固的柱子足以保证大厅安全,他的"固执"惹恼③了市政官员,险些被送上法庭。他非常苦恼:坚持自己原先的主张吧,市政官员肯定会另找人修改设计;不坚持吧,又有悖④自己为人⑤的准则。矛盾了很长一段时间,莱伊恩终于想出了一条妙计,他在大厅里增加了四根柱子,不过这些柱子并未与天花板接触,只不过是装装样子⑥。

三百多年过去了,这个秘密⑦始终没有被人发现。直到前两年,市政府准备修缮⑧大厅的天花板,才发现莱伊恩当年的"弄虚作假"。消息⑨传出后,世界各国的建筑专家和游客云集,当地政府对此也不加掩饰⑩,在新世纪到来之际,特意将大厅作为一个旅游景点对外开放,旨⑪在引导人们崇尚⑫和相信科学。

作为一名建筑师,莱伊恩并不是最出色的。但作为一个人,他无疑非常伟大。这种//伟大表现在他始终恪守⑬着自己的原则,给高贵的心灵一个美丽的住所,哪怕是遭遇到最大的阻力,也要想办法抵达胜利。

(节选自游宇明《坚守你的高贵》)

语音提示

① 知识　　zhī·shi
② 支撑　　zhīchēng
③ 惹恼　　rě'nǎo
④ 悖　　　bèi
⑤ 为人　　wéirén
⑥ 样子　　yàng·zi
⑦ 秘密　　mìmì
⑧ 修缮　　xiūshàn
⑨ 消息　　xiāo·xi
⑩ 掩饰　　yǎnshì
⑪ 旨　　　zhǐ
⑫ 崇尚　　chóngshàng
⑬ 恪守　　kèshǒu

作品20号

自从传言有人在萨文河畔①散步时无意发现了金子②后,这里便常有来自四面八方的淘金者。他们都想成为富翁,于是寻遍了整个河床,还在河床上挖出很多大坑,希望借助它们找到更多的金子。的确③,有一些人找到了,但另外一些人因为④一无所得而只好扫兴归去。

也有不甘心落空的,便驻扎⑤在这里,继续寻找。彼得·弗雷特就是其中一员。他在河床附近买了一块没人要的土地,一个人默默⑥地工作。他为了找金子,已把所有的钱都押在这块土地上。他埋头苦干了几个月,直到土地全变成了坑坑洼洼,他失望了——他翻遍了整块土地,但连一丁点儿⑦金子都没看见。

六个月后,他连买面包的钱都没有了。于是他准备离开这儿⑧到别处去谋生。

就在他即将⑨离去的前一个晚上⑩,天下起了倾盆⑪大雨,并且一下就是三天三夜。雨终于停了,彼得走出小木屋,发现眼前的土地看上去好像和以前不一样:坑坑洼洼已被大水冲刷平整,松软的土地上长出一层绿茸茸的小草。

"这里没找到金子,"彼得忽有所悟地说,"但这土地很肥沃,我可以用来种花,并且拿到镇上去卖给那些富人⑫,他们一定会买些花装扮他们华丽的客厅,//如果真是这样的话,那么⑬我一定会赚许多钱,有朝一日我也会成为富人……"

于是他留了下来。彼得花了不少精力培育花苗,不久田地里长满了美丽娇艳的各色鲜花。

五年以后,彼得终于实现了他的梦想——成了一个富翁。"我是唯一的一个找到真金的人!"他时常不无骄傲地告诉⑭别人,"别人在这儿找不到金子后便远远地离开,而我的

'金子'是在这块土地里,只有诚实的人用勤劳才能采集到。"

(节选自陶猛译《金子》)

语音提示

① 河畔	hépàn	⑧ 这儿	zhèr
② 金子	jīn·zi	⑨ 即将	jíjiāng
③ 的确	díquè	⑩ 晚上	wǎn·shang
④ 因为	yīn·wèi	⑪ 倾盆	qīngpén
⑤ 驻扎	zhùzhā	⑫ 富人	fùrén
⑥ 默默	mòmò	⑬ 那么	nà·me
⑦ 一丁点儿	yìdīngdiǎnr	⑭ 告诉	gào·su

作品21号

我在加拿大学习期间遇到过两次募捐,那情景至今使我难以忘怀。

一天,我在渥太华①的街上被两个男孩子②拦住去路。他们十来岁,穿得整整齐齐,每人头上戴着个做工精巧、色彩鲜艳的纸帽,上面写着"为帮助患小儿麻痹③的伙伴募捐"。其中的一个,不由分说④就坐在小凳上给我擦起皮鞋来,另一个则彬彬有礼地发问:"小姐,您是哪国人?喜欢渥太华吗?""小姐,在你们国家有没有小孩儿⑤患小儿麻痹?谁给他们医疗费?"一连串的问题,使我这个有生以来头一次在众目睽睽⑥之下让别人擦鞋的异乡人,从近乎狼狈的窘态⑦中解脱出来。我们像朋友⑧一样聊起天儿⑨来……

几个月之后,也是在街上。一些十字路口处或车站坐着几位老人。他们满头银发⑩,身穿各种老式军装,上面布满了大大小小形形色色的徽章、奖章,每人手捧一大束鲜花,有水仙、石竹、玫瑰及叫不出名字⑪的,一色⑫雪白。匆匆过往的行人纷纷止步,把钱投进这些老人身旁的白色木箱内,然后向他们微微鞠躬,从他们手中接过一朵花。我看了一会儿⑬,有人投一两元,有人投几百元,还有人掏出支票填好后投进木箱。那些老军人毫不注意人们捐多少钱,一直不 //停地向人们低声道谢。同行⑭的朋友告诉我,这是为纪念二次大战中参战的勇士,募捐救济残疾军人和烈士遗孀⑮,每年一次,认捐的人可谓踊跃⑯,而且秩序井然,气氛⑰庄严。有些地方⑱,人们还耐心地排着队。我想,这是因为他们都知道:正是这些老人们的流血⑲牺牲换来了包括他们信仰自由在内的许许多多。

我两次把那微不足道的一点儿⑳钱捧给他们,只想对他们说声"谢谢"。

(节选自青白《捐诚》)

语音提示

① 渥太华　　wòtàihuá
② 孩子　　　hái·zi
③ 麻痹　　　mábì
④ 不由分说　bù yóu fēn shuō
⑤ 小孩儿　　xiǎoháir
⑥ 瞆瞆　　　kuíkuí
⑦ 窘态　　　jiǒngtài
⑧ 朋友　　　péng·you
⑨ 天儿　　　tiānr
⑩ 银发　　　yínfà
⑪ 名字　　　míng·zi
⑫ 一色　　　yísè
⑬ 一会儿　　yíhuìr
⑭ 同行　　　tóngxíng
⑮ 遗孀　　　yíshuāng
⑯ 踊跃　　　yǒngyuè
⑰ 气氛　　　qìfēn
⑱ 地方　　　dì·fang
⑲ 流血　　　liúxuè
⑳ 一点儿　　yìdiǎnr
㉑ 谢谢　　　xiè·xie

作品 22 号

没有一片绿叶，没有一缕①炊烟，没有一粒泥土，没有一丝花香，只有水的世界，云的海洋。

一阵台风袭②过，一只孤单的小鸟无家可归，落到被卷到洋里的木板上，乘③流而下，姗姗④而来，近了，近了！……

忽然，小鸟张开翅膀⑤，在人们头顶盘旋⑥了几圈儿，"噗啦⑦"一声落到了船上。许是累了？还是发现了"新大陆"？水手撵⑧它它不走，抓它，它乖乖地落在掌心。可爱的小鸟和善良的水手结成⑨了朋友⑩。

瞧，它多美丽，娇巧的小嘴，啄⑪理着绿色的羽毛，鸭子样的扁脚，呈现出春草的鹅黄。水手们把它带到舱里，给它"搭铺⑫"，让它在船上安家落户，每天，把分到的一塑料筒淡水匀给它喝，把从祖国带来的鲜美的鱼肉分给它吃，天长日久，小鸟和水手的感情日趋笃厚⑬。清晨，当第一束阳光射进舷窗⑭时，它便敞开美丽的歌喉，唱啊⑮唱，嘤嘤⑯有韵，宛如春水淙淙⑰。人类给它以生命，它毫不悭吝⑱地把自己的艺术青春奉献给了哺育⑲它的人。可能都是这样，艺术家们的青春只会献给尊敬他们的人。

小鸟给远航生活蒙上了一层浪漫色调⑳。返航时，人们爱不释手，恋恋不舍地想把它带到异乡。可小鸟憔悴㉑了，给水，不喝！喂肉，不吃！油亮的羽毛失去了光泽。是啊㉒，我们有自己的祖国，小鸟也有它的归宿，人和动物都是一样啊㉓，哪儿㉔也不如故乡好！

慈爱的水手们决定放开它，让它回到大海的摇篮去，回到蓝色的故乡去。离别前，这个大自然的朋友与水手们留影纪念。它站在许多人的头上、肩上、掌上、胳膊㉕上，与喂养过它的人们㉖，一起融进那蓝色的画面……

（节选自王文杰《可爱的小鸟》）

语音提示

① 一缕	yìlǚ	⑭ 弦窗	xiánchuāng
② 袭	xí	⑮ 啊	nga
③ 乘	chéng	⑯ 嘤嘤	yīngyīng
④ 姗姗	shānshān	⑰ 淙淙	cóngcóng
⑤ 翅膀	chìbǎng	⑱ 悭吝	qiānlìn
⑥ 盘旋	pánxuán	⑲ 哺育	bǔyù
⑦ 噗啦	pūlā	⑳ 色调	sèdiào
⑧ 撵	niǎn	㉑ 憔悴	qiáocuì
⑨ 结成	jiéchéng	㉒ 啊	ra
⑩ 朋友	péng·you	㉓ 啊	nga
⑪ 啄	zhuó	㉔ 哪儿	nǎr
⑫ 搭铺	dāpù	㉕ 胳膊	gē·bo
⑬ 笃厚	dǔhòu	㉖ 人们	rén·men

作品23号

纽约的冬天常有大风雪,扑面的雪花不但令人难以睁开眼睛①,甚至呼吸都会吸入冰冷的雪花。有时前一天晚上还是一片晴朗,第二天拉开窗帘,却已经积雪盈尺,连门都推不开了。

遇到这样的情况,公司、商店常会停止上班,学校也通过广播,宣布停课。但令人不解的是,惟有公立小学,仍然开放。只见黄色的校车,艰难地在路边接孩子,老师则一大早就口中喷着热气,铲去车子前后的积雪,小心翼翼地开车去学校。

据统计,十年来纽约的公立小学只因为②超级暴风雪停过七次课。这是多么令人惊讶③的事。犯得着④在大人都无须上班的时候⑤让孩子去学校吗?小学的老师也太倒霉了吧?

于是,每逢大雪而小学不停课时,都有家长打电话去骂。妙的是,每个打电话的人,反应全一样——先是怒气冲冲地责问,然后满口道歉,最后笑容满面地挂上电话。原因是,学校告诉家长:

在纽约有许多百万富翁,但也有不少贫困的家庭。后者白天开不起暖气,供⑥不起午餐,孩子的营养全靠学校里免费的中饭,甚至可以多拿些回家当晚餐。学校停课一天,穷孩子就受一天冻,挨⑦一天饿,所以老师们宁愿⑧自己苦一点儿,也不能停课。//或许有家长会说:何不让富裕的孩子在家里,让贫穷的孩子去学校享受暖气和营养午餐呢?

学校的答复是:我们不愿让那些穷苦的孩子感到他们是在接受救济,因为施舍⑨的最高原则是保持受施者的尊严。

[节选自(台湾)刘墉《课不能停》]

语音提示

① 眼睛	yǎn·jing	⑥ 供	gōng
② 因为	yīn·wèi	⑦ 挨	ái
③ 惊讶	jīngyà	⑧ 宁愿	nìngyuàn
④ 犯得着	fàn·dezháo	⑨ 施舍	shīshě
⑤ 时候	shí·hou		

作品 24 号

十年，在历史上不过是一瞬间①。只要稍加注意，人们就会发现：在这一瞬间里，各种事物都悄悄经历了自己的千变万化。

这次重新访日，我处处感到亲切和熟悉，也在许多方面发觉了日本的变化。就拿奈良②的一个角落③来说吧，我重游了为之④感受很深的唐招提寺，在寺内各处匆匆走了一遍，庭院依旧，但意想不到还看到了一些新的东西⑤。其中之一，就是近几年从中国移植来的"友谊⑥之莲"。

在存放鉴真遗像的那个院子里，几株中国莲昂然挺立，翠绿的宽大荷叶正迎风而舞，显得十分愉快。开花的季节已过，荷花朵朵已变为莲蓬累累⑦。莲子⑧的颜色正在由青转紫，看来已经成熟⑨了。

我禁不住⑩想："因"已转化为"果"。

中国的莲花开在日本，日本的樱花开在中国，这不是偶然。我希望这样一种盛况延续不衰。可能有人不欣赏花，但决不会有人欣赏落在自己面前的炮弹。

在这些日子⑪里，我看到了不少多年不见的老朋友⑫，又结识⑬了一些新朋友。大家喜欢涉及的话题之一，就是古长安和古奈良。那还用得着⑭问吗，朋友们缅怀⑮过去，正是瞩望⑯未来。瞩目于未来的人们必将获得⑰未来。

我不例外，也希望一个美好的未来。

为//了中日人民之间的友谊，我将不浪费今后生命的每一瞬间。

（节选自严文井《莲花和樱花》）

语音提示

① 一瞬间	yíshùnjiān	⑥ 友谊	yǒuyì
② 奈良	nàiliáng	⑦ 累累	léiléi
③ 角落	jiǎoluò	⑧ 莲子	liánzǐ
④ 为之	wèizhī	⑨ 成熟	chéngshú
⑤ 东西	dōng·xi	⑩ 禁不住	jīnbuzhù

⑪ 日子	rì·zi	⑮ 缅怀	miǎnhuái
⑫ 朋友	péng·you	⑯ 瞩望	zhǔwàng
⑬ 结实	jiéshí	⑰ 获得	huòdé
⑭ 用得着	yòngdezháo		

作品25号

梅雨潭闪闪的绿色招引着我们；我们开始追捉她那离合的神光了。揪①着草，攀着乱石，小心探身下去，又鞠躬过了一个石穹门②，便到了汪汪一碧的潭边了。

瀑布③在襟袖④之间；但是我的心中已没有瀑布了。我的心随潭水的绿而摇荡。那醉人的绿呀！仿佛⑤一张极大极大的荷叶铺着，满是奇异的绿呀。我想张开两臂抱住她；但这是怎样一个妄想啊⑥。

站在水边，望到那面，居然觉着⑦有些远呢！这平铺⑧着，厚积着的绿，着实⑨可爱。她松松的皱缬⑩着，像少妇拖着的裙幅；她滑滑的明亮着，像涂了明油一般，有鸡蛋清那样软，那样嫩；她又不杂些尘滓⑪，宛然⑫一块温润的碧玉，只清清的一色——但你却看不透她！

我曾见过北京什刹海⑬拂地⑭的绿杨，脱不了鹅黄的底子，似乎⑮太淡了。我又曾见过杭州虎跑⑯寺近旁高峻而深密的绿壁，丛叠⑰着无穷的碧草与绿叶的，那又似乎太浓了。其余呢，西湖的波太明了，秦淮河的也太暗了。可爱的，我将什么来比拟⑱你呢？我怎么⑲比拟得出呢？大约潭是很深的，故能蕴蓄⑳着这样奇异的绿；仿佛蔚蓝㉑的天融了一块在里面似㉒的，这才这般的鲜润啊㉓。

那醉人的绿呀！我若能裁你以为带，我将赠给那轻盈㉔的 // 舞女，她必能临风飘举了。我若能挹㉕你以为眼，我将赠给那善歌的盲妹，她必明眸㉖善睐㉗了。我舍不得你，我怎舍得你呢？我用手拍着你，抚摩㉘着你，如同一个十二三岁的小姑娘㉙。我又掬㉚你入口，便是吻着她了。我送你一个名字㉛，我从此叫你"女儿绿"，好吗？

第二次到仙岩的时候，我不禁㉜惊诧㉝于梅雨潭的绿了。

（节选自朱自清《绿》）

语音提示

① 揪	jiū	⑧ 铺	pū
② 石穹门	shíqióngmén	⑨ 着实	zhuóshí
③ 瀑布	pùbù	⑩ 皱缬	zhòuxié
④ 襟袖	jīnxiù	⑪ 尘滓	chénzǐ
⑤ 仿佛	fǎngfú	⑫ 宛然	wǎnrán
⑥ 啊	nga	⑬ 什刹海	shíchàhǎi
⑦ 觉着	jué·zhe	⑭ 拂地	fúdì

⑮ 似乎	sìhū	㉕ 挹	yì
⑯ 虎跑	hǔpǎo	㉖ 明眸	míngmóu
⑰ 丛叠	cóngdié	㉗ 善睐	shànlài
⑱ 比拟	bǐnǐ	㉘ 抚摩	fǔmó
⑲ 怎么	zěn·me	㉙ 姑娘	gū·niang
⑳ 蕴蓄	yùnxù	㉚ 掬	jū
㉑ 蔚蓝	wèilán	㉛ 名字	míng·zi
㉒ 似的	shì·de	㉜ 不禁	bùjīn
㉓ 啊	na	㉝ 惊诧	jīngchà
㉔ 轻盈	qīngyíng		

作品 26 号

我们家的后园有半亩空地①,母亲说:"让它荒着怪可惜的,你们那么②爱吃花生,就开辟出来种花生吧。"我们姐弟几个都很高兴,买种③,翻地,播种④,浇水,没过几个月,居然收获了。

母亲说:"今晚我们过一个收获节,请你们父亲也来尝尝⑤我们的新花生,好不好?"我们都说好。母亲把花生做成了好几样食品,还吩咐就在后园的茅亭里过这个节。

晚上⑥天色不太好,可是父亲也来了,实在很难得⑦。

父亲说:"你们爱吃花生吗?"

我们争着答应:"爱!"

"谁能把花生的好处说出来?"

姐姐⑧说:"花生的味美。"

哥哥⑨说:"花生可以榨油。"

我说:"花生的价钱便宜⑩,谁都可以买来吃,都喜欢⑪吃。这就是它的好处。"

父亲说:"花生的好处很多,有一样最可贵,它的果实埋在地里,不像桃子⑫、石榴⑬、苹果那样,把鲜红嫩绿的果实高高地挂在枝头⑭上,使人一见就生爱慕之心。你们看它矮矮地长在地上,等到成熟⑮了,也不能立刻分辨⑯出来它有没有果实,必须挖出来才知道。"

我们都说是,母亲也点点头。

父亲接下去说:"所以你们要像花生,它虽然不好看,可是很有用,不是外表好看而没有实用的东西⑰。"

我说:"那么,人要做有用的人,不要做只讲体面,而对别人没有好处的人了。"//

父亲说:"对。这是我对你们的希望。"

我们谈到夜深才散。花生做的食品都吃完了,父亲的话却深深地印在我的心上。

(节选自许地山《落花生》)

语音提示

① 空地	kòngdì	⑩ 便宜	pián·yi
② 那么	nà·me	⑪ 喜欢	xǐ·huan
③ 买种	mǎizhǒng	⑫ 桃子	táo·zi
④ 播种	bōzhǒng	⑬ 石榴	shí·liu
⑤ 尝尝	cháng·chang	⑭ 枝头	zhītóu
⑥ 晚上	wǎn·shang	⑮ 成熟	chéngshú
⑦ 难得	nándé	⑯ 分辨	fēnbiàn
⑧ 姐姐	jiě·jie	⑰ 东西	dōng·xi
⑨ 哥哥	gē·ge		

作品 27 号

　　我打猎归来,沿着花园的林阴路走着,狗跑在我的前面。

　　突然,狗放慢脚步,蹑足潜行①,好像嗅②到了前边有什么③野物。

　　我顺着林阴路望去,看见了一只嘴边还带黄色、头上生着柔毛的小麻雀。风猛烈地吹打着林阴路上的白桦④树,麻雀从巢⑤里跌落下来,呆呆地伏在地上,孤立无援地张开两只羽毛还未丰满的小翅膀⑥。

　　我的狗慢慢向它靠近,忽然,从附近一棵树上飞下一只黑胸脯的老麻雀,像一颗石子⑦似的⑧落到狗的跟前。老麻雀全身倒竖着羽毛,惊恐万状,发出绝望、凄惨⑨的叫声,接着向露出牙齿、大张着的狗嘴扑去。

　　老麻雀是猛扑下来救护幼雀的。它用身体掩护⑩着自己的幼儿……但它整个小小的身体因恐怖而战栗⑪着!它小小的声音也变得粗暴嘶哑⑫。它在牺牲自己!

　　在它看来,狗该是多么庞大⑬的怪物啊⑭!然而它还是不能站在自己高高的、安全的树枝上……一种比它的理智更强烈的力量,使它从那儿⑮扑下身来。

　　我的狗站住了,向后退了退……看来,它也感到了这种力量。

　　我赶紧唤住惊惶失措的狗,然后我怀着崇敬的心情,走开了。

　　是啊⑯,请不要见笑。我崇敬那只小小的、英勇的鸟儿⑰,我崇敬它那种爱的冲动和力量。

　　爱,我想,比死//和死的恐惧更强大,只有依靠它,依靠这种爱,生命才能维持下去,发展下去。

[节选自(俄)屠格涅夫《麻雀》,巴金译]

语音提示

① 蹑足潜行	niè zú qián xíng	⑩ 掩护	yǎnhù
② 嗅	xiù	⑪ 战栗	zhànlì
③ 什么	shén·me	⑫ 嘶哑	sīyǎ
④ 桦	huà	⑬ 庞大	pángdà
⑤ 巢	cháo	⑭ 啊	wa
⑥ 翅膀	chìbǎng	⑮ 那儿	nàr
⑦ 石子	shízǐ	⑯ 啊	ra
⑧ 似的	shì·de	⑰ 鸟儿	niǎor
⑨ 凄惨	qīcǎn		

作品 28 号

那年我六岁。离我家仅一箭之遥的小山坡旁，有一个早被废弃的采石场，双亲从来不准我去那儿，其实那儿①风景十分迷人。

一个夏季的下午，我随着一群小伙伴偷偷上那儿去了。就在我们穿越了一条孤寂的小路后，他们却把我一个人留在原地，然后奔②向"更危险的地带"了。

等他们走后，我惊慌失措③地发现，再也找不到要回家的那条孤寂的小道了。像只无头的苍蝇④，我到处乱钻，衣裤上挂满了芒刺。太阳已经落山，而此时此刻，家里一定开始吃晚餐了，双亲正盼着我回家…… 想着想着，我不由得背靠着一棵树，伤心地呜呜大哭起来……

突然，不远处传来了声声柳笛。我像找到了救星，急忙循⑤声走去。一条小道边的树桩上坐着一位吹笛人，手里还正削⑥着什么⑦。走近细看，他不就是被大家称为"乡巴佬儿"的卡廷吗？

"你好，小家伙儿⑧，"卡廷说，"看天气多美，你是出来散步的吧？"

我怯生生⑨地点点头，答道："我要回家了。"

"请耐心等上几分钟，"卡廷说，"瞧，我正在削一支柳笛，差不多就要做好了，完工后就送给你吧！"

卡廷边削边不时把尚未成形的柳笛放在嘴里试吹一下。没过多久，一支柳笛便递到我手中。我俩在一阵阵清脆悦耳的笛音//中，踏上了归途……

当时，我心中只充满感激，而今天，当我自己也成了祖父时，却突然领悟到他用心之良苦！那天当他听到我的哭声时，便判定我一定迷了路，但他并不想在孩子面前扮演"救星"的角色⑩，于是吹响柳笛以便让我能发现他，并跟着他走出困境！就这样，卡廷先生⑪以乡下⑫人的纯朴，保护了一个小男孩儿⑬强烈的自尊。

（节选自唐若水译《迷途笛音》）

语音提示

① 那儿　　nàr
② 奔　　　bēn
③ 惊慌失措　jīnghuāng shī cuò
④ 苍蝇　　cāng·ying
⑤ 循　　　xún
⑥ 削　　　xiāo
⑦ 什么　　shén·me
⑧ 小家伙儿　xiǎojiā·huor
⑨ 怯生生　qièshēngshēng
⑩ 角色　　juésè
⑪ 先生　　xiān·sheng
⑫ 乡下　　xiāng·xia
⑬ 男孩儿　nánháir

作品29号

在浩瀚无垠①的沙漠里,有一片美丽的绿洲,绿洲里藏着一颗闪光的珍珠。这颗珍珠就是敦煌②莫高窟③。它坐落在我国甘肃省敦煌市三危山和鸣沙山的怀抱中。

鸣沙山东麓④是平均高度为十七米的崖壁。在一千六百多米长的崖壁上,凿⑤有大小洞窟七百余个,形成了规模宏伟的石窟群。其中四百九十二个洞窟中,共有彩色塑像两千一百余尊,各种壁画共四万五千多平方米。莫高窟是我国古代无数艺术匠师留给人类的珍贵文化遗产。

莫高窟的彩塑,每一尊都是一件精美的艺术品。最大的有九层楼那么高,最小的还不如一个手掌大。这些彩塑个性鲜明,神态各异。有慈眉善目的菩萨⑥,有威风凛凛⑦的天王,还有强壮勇猛的力士……

莫高窟壁画的内容丰富多彩,有的是描绘古代劳动人民打猎、捕鱼、耕田、收割的情景,有的是描绘人们奏乐、舞蹈、演杂技的场面,还有的是描绘大自然的美丽风光。其中最引人注目的是飞天。壁画上的飞天,有的臂挎⑧花篮,采摘鲜花;有的反弹⑨琵琶⑩,轻拨银弦⑪;有的倒悬⑫身子,自天而降;有的彩带飘拂⑬,漫天遨游;有的舒展着双臂,翩翩起舞。看着这些精美动人的壁画,就像走进了//灿烂辉煌的艺术殿堂。

莫高窟里还有一个面积不大的洞窟——藏经洞。洞里曾藏有我国古代的各种经卷⑭、文书、帛画⑮、刺绣、铜像等共六万多件。由于清朝政府腐败无能,大量珍贵的文物被外国强盗掠走。仅存的部分经卷,现在陈列于北京故宫等处。

莫高窟是举世闻名的艺术宝库。这里的每一尊彩塑、每一幅壁画、每一件文物,都是中国古代人民智慧的结晶。

(节选自小学《语文》第六册中《莫高窟》)

语音提示

① 浩瀚无垠	hàohàn wú yín	⑨ 弹	tán
② 敦煌	dūnhuáng	⑩ 琵琶	pí·pá
③ 窟	kū	⑪ 弦	xián
④ 麓	lù	⑫ 倒悬	dàoxuán
⑤ 凿	záo	⑬ 飘拂	piāofú
⑥ 菩萨	púsà	⑭ 经卷	jīngjuàn
⑦ 威风凛凛	wēifēng lǐnlǐn	⑮ 帛画	bóhuà
⑧ 挎	kuà		

作品30号

其实你在很久以前并不喜欢牡丹①，因为它总被人作为富贵膜拜②。后来你目睹③了一次牡丹的落花，你相信所有的人都会为④之感动：一阵清风徐来，妖艳鲜嫩的盛期牡丹忽然整朵整朵地坠落⑤，铺撒⑥一地绚丽⑦的花瓣。那花瓣落地时依然鲜艳夺目，如同一只奉上祭坛的大鸟脱落的羽毛，低吟⑧着壮烈的悲歌离去。

牡丹没有花谢花败之时，要么烁⑨于枝头⑩，要么归于泥土，它跨越萎顿⑪和衰老，由青春而死亡，由美丽而消遁⑫。它虽美却不吝惜⑬生命，即使告别也要展示给人最后一次的惊心动魄。

所以在这阴冷的四月里，奇迹⑭不会发生。任凭游人扫兴⑮和诅咒⑯，牡丹依然安之若素⑰。它不苟且⑱、不俯就、不妥协⑲、不媚俗⑳，甘愿自己冷落自己。它遵循自己的花期自己的规律，它有权利为自己选择每年一度的盛大节日。它为什么不拒绝寒冷？

天南海北的看花人，依然络绎不绝㉑地涌入洛阳城。人们不会因牡丹的拒绝而拒绝它的美。如果它再被贬谪㉒十次，也许它就会繁衍出十个洛阳牡丹城。

于是你在无言的遗憾中感悟到，富贵与高贵只是一字之差。同人一样，花儿㉓也是有灵性的，更有品位之高低。品位这东西㉔为气为魂为//筋骨为神韵，只可意会。你叹服牡丹卓尔不群㉕之姿，方知品位是多么容易被世人忽略或是漠视㉖的美。

（节选自张抗抗《牡丹的拒绝》）

语音提示

① 牡丹	mǔdān	⑤ 坠落	zhuìluò
② 膜拜	móbài	⑥ 铺撒	pūsǎ
③ 目睹	mùdǔ	⑦ 绚丽	xuànlì
④ 为	wèi	⑧ 低吟	dīyín

⑨ 烁	shuò	⑱ 苟且	gǒuqiě
⑩ 枝头	zhītóu	⑲ 妥协	tuǒxié
⑪ 萎顿	wěidùn	⑳ 媚俗	mèisú
⑫ 消遁	xiāodùn	㉑ 络绎不绝	luòyì bù jué
⑬ 吝惜	lìnxī	㉒ 贬谪	biǎnzhé
⑭ 奇迹	qíjì	㉓ 花儿	huā'ér
⑮ 扫兴	sǎoxìng	㉔ 东西	dōng·xi
⑯ 诅咒	zǔzhòu	㉕ 卓尔不群	zhuó'ěr bù qún
⑰ 安之若素	ān zhī ruò sù	㉖ 漠视	mòshì

作品 31 号

森林涵养①水源,保持水土,防止水旱灾害的作用非常大。据专家测算,一片十万亩面积的森林,相当于一个两百万立方米的水库,这正如农谚②所说的:"山上多栽树,等于修水库。雨多它能吞,雨少它能吐。"

说起森林的功劳,那还多得很。它除了为人类提供木材及许多种生产、生活的原料之外,在维护生态环境方面也是功劳卓著③,它用另一种"能吞能吐"的特殊功能孕育了人类。因为④地球在形成之初,大气中的二氧化碳含量很高,氧气很少,气温也高,生物是难以生存的。大约在四亿年之前,陆地才产生了森林。森林慢慢将大气中的二氧化碳吸收,同时吐出新鲜氧气,调节气温:这才具备了人类生存的条件,地球上才最终有了人类。

森林,是地球生态系统的主体,是大自然的总调度室,是地球的绿色之肺。森林维护地球生态环境的这种"能吞能吐"的特殊功能是其他任何物体都不能取代的。然而,由于地球上的燃烧物增多,二氧化碳的排放量急剧增加,使得地球生态环境急剧恶化,主要表现为全球气候变暖,水分蒸发加快,改变了气流的循环⑤,使气候变化加剧,从而引发热浪、飓风⑥、暴雨、洪涝及干旱。

为了//使地球的这个"能吞能吐"的绿色之肺恢复健壮,以改善生态环境,抑制⑦全球变暖,减少水旱等自然灾害,我们应该大力造林、护林,使每一座荒山都绿起来。

(节选自《中考语文课外阅读试题精选》中《"能吞能吐"的森林》)

语音提示

① 涵养	hányǎng	⑤ 循环	xúnhuán
② 农谚	nóngyàn	⑥ 飓风	jùfēng
③ 卓著	zhuózhù	⑦ 抑制	yìzhì
④ 因为	yīn·wèi		

作品 32 号

朋友①即将②远行。

暮春时节,又邀了几位朋友在家小聚,虽然都是极熟③的朋友,却是终年难得④一见,偶尔⑤电话里相遇,也无非是几句寻常⑥话。一锅小米稀饭,一碟大头菜,一盘自家酿制⑦的泡菜⑧,一只巷口买回的烤鸭,简简单单,不像请客,倒⑨像家人团聚。

其实,友情也好,爱情也好,久而久之都会转化为亲情。

说也奇怪,和新朋友会谈文学、谈哲学、谈人生道理等等,和老朋友却只话家常,柴米油盐,细细碎碎,种种琐事⑩。很多时候⑪,心灵的契合⑫已经不需要太多的言语来表达。

朋友新烫了个头,不敢回家见母亲,恐怕惊骇⑬了老人家,却欢天喜地⑭来见我们,老朋友颇能以一种趣味性的眼光欣赏这个改变。

年少⑮的时候,我们差不多都在为别人而活,为苦口婆心的父母活,为循循善诱⑯的师长活,为许多观念、许多传统的约束力而活。年岁逐增,渐渐挣脱⑰外在的限制与束缚⑱,开始懂得为自己活,照自己的方式做一些自己喜欢的事,不在乎⑲别人的批评意见,不在乎别人的诋毁⑳流言,只在乎那一份随心所欲的舒坦㉑自然。偶尔,也能够纵容自己放浪一下,并且有一种恶作剧的窃喜。

就让生命顺其自然,水到渠成吧,犹如窗前的//乌桕㉒,自生自落之间,自有一份圆融丰满的喜悦。春雨轻轻落着,没有诗,没有酒,有的只是一份相知相属的自在自得。

夜色在笑语中渐渐沉落,朋友起身告辞,没有挽留,没有送别,甚至也没有问归期。

已经过了大喜大悲的岁月,已经过了伤感流泪的年华,知道了聚散原来是这样的自然和顺理成章,懂得这点,便懂得珍惜每一次相聚的温馨,离别便也欢喜。

[节选自(台湾)杏林子《朋友和其他》]

语音提示

① 朋友	péng·you	⑫ 契合	qìhé
② 即将	jíjiāng	⑬ 惊骇	jīnghài
③ 熟	shú	⑭ 欢天喜地	huān tiān xǐ dì
④ 难得	nándé	⑮ 年少	niánshào
⑤ 偶尔	ǒu'ěr	⑯ 循循善诱	xúnxún shàn yòu
⑥ 寻常	xúncháng	⑰ 挣脱	zhèngtuō
⑦ 酿制	niàngzhì	⑱ 束缚	shùfù
⑧ 泡菜	pàocài	⑲ 在乎	zài·hu
⑨ 倒	dào	⑳ 诋毁	dǐhuǐ
⑩ 琐事	suǒshì	㉑ 舒坦	shū·tan
⑪ 时候	shí·hou	㉒ 乌桕	wūjiù

作品33号

我们在田野散步:我,我的母亲,我的妻子①和儿子②。

母亲本不愿出来的。她老了,身体不好,走远一点儿③就觉得很累。我说,正因为④如此,才应该多走走。母亲信服地点点头,便去拿外套。她现在很听我的话,就像我小时候很听她的话一样。

这南方初春的田野,大块小块的新绿随意地铺⑤着,有的浓,有的淡,树上的嫩芽也密了,田里的冬水也咕咕地起着水泡。这一切都使人想着一样东西⑥——生命。

我和母亲走在前面,我的妻子和儿子走在后面。小家伙突然叫起来:"前面是妈妈和儿子,后面也是妈妈和儿子。"我们都笑了。

后来发生了分歧⑦,母亲要走大路,大路平顺;我的儿子要走小路,小路有意思⑧。不过,一切都取决于我。我的母亲老了,她早已习惯听从她强壮的儿子;我的儿子还小,他还习惯听从他高大的父亲;妻子呢,在外面,她总是听我的。一霎时⑨我感到了责任的重大。我想找一个两全的办法,找不出;我想拆散⑩一家人,分成两路,各得其所,终不愿意。我决定委屈⑪儿子,因为我伴同他的时日还长。我说:"走大路。"

但是母亲摸摸孙儿的小脑瓜,变了主意⑫:"还是走小路吧。"她的眼随小路望去:那里有金色的菜花,两行整齐的桑树,//尽头⑬一口水波粼粼⑭的鱼塘。"我走不过去的地方,你就背着我。"母亲对我说。

这样,我们在阳光下,向着那菜花、桑树和鱼塘走去。到了一处,我蹲下来,背⑮起了母亲;妻子也蹲下来,背起了儿子。我和妻子都是慢慢地,稳稳地,走得很仔细,好像我背上⑯的同她背上的加起来,就是整个世界。

(节选自莫怀戚《散步》)

语音提示

① 妻子	qī·zi		⑨ 霎时	shàshí
② 儿子	ér·zi		⑩ 拆散	chāisàn
③ 一点儿	yìdiǎnr		⑪ 委屈	wěi·qu
④ 因为	yīn·wèi		⑫ 主意	zhǔ·yi
⑤ 铺	pū		⑬ 尽头	jìntóu
⑥ 东西	dōng·xi		⑭ 粼粼	línlín
⑦ 分歧	fēnqí		⑮ 背	bēi
⑧ 意思	yì·si		⑯ 背	bèi

作品34号

地球上是否真的存在"无底洞"?按说地球是圆的,由地壳①、地幔②和地核三层组成,真正的"无底洞"是不应存在的,我们所看到的各种山洞、裂口、裂缝,甚至火山口也都只是地壳浅部的一种现象。然而中国一些古籍③却多次提到海外有个深奥莫测的无底洞。事实上地球上确实有这样一个"无底洞"。

它位于希腊亚各斯古城的海滨④。由于濒临⑤大海,大涨潮⑥时,汹涌的海水便会排山倒海般地涌入洞中,形成一股湍⑦湍的急流。据测,每天注入洞内的海水量达三万多吨。奇怪的是,如此大量的海水灌入洞中,却从来没有把洞灌满。曾有人怀疑,这个"无底洞"会不会就像石灰岩地区的漏斗、竖井、落水洞一类的地形。然而从二十世纪三十年代以来,人们就做了多种努力企图寻找它的出口,却都是枉费心机⑧。

为了揭开这个秘密,一九五八年美国地理学会派出一支考察队,他们把一种经久不变的带色染料溶解在海水中,观察染料是如何随着海水一起沉下去。接着又察看了附近海面以及岛上的各条河、湖,满怀希望地寻找这种带颜色的水,结果令人失望。难道是海水量太大把有色水稀释⑨得太淡,以致无法发现?//

至今谁也不知道为什么⑩这里的海水会没完没了⑪地"漏"下去,这个"无底洞"的出口又在哪里,每天大量的海水究竟都流到哪里去了?

(节选自罗伯特·罗威尔《神秘的"无底洞"》)

语音提示

① 地壳	dìqiào	⑦ 湍	tuān
② 地幔	dìmàn	⑧ 枉费心机	wǎngfèi xīnjī
③ 古籍	gǔjí	⑨ 稀释	xīshì
④ 海滨	hǎibīn	⑩ 为什么	wèi shén·me
⑤ 濒临	bīnlín	⑪ 没完没了	méi wán méi liǎo
⑥ 涨潮	zhǎngcháo		

作品 35 号

我在俄国所见到的景物再没有比托尔斯泰墓更宏伟、更感人的。

完全按照托尔斯泰的愿望;他的坟墓成了世间最美的、给人印象最深刻的、最感人的坟墓。它只是树林中的一个小小的长方形土丘,上面开满鲜花——没有十字架,没有墓碑,没有墓志铭,连托尔斯泰这个名字也没有。

这位比谁都感到受自己的声名所累①的伟人,却像偶尔②被发现的流浪汉,不为③人知的士兵,不留名姓地被人埋葬了。谁都可以踏进他最后的安息地,围在四周稀疏④的木栅栏⑤是不关闭的——保护列夫·托尔斯泰得以安息的没有任何别的东西,惟有人们的敬意;而通常,人们却总是怀着好奇⑥,去破坏伟人墓地的宁静。

这里,逼人的朴素禁锢⑦住任何一种观赏的闲情,并且不容许你大声说话。风儿⑧俯临⑨,在这座无名者之墓的树木之间飒飒⑩响着,和暖⑪的阳光在坟头⑫嬉戏⑬;冬天,白雪温柔地覆盖这片幽暗的圭⑭土地。无论你在夏天或冬天经过这儿⑮,你都想象不到,这个小小的、隆起的长方体里安放着一位当代最伟大的人物。

然而,恰恰⑯是这座不留姓名的坟墓,比所有挖空心思⑰用大理石和奢华⑱装饰建造的坟墓更扣人心弦⑲。在今天这个特殊的日子//里,到他的安息地⑳来的成百上千人中间,没有一个勇气,哪怕仅仅从这幽暗的土丘上摘下一朵花留作纪念。人们重新感到,世界上再没有比托尔斯泰最后留下的、这座纪念碑式的朴素坟墓,更打动人心的了。

[节选自(奥)茨威格《世间最美的坟墓》,张仁厚译]

语音提示

① 累	lěi	⑪ 和暖	hénuǎn
② 偶尔	ǒu'ěr	⑫ 坟头	féntóu
③ 为	wéi	⑬ 嬉戏	xīxì
④ 稀疏	xīshū	⑭ 圭	guī
⑤ 栅栏	zhàlan	⑮ 这儿	zhèr
⑥ 好奇	hàoqí	⑯ 恰恰	qiàqià
⑦ 禁锢	jìngù	⑰ 心思	xīn·si
⑧ 风儿	fēng'er	⑱ 奢华	shēhuá
⑨ 俯临	fǔlín	⑲ 心弦	xīnxián
⑩ 飒飒	sàsà	⑳ 安息地	ānxīdì

作品36号

我国的建筑,从古代的宫殿到近代的一般住房,绝大部分是对称①的,左边怎么②样,右边也怎么样。苏州园林可绝不讲究对称,好像故意避免似的③。东边有了一个亭子④或者一道回廊,西边决不会来一个同样的亭子或者一道同样的回廊。这是为什么⑤?我想,用图画来比方⑥,对称的建筑是图案画,不是美术画,而园林是美术画,美术画要求自然之趣,是不讲究对称的。

苏州园林里都有假山和池沼⑦。

假山的堆叠⑧,可以说是一项艺术而不仅是技术。或者是重峦叠嶂⑨,或者是几座小山配合着竹子⑩花木,全在乎⑪设计者和匠师们⑫生平多阅历,胸中有丘壑⑬,才能使浏览者攀登的时候⑭忘却苏州城市,只觉得⑮身在山间。

至于池沼,大多引用活水。有些园林池沼宽敞⑯,就把池沼作为全园的中心,其他景物配合着布置。水面假如成河道模样⑰,往往安排桥梁。假如安排两座以上的桥梁,那就一座一个样,决不雷同。

池沼或河道的边沿很少砌齐整的石岸,总是高低屈曲⑱任其自然。还在那儿⑲布置几块玲珑⑳的石头㉑,或者种些花草。这也是为了取得㉒从各个角度看都成一幅画的效果。池沼里养着金鱼或各色鲤鱼,夏秋季节荷花或睡莲开//放,游览者看"鱼戏莲叶间",又是入画的一景。

(节选自叶圣陶《苏州园林》)

语音提示

① 对称	duìchèn		⑫ 匠师们	jiàngshī·men
② 怎么	zěn·me		⑬ 丘壑	qiūhè
③ 似的	shì·de		⑭ 时候	shí·hou
④ 亭子	tíng·zi		⑮ 觉得	jué·de
⑤ 为什么	wèi shén·me		⑯ 宽敞	kuānchǎng
⑥ 比方	bǐ·fang		⑰ 模样	múyàng
⑦ 池沼	chízhǎo		⑱ 屈曲	qūqū
⑧ 堆叠	duīdié		⑲ 那儿	nàr
⑨ 重峦叠嶂	chóng luán dié zhàng		⑳ 玲珑	línglóng
⑩ 竹子	zhú·zi		㉑ 石头	shí·tou
⑪ 在乎	zài·hu		㉒ 取得	qǔdé

作品 37 号

一位访美中国女作家，在纽约遇到一位卖花的老太太①。老太太穿着②破旧，身体虚弱，但脸上的神情却是那样祥和兴奋③。女作家挑了一朵花说："看起来，你很高兴。"老太太面带微笑地说："是的，一切都这么④美好，我为什么⑤不高兴呢？""对烦恼，你倒⑥真能看得开。"女作家又说了一句。没料到，老太太的回答更令女作家大吃一惊："耶稣在星期五被钉⑦上十字架时，是全世界最糟糕的一天，可三天后就是复活节。所以，当我遇到不幸时，就会等待三天，这样一切就恢复正常了。"

"等待三天"，多么富于哲理的话语，多么乐观的生活方式。它把烦恼和痛苦抛下，全力去收获快乐⑧。

沈从文在"文革"期间，陷入了非人的境地。可他毫不在意，他在咸宁时给他的表侄、画家黄永玉写信说："这里的荷花真好，你若来……"身陷苦难却仍为荷花的盛开欣喜赞叹不已，这是一种趋于澄明⑨的境界，一种旷达洒脱的胸襟⑩，一种面临磨难⑪坦荡从容⑫的气度，一种对生活童子⑬般的热爱和对美好事物无限向往的生命情感。

由此可见，影响一个人快乐的，有时并不是困境及磨难，而是一个人的心态。如果把自己浸泡⑭在积极、乐观、向上的心态中，快乐必然会//占据⑮你的每一天。

（节选自《态度创造快乐》）

语音提示

① 太太	tài·tai		③ 兴奋	xīngfèn
② 穿着	chuānzhuó		④ 这么	zhè·me

⑤ 为什么	wèi shén·me	⑪ 磨难	mónàn
⑥ 倒	dào	⑫ 从容	cóngróng
⑦ 钉	dìng	⑬ 童子	tóngzǐ
⑧ 快乐	kuàilè	⑭ 浸泡	jìnpào
⑨ 澄明	chéngmíng	⑮ 占据	zhànjù
⑩ 胸襟	xiōngjīn		

作品 38 号

泰山极顶看日出，历来被描绘成十分壮观的奇景。有人说：登泰山而看不到日出，就像一出大戏没有戏眼，味儿①终究有点寡淡②。

我去爬山那天，正赶上个难得③的好天，万里长空，云彩丝儿④都不见，素常烟雾腾腾的山头⑤，显得眉目分明。同伴们都欣喜地说："明天早晨准可以看见日出了。"我也是抱着这种想头⑥，爬上山去。

一路上从山脚往上爬，细看山景，我觉得挂在眼前的不是五岳独尊的泰山，却像一幅规模惊人的青绿山水画，从下面倒⑦展开来。在画卷⑧中最先露⑨出的是山根⑩底那座明朝建筑岱宗坊⑪，慢慢地便现出王母池、斗⑫母宫、经石峪⑬。山是一层比一层深，一叠比一叠奇，层层叠叠，不知还会有多深多奇。万山丛中，时而点染着极其工细的人物。王母池旁的吕祖殿里有不少尊明塑，塑着吕洞宾等一些人，姿态神情是那样有生气，你看了，不禁⑭会脱口赞叹说："活啦。"

画卷继续展开，绿荫森森的柏洞⑮露面⑯不太久，便来到对松山。两面奇峰对峙⑰着，满山峰都是奇形怪状的老松，年纪怕都有上千岁了，颜色竟那么浓，浓得好像要流下来似的⑱。来到这儿⑲，你不妨权当一次画里的写意人物，坐在路旁的对松亭里，看看山色，听听流//水和松涛。

一时间，我又觉得自己不仅是在看画卷⑳，却又像是在零零乱乱翻动着一卷历史稿本。

（节选自杨朔《泰山极顶》）

语音提示

① 味儿	wèir	⑧ 画卷	huàjuàn
② 寡淡	guǎdàn	⑨ 露	lòu
③ 难得	nándé	⑩ 山根	shāngēn
④ 云彩丝儿	yúncaisīr	⑪ 岱宗坊	dàizōngfāng
⑤ 山头	shāntóu	⑫ 斗	dǒu
⑥ 想头	xiǎng·tou	⑬ 峪	yù
⑦ 倒	dào	⑭ 不禁	bùjīn

⑮ 柏洞	bǎidòng	⑱ 似的	shì·de
⑯ 露面	lòumiàn	⑲ 这儿	zhèr
⑰ 对峙	duìzhì	⑳ 卷	juàn

作品 39 号

育才小学校长陶行知①在校园看到学生王友用泥块砸自己班上的同学,陶行知当即②喝止③了他,并令他放学后到校长室去。无疑,陶行知是要好好教育这个"顽皮"的学生④。那么他是如何教育的呢?

放学后,陶行知来到校长室,王友已经等在门口准备挨⑤训了。可一见面,陶行知却掏出一块糖果送给王友,并说:"这是奖给你的,因为⑥你按时来到这里,而我却迟到了。"王友惊疑地接过糖果。

随后,陶行知又掏出一块糖果放到他手里,说:"这第二块糖果也是奖给你的,因为当我不让你再打人时,你立即就住手了,这说明你很尊重我,我应该奖你。"王友更惊疑了,他眼睛睁得大大的。

陶行知又掏出第三块糖果塞⑦到王友手里,说:"我调查过了,你用泥块砸那些男生,是因为他们不守游戏规则,欺负女生;你砸他们,说明你很正直善良,且有批评不良行为的勇气,应该奖励你啊⑧!"王友感动极了,他流着泪后悔地喊道:"陶……陶校长你打我两下吧!我砸的不是坏人,而是自己的同学啊⑨……"

陶行知满意地笑了,他随即掏出第四块糖果递给王友,说:"为⑩你正确地认识错误,我再奖给你一块糖果,只可惜我只有这一块糖果了。我的糖果//没有了,我看我们的谈话也该结束了吧!"说完,就走出了校长室。

(节选自《教师博览:百期精华》中《陶行知的"四块糖果"》)

语音提示

① 陶行知	táoxíngzhī	⑥ 因为	yīn·wèi
② 当即	dāngjí	⑦ 塞	sāi
③ 喝止	hèzhǐ	⑧ 啊	ya
④ 学生	xué·sheng	⑨ 啊	ya
⑤ 挨	ái	⑩ 为	wèi

作品 40 号

享受幸福是需要学习的,当它即将①来临的时刻需要提醒。人可以自然而然地学会感官的享乐,却无法天生地掌握幸福的韵律。灵魂的快意同器官的舒适像一对孪生②兄弟,时而相傍③相依,时而南辕北辙④。

幸福是一种心灵的震颤⑤。它像会倾听音乐的耳朵一样,需要不断地训练。

简而言之,幸福就是没有痛苦的时刻。它出现的频率并不像我们想象的那样少。人们常常只是在幸福的金马车已经驶过去很远时,才拣起地上的金鬃毛⑥说,原来我见过它。

人们喜爱回味幸福的标本,却忽略它披着露水散发⑦清香的时刻。那时候我们往往步履⑧匆匆,瞻前顾后⑨不知在忙着什么⑩。

世上有预报台风的,有预报蝗灾的,有预报瘟疫⑪的,有预报地震的。没有人预报幸福。其实幸福和世界万物一样,有它的征兆⑫。

幸福常常是朦胧的,很有节制地向我们喷洒甘霖⑬。你不要总希望轰轰烈烈的幸福,它多半只是悄悄地扑面而来。你也不要企图把水龙头⑭拧⑮得更大,那样它会很快地流失。你需要静静地以平和之心,体验它的真谛⑯。

幸福绝大多数是朴素的。它不会像信号弹似的⑰,在很高的天际闪烁⑱红色的光芒。它披着本色的外衣,亲//切温暖地包裹起我们。

幸福不喜欢喧嚣⑲浮华,它常常在暗淡中降临。贫困中相濡以沫⑳的一块糕饼,患难中心心相印的一个眼神,父亲一次粗糙㉑的抚摸㉒,女友一张温馨的字条……这都是千金难买的啊㉓。像一粒粒缀㉔在旧绸子上的红宝石,在凄凉中愈发熠熠㉕夺目。

(节选自毕淑敏《提醒幸福》)

语音提示

① 即将	jíjiāng	⑭ 龙头	lóngtóu
② 孪生	luánshēng	⑮ 拧	nǐng
③ 傍	bàng	⑯ 真谛	zhēndì
④ 南辕北辙	nán yuán běi zhé	⑰ 似的	shì·de
⑤ 震颤	zhènchàn	⑱ 闪烁	shǎnshuò
⑥ 鬃毛	zōngmáo	⑲ 喧嚣	xuānxiāo
⑦ 散发	sànfā	⑳ 相濡以沫	xiāng rú yǐ mò
⑧ 步履	bùlǚ	㉑ 粗糙	cūcāo
⑨ 瞻前顾后	zhān qián gù hòu	㉒ 抚摸	fǔmō
⑩ 什么	shén·me	㉓ 啊	wa
⑪ 瘟疫	wēnyì	㉔ 缀	zhuì
⑫ 征兆	zhēngzhào	㉕ 熠熠	yìyì
⑬ 甘霖	gānlín		

作品41号

在里约热内卢的一个贫民窟①里,有一个男孩子②,他非常喜欢足球,可是又买不起,于是就踢塑料盒,踢汽水瓶,踢从垃圾箱里拣来的椰子壳儿③。他在胡同儿④里踢,在能找到的任何一片空地上踢。

有一天,当他在一处干涸⑤的水塘里猛踢一个猪膀胱⑥时,被一位足球教练看见了。他发现这个⑦男孩儿踢得很像是那么⑧回事,就主动提出要送给他一个足球。小男孩儿得到足球后踢得更卖劲儿⑨了。不久,他就能准确地把球踢进远处随意摆放的一个水桶里。

圣诞节到了,孩子的妈妈⑩说:"我们没有钱买圣诞礼物送给我们的恩人,就让我们为他祈祷⑪吧。"

小男孩儿⑫跟随妈妈祈祷完毕,向妈妈要了一把铲子便跑了出去。他来到一座别墅⑬前的花园里,开始挖坑。

就在他快要挖好坑的时候,从别墅里走出一个人来,问小孩儿在干什么⑭,孩子抬起满是汗珠的脸蛋儿⑮,说:"教练,圣诞节到了,我没有礼物送给您,我愿给您的圣诞树挖一个树坑。"

教练把小男孩儿从树坑里拉上来,说,我今天得到了世界上最好的礼物。明天你就到我的训练场去吧。

三年后,这位十七岁的男孩儿在第六届世界足球锦标赛上独进二十一球,为巴西第一次捧回了金杯。一个原来不//为世人所知的名字——贝利,随之传播世界。

(节选自刘燕敏《天才的造就》)

语音提示

① 贫民窟	pínmínkū	⑨ 卖劲儿	màijìnr
② 孩子	hái·zi	⑩ 妈妈	mā·ma
③ 壳儿	kér	⑪ 祈祷	qídǎo
④ 胡同儿	hú·tòngr	⑫ 男孩儿	nánháir
⑤ 干涸	gānhé	⑬ 别墅	biéshù
⑥ 膀胱	pángguāng	⑭ 什么	shén·me
⑦ 这个	zhè·ge	⑮ 脸蛋儿	liǎndànr
⑧ 那么	nà·me		

作品42号

记得我十三岁时,和母亲住在法国东南部的耐斯城。母亲没有丈夫①,也没有亲戚②,够清苦的,但她经常能拿出令人吃惊的东西③,摆在我面前。她从来不吃肉,一再说自己是素食者。然而有一天,我发现母亲正仔细地用一小块碎面包擦那给我煎牛排用的油锅。我明白④了她称⑤自己为⑥素食者的真正原因。

我十六岁时,母亲成了耐斯市美蒙旅馆的女经理。这时,她更忙碌了。一天,她瘫在椅子上,脸色苍白,嘴唇发灰。马上找来医生,做出诊断:她摄取了过多的胰岛素。直到这时我才知道母亲多年一直对我隐瞒⑦的疾痛⑧——糖尿病。

她的头歪向枕头一边,痛苦地用手抓挠⑨胸口。床架上方,则挂着一枚我一九三二年赢得⑩耐斯市少年乒乓球冠军的银质奖章。

啊,是对我的美好前途的憧憬⑪支撑着她活下去,为了给她那荒唐的梦至少加一点真实的色彩,我只能继续努力,与时间竞争,直至一九三八年我被征入空军。巴黎很快失陷,我辗转⑫调到英国皇家空军。刚到英国就接到了母亲的来信。这些信是由在瑞士的一个朋友⑬秘密地转⑭到伦敦,送到我手中的。

现在我要回家了,胸前佩带着醒目的绿黑两色的解放十字绶//带,上面挂着五六枚我终身难忘的勋章,肩上还佩带着军官肩章。到达旅馆时,没有一个人跟我打招呼⑮。原来,我母亲在三年半以前就已经离开人间了。

在她死前的几天中,她写了近二百五十封信,把这些信交给她在瑞士的朋友,请这个朋友定时寄给我。就这样,在母亲死后的三年半的时间里,我一直从她身上吸取着力量和勇气——这使我能够继续战斗到胜利那一天。

[节选自(法)罗曼·加里《我的母亲独一无二》]

语音提示

① 丈夫	zhàng·fu	⑨ 抓挠	zhuā·nao
② 亲戚	qīn·qi	⑩ 赢得	yíngdé
③ 东西	dōng·xi	⑪ 憧憬	chōngjǐng
④ 明白	míng·bai	⑫ 辗转	zhǎnzhuǎn
⑤ 称	chēng	⑬ 朋友	péng·you
⑥ 为	wéi	⑭ 转	zhuǎn
⑦ 隐瞒	yǐnmán	⑮ 招呼	zhāo·hu
⑧ 疾痛	jítòng		

作品43号

生活对于任何人都非易事,我们必须有坚韧不拔的精神。最要紧的,还是我们自己要有信心。我们必须相信,我们对每一件事情①都具有天赋②的才能,并且,无论付出任何代价,都要把这件事完成,当事情结束的时候③,你要能问心无愧地说:"我已经尽我所能了。"

有一年的春天,我因病被迫在家里休息④数⑤周。我注视着我的女儿们所养的蚕正在结⑥茧,这使我很感兴趣。望着这些蚕执著⑦地、勤奋地工作,我感到我和它们非常相似⑧。像它们一样,我总是耐心地把自己的努力集中在一个目标上。我之所以如此,或许是因为⑨有某种力量在鞭策着我——正如蚕被鞭策着去结茧一般。

近五十年来,我致力于科学研究,而研究,就是对真理的探讨。我有许多美好快乐的记忆。少女时期我在巴黎大学,孤独地过着求学的岁月;在后来献身科学的整个时期,我丈夫⑩和我专心致志,像在梦幻中一般,坐在简陋⑪的书房里艰辛地研究,后来我们就在那里发现了镭。

我永远追求安静的工作和简单的家庭生活。为了实现这个理想,我竭力⑫保持宁静的环境,以免受人事的干扰和盛名的拖累⑬。

我深信,在科学方面我们有对事业而不是//对财富的兴趣。我的惟一奢望⑭是在一个自由国家中,以一个自由学者的身份从事研究工作。

我一直沉醉于世界的优美之中,我所热爱的科学也不断增加它崭新⑮的远景。我认定科学本身就具有伟大的美。

[节选自(波兰)玛丽·居里《我的信念》,剑捷译]

语音提示

① 事情	shì·qing	⑨ 因为	yīn·wèi
② 天赋	tiānfù	⑩ 丈夫	zhàng·fu
③ 时候	shí·hou	⑪ 简陋	jiǎnlòu
④ 休息	xiū·xi	⑫ 竭力	jiélì
⑤ 数	shù	⑬ 拖累	tuōlěi
⑥ 结	jié	⑭ 奢望	shēwàng
⑦ 执著	zhízhuó	⑮ 崭新	zhǎnxīn
⑧ 相似	xiāngsì		

作品44号

我为什么①非要教书②不可?是因为③我喜欢当教师的时间安排表和生活节奏。七、八、九三个月给我提供了进行回顾、研究、写作的良机,并将三者有机融合,而善于回顾、研究和总结正是优秀教师素质中不可缺少的成分。

干这行④给了我多种多样的"甘泉"去品尝,找优秀的书籍去研读,到"象牙塔"和实际世界里去发现。教学工作给我提供⑤了继续学习的时间保证,以及多种途径、机遇和挑战。

然而,我爱这一行的真正原因,是爱我的学生⑥。学生们在我的眼前成长、变化。当教师意味着亲历"创造"过程的发生——恰似⑦亲手赋予⑧一团泥土以生命,没有什么比目睹它开始呼吸更激动人心的了。

权利我也有了:我有权利去启发诱导,去激发智慧的火花,去问费心思考的问题,去赞扬回答的尝试,去推荐书籍,去指点迷津。还有什么别的权利能与之相比呢?

而且,教书还给我金钱和权利之外的东西,那就是爱心。不仅有对学生的爱,对书籍的爱,对知识的爱,还有教师才能感受到的对"特别"学生的爱。这些学生,有如冥顽不灵⑨的泥块,由于接受了老师的炽爱⑩才勃发了生机。

所以,我爱教书,还因为,在那些勃发生机的"特//别"学生身上,我有时发现自己和他们呼吸相通,忧乐与⑪共。

[节选自(美)彼得·基贝得勒《我为什么当教师》]

语音提示

① 什么　　shé·me
② 教书　　jiāoshū
③ 因为　　yīn·wèi
④ 行　　　háng
⑤ 提供　　tígōng
⑥ 学生　　xué·sheng
⑦ 恰似　　qiàsì
⑧ 赋予　　fùyǔ
⑨ 冥顽不灵　míng wán bù líng
⑩ 炽爱　　chì'ài
⑪ 与　　　yǔ

作品45号

中国西部我们通常是指黄河与秦岭相连一线以西，包括西北和西南的十二个省、市、自治区。这块广袤①的土地面积为五百四十六万平方公里，占国土总面积的百分之五十七；人口二点八亿，占全国总人口的百分之二十三。

西部是华夏文明的源头②。华夏祖先的脚步是顺着水边走的：长江上游出土过元谋人牙齿化石，距今约一百七十万年；黄河中游出土过蓝田人头盖骨，距今约七十万年。这两处古人类都比距今约五十万年的北京猿人资格更老。

西部地区是华夏文明的重要发源地。秦皇汉武以后，东西方文化在这里交汇融合，从而有了丝绸之路的驼铃声声，佛院深寺的暮鼓晨钟。敦煌莫高窟③是世界文化史上的一个奇迹④，它在继承汉晋艺术传统的基础上，形成了自己兼收并蓄的恢宏⑤气度，展现出精美绝伦的艺术形式和博大精深的文化内涵。秦始皇兵马俑⑥、西夏王陵、楼兰古国、布达拉宫、三星堆、大足石刻等历史文化遗产，同样为⑦世界所瞩目⑧，成为中华文化重要的象征。

西部地区又是少数民族及其文化的集萃⑨地，几乎⑩包括了我国所有的少数民族。在一些偏远的少数民族地区，仍保留//了一些久远时代的艺术品种，成为珍贵的"活化石"，如纳西古乐、戏曲、剪纸、刺绣、岩画等民间艺术和宗教艺术。特色鲜明、丰富多彩，犹如一个巨大的民族民间文化艺术宝库。

我们要充分重视和利用这些得天独厚的资源优势，建立良好的民族民间文化生态环境，为西部大开发做出贡献。

（节选自《中考语文课外阅读试题精选》中《西部文化和西部开发》）

语音提示

① 广袤　　guǎngmào
② 源头　　yuántóu
③ 莫高窟　mògāokū
④ 奇迹　　qíjì
⑤ 恢宏　　huīhóng
⑥ 兵马俑　bīngmǎyǒng
⑦ 为　　　wéi
⑧ 瞩目　　zhǔmù
⑨ 集萃　　jícuì
⑩ 几乎　　jīhū

作品 46 号

　　高兴，这是一种具体的被看得到摸得着的事物所唤起的情绪。它是心理的，更是生理的。它容易来也容易去，谁也不应该对它视而不见失之交臂，谁也不应该总是做那些使自己不高兴也使旁人不高兴的事。让我们①说一件最容易做也最令人高兴的事吧，尊重你自己，也尊重别人，这是每一个人的权利，我还要说这是每一个人的义务。

　　快乐②，它是一种富有概括性的生存状态、工作状态。它几乎是先验的，它来自生命本身的活力，来自宇宙、地球和人间的吸引，它是世界的丰富、绚丽③、阔大、悠久的体现。快乐还是一种力量，是埋在地下的根脉④。消灭一个人的快乐比挖掘⑤掉一棵大树的根要难得多。

　　欢欣，这是一种青春的、诗意的情感。它来自面向着未来伸开双臂奔跑的冲力，它来自一种轻松而又神秘、朦胧而又隐秘的激动，它是激情即将⑥到来的预兆，它又是大雨过后的比下雨还要美妙得多也久远得多的回味……

　　喜悦，它是一种带有形而上⑦的修养和境界。与其⑧说它是一种情绪，不如说它是一种智慧、一种超拔、一种悲天悯人⑨的宽容和理解，一种饱经沧桑的充实和自信，一种光明的理性，一种坚定//的成熟，一种战胜了烦恼和庸俗的清明澄澈⑩。它是一潭清水，它是一抹朝霞，它是无边的平原，它是沉默的地平线。多一点儿、再多一点儿喜悦吧，它是翅膀，也是归巢。它是一杯美酒，也是一朵永远开不败的莲花。

（节选自王蒙《喜悦》）

语音提示

① 我们	wǒ·men	⑥ 即将	jíjiāng
② 快乐	kuàilè	⑦ 形而上	xíng'érshàng
③ 绚丽	xuànlì	⑧ 与其	yǔqí
④ 根脉	gēnmài	⑨ 悲天悯人	bēi tiān mǐn rén
⑤ 挖掘	wājué	⑩ 澄澈	chéngchè

作品 47 号

　　在湾仔①，香港最热闹②的地方③，有一棵榕树，它是最贵的一棵树，不光在香港，在全世界，都④是最贵的。

　　树，活的树，又不卖何言其贵？只因它老，它粗，是香港百年沧桑的活见证，香港人不忍看着它被砍伐，或者被移走，便跟要占用这片山坡的建筑者谈条件：可以在这儿⑤建大楼盖商厦，但一不准砍树，二不准挪⑥树，必须把它原地精心养起来，成为香港闹市中的一景。太古大厦的建设者最后签了合同⑦，占用这个大山坡建豪华商厦的先决条件是同意保护这棵老树。

　　树长在半山坡上，计划将树下面的成千上万吨山石全部掏空⑧取走，腾出地方来盖楼。

把树架在大楼上面,仿佛它原本是长在楼顶上似的⑨。建设者就地造了一个直径十八米、深十米的大花盆,先固定好这棵老树,再在大花盆底下盖楼,光这一项就花了两千三百八十九万港币,堪称⑩是最昂贵的保护措施了。

太古大厦落成之后,人们可以乘⑪滚动扶梯一次到位,来到太古大厦的顶层。出后门,那儿⑫是一片自然景色。一棵大树出现在人们面前,树干⑬有一米半粗,树冠⑭直径足有二十多米,独木成林,非常壮观,形成一座以它为中心的小公园,取名叫"榕圃"⑮。树前面//插着铜牌,说明原由。此情此景,如不看铜牌的说明,绝对想不到巨树根底下还有一座宏伟的现代大楼。

(节选自舒乙《香港:最贵的一棵树》)

语音提示

① 湾仔	wānzǎi	⑨ 似的	shì·de
② 热闹	rè·nao	⑩ 堪称	kānchēng
③ 地方	dì·fang	⑪ 乘	chéng
④ 都	dōu	⑫ 那儿	nàr
⑤ 这儿	zhèr	⑬ 树干	shùgàn
⑥ 挪	nuó	⑭ 树冠	shùguān
⑦ 合同	hé·tong	⑮ 榕圃	róngpǔ
⑧ 掏空	tāokōng		

作品48号

我们①的船渐渐②地逼近榕树了。我有机会看清它的真面目③:是一棵大树,有数不清的丫枝④,枝上又生根,有许多根一直垂到地上,伸进泥土里。一部分⑤树枝垂到水面,从远处看,就像一棵大树斜躺在水面上一样。

现在正是枝繁叶茂的时节。这棵榕树好像在把它的全部生命力展示给我们看。那么多的绿叶,一簇⑥堆在另一簇的上面,不留一点儿缝隙⑦。翠绿的颜色明亮地在我们的眼前闪耀,似乎⑧每一片树叶上都有一个新的生命在颤动⑨,这美丽的南国的树!

船在树下泊⑩了片刻,岸上很湿,我们没有上去。朋友⑪说这里是"鸟的天堂",有许多鸟在这棵树上做窝,农民不许人去捉它们。我仿佛⑫听见几只鸟扑翅的声音,但是等到我的眼睛⑬注意地看那里时,我却看不见一只鸟的影子。只有无数的树根立在地上,像许多根木桩。地是湿的,大概涨潮⑭时河水常常冲上岸去。"鸟的天堂"里没有一只鸟,我这样想道。船开了,一个朋友拨着船,缓缓地流到河中间去。

第二天,我们划着船到一个朋友的家乡去,就是那个有山有塔的地方⑮。从学校出发,我们又经过那"鸟的天堂"。

这一次是在早晨,阳光照在水面上,也照在树梢上。一切都//显得非常光明。我们的船也在树下泊了片刻。

起初四周围非常清静。后来忽然起了一声鸟叫。我们把手一拍,便看见一只大鸟飞了起来,接着又看见第二只,第三只。我们继续拍掌,很快地这个树林就变得很热闹⑯了。到处都是鸟声,到处都是鸟影。大的,小的,花的,黑的,有的站在枝上叫,有的飞起来,在扑翅膀。

(节选自巴金《鸟的天堂》)

语音提示

① 我们	wǒ·men		⑨ 颤动	chàndòng
② 渐渐	jiànjiàn		⑩ 泊	bó
③ 面目	miànmù		⑪ 朋友	péng·you
④ 丫枝	yāzhī		⑫ 仿佛	fǎngfú
⑤ 部分	bù·fen		⑬ 眼睛	yǎn·jing
⑥ 簇	cù		⑭ 涨潮	zhǎngcháo
⑦ 缝隙	fèngxì		⑮ 地方	dì·fang
⑧ 似乎	sìhū		⑯ 热闹	rè·nao

作品49号

有这样一个故事①。

有人问:世界上什么②东西③的气力最大?回答纷纭得很,有的说"象",有的说"狮",有人开玩笑似的④说:是"金刚",金刚有多少气力,当然大家全不知道。

结果,这一切答案完全不对,世界上气力最大的,是植物的种子⑤。一粒种子所可以显现出来的力,简直是超越一切。

人的头盖骨,结合⑥得非常致密与坚固,生理学家和解剖⑦学者用尽了一切的方法,要把它完整地分出来,都没有这种力气。后来忽然有人发明了一个方法,就是把一些植物的种子放在要剖析⑧的头盖骨里,给它以温度与湿度,使它发芽,一发芽,这些种子便以可怕的力量,将一切机械力所不能分开的骨骼⑨,完整地分开了。植物种子的力量之大,如此如此。

这,也许特殊⑩了一点儿,常人不容易理解,那么,你看见过笋的成长吗?你看见过被压在瓦砾⑪和石块下面的一棵小草的生长吗?它为着向往阳光,为着达成它的生之意志,不管上面的石块如何重,石与石之间如何狭,它必定要曲曲折折⑫地,但是顽强不屈地透到地面上来,它的根往土壤钻,它的芽往地面挺,这是一种不可抗拒的力,阻止它的石块,结果⑬也被它掀翻⑭,一粒种子的力量之大,∥如此如此。

没有一个人将小草叫做"大力士",但是它的力量之大,的确⑮是世界无比。这种力,是一般人看不见的生命力。只要生命存在,这种力就要显现。上面的石块,丝毫不足以阻挡。因为⑯它是一种"长期抗战"的力;有弹性,能屈能伸的力;有韧性,不达目的⑰不止的力。

(节选自夏衍《野草》)

语音提示

① 故事　　gù·shi
② 什么　　shén·me
③ 东西　　dōng·xi
④ 似的　　shì·de
⑤ 种子　　zhǒng·zi
⑥ 结合　　jiéhé
⑦ 解剖　　jiěpōu
⑧ 剖析　　pōuxī
⑨ 骨骼　　gǔgé
⑩ 特殊　　tèshū
⑪ 瓦砾　　wǎlì
⑫ 曲曲折折　qūqūzhézhé
⑬ 结果　　jiéguǒ
⑭ 掀翻　　xiānfān
⑮ 的确　　díquè
⑯ 因为　　yīn·wèi
⑰ 目的　　mùdì

作品 50 号

著名教育家班杰明曾经接到一个青年人的求教电话,并与那个向往成功、渴望指点的青年人约好了见面的时间和地点。

待那位青年如约而至时,班杰明的房门敞开①着,眼前的景象却令青年人颇感意外——班杰明的房间里乱七八糟、狼藉②一片。

没等青年人开口,班杰明就招呼③道:你看我这房间,太不整洁了,请你在门外等候一分钟,我收拾④一下,你再进来吧。一边说着,班杰明就轻轻关上了房门。

不到一分钟的时间,班杰明就又打开了房门并热情地把青年人让进客厅。这时,青年人的眼前展现出另一番景象——房间内的一切已变得井然有序,而且有两杯刚刚倒⑤好的红酒,在淡淡的香水气息里还漾⑥着微波⑦。

可是,没等青年人把满腹的有关人生和事业的疑难问题向班杰明讲出来,班杰明就非常客气地说道:"干杯。你可以走了。"

青年人手持酒杯一下子⑧愣住⑨了,既尴尬⑩又非常遗憾地说:"可是,我……我还没向您请教呢……"

"这些……难道还不够吗?"班杰明一边微笑着,一边扫视着自己的房间,轻言细语地说,"你进来又有一分钟了。"

"一分钟……一分钟……"青年人若有所思地说,"我懂了,您让我明白了一分钟的时间可以做许//多事情⑪,可以改变许多事情的深刻道理。"

班杰明舒心地笑了。青年人把杯里的红酒一饮而尽,向班杰明连连道谢后,开心地走了。

其实,只要把握好生命的每一分钟,也就把握了理想的人生。

(节选自纪广洋《一分钟》)

语音提示

① 敞开	chǎngkāi	⑦ 微波	wēibō
② 狼藉	lángjí	⑧ 一下子	yíxià·zi
③ 招呼	zhāo·hu	⑨ 愣住	lèngzhù
④ 收拾	shōu·shi	⑩ 尴尬	gāngà
⑤ 倒	dào	⑪ 事情	shì·qing
⑥ 漾	yàng		

作品 51 号

有个塌鼻子①的小男孩儿②,因为③两岁时得过脑炎,智力受损,学习起来很吃力。打个比方④,别人写作文能写二三百字,他却只能写三五行。但即便⑤这样的作文,他同样能写得很动人。

那是一次作文课,题目是《愿望》。他极其认真地想了半天,然后极认真地写,那作文极短。只有三句话:我有两个愿望,第一个是,妈妈⑥天天笑眯眯地看着我说:"你真聪明⑦。"第二个是,老师天天笑眯眯地看着我说:"你一点儿⑧也不笨。"

于是,就是这篇作文,深深地打动了他的老师,那位妈妈式的老师不仅给了他最高分,在班上带感情地朗读了这篇作文,还一笔一画地批道:你很聪明,你的作文写得非常感人,请放心,妈妈肯定会格外喜欢你的,老师肯定会格外喜欢你的,大家肯定会格外喜欢你的。

捧着作文本,他笑了,蹦蹦跳跳地回家了,像只喜鹊⑨。但他并没有把作文本拿给妈妈看,他是在等待,等待着一个美好的时刻。

那个时刻终于到了,是妈妈的生日⑩——一个阳光灿烂⑪的星期天:那天,他起得特别早,把作文本装在一个亲手做的美丽的大信封里,等着妈妈醒来。妈妈刚刚睁眼醒来,他就笑眯眯地走到妈妈跟前说:"妈妈,今天是您的生日,我要//送给您一件礼物。"

果然,看着这篇作文,妈妈甜甜地涌出了两行⑫热泪,一把搂住小男孩儿,搂得很紧很紧。

是的,智力可以受损,但爱永远不会。

(节选自张玉庭《一个美丽的故事》)

语音提示

① 鼻子	bí·zi	⑦ 聪明	cōng·míng
② 男孩儿	nánháir	⑧ 一点儿	yìdiǎnr
③ 因为	yīn·wèi	⑨ 喜鹊	xǐquè
④ 比方	bǐ·fang	⑩ 生日	shēng·rì
⑤ 即便	jíbiàn	⑪ 灿烂	cànlàn
⑥ 妈妈	mā·ma	⑫ 行	háng

作品52号

小学的时候①,有一次我们②去海边远足,妈妈③没有做便饭,给了我十块钱买午餐。好像走了很久,很久,终于到海边了,大家坐下来便吃饭,荒凉的海边没有商店,我一个人跑到防风林外面去,级任老师要大家把吃剩的饭菜分给我一点儿④。有两三个男生留下一点儿给我,还有一个女生,她的米饭拌了酱油,很香。我吃完的时候,她笑眯眯⑤地看着我,短头发⑥,脸圆圆的。

她的名字⑦叫翁香玉。

每天放学的时候,她走的是经过我们家的一条小路,带着一位比她小的男孩儿⑧,可能是弟弟⑨。小路边是一条清澈⑩见底的小溪,两旁竹阴覆盖,我总是远远地跟在她后面,夏日的午后特别炎热,走到半路她会停下来,拿手帕⑪在溪水里浸湿,为小男孩儿擦脸。我也在后面停下来,把肮脏⑫的手帕弄⑬湿了擦脸,再一路远远跟着她回家。

后来我们家搬到镇上去了,过几年我也上了中学。有一天放学回家,在火车上,看见斜对面一位短头发、圆圆脸的女孩儿,一身素净⑭的白衣黑裙。我想她一定不认识⑮我了。火车很快到站了,我随着人群挤向门口,她也走近了,叫我的名字。这是她第一次和我说话。

她笑眯眯的,和我一起走过月台。以后就没有再见过//她了。

这篇文章收在我出版的《少年心事》这本书里。

书出版后半年,有一天我忽然收到出版社转来的一封信,信封上是陌生⑯的字迹⑰,但清楚地写着我的本名。

信里面说她看到了这篇文章心里非常激动,没想到在离开家乡,漂泊⑱异地这么⑲久之后,会看见自己仍然⑳在一个人的记忆里,她自己也深深记得这其中的每一幕,只是没想到越过遥远的时空,竟然另一个人也深深记得。

(节选自苦伶《永远的记忆》)

语音提示

① 时候	shí·hou	⑪ 手帕	shǒupà
② 我们	wǒ·men	⑫ 肮脏	āngzāng
③ 妈妈	mā·ma	⑬ 弄	nòng
④ 一点儿	yìdiǎnr	⑭ 素净	sù·jing
⑤ 笑眯眯	xiàomīmī	⑮ 认识	rèn·shi
⑥ 头发	tóu·fa	⑯ 陌生	mòshēng
⑦ 名字	míng·zi	⑰ 字迹	zìjì
⑧ 男孩儿	nánháir	⑱ 漂泊	piāobó
⑨ 弟弟	dì·di	⑲ 这么	zhè·me
⑩ 清澈	qīngchè	⑳ 仍然	réngrán

作品 53 号

在繁华的巴黎大街的路旁,站着一个衣衫褴褛①、头发②斑白、双目失明的老人。他不像其他乞丐③那样伸手向过路行人乞讨,而是在身旁立一块木牌,上面写着:"我什么④也看不见!"街上过往的行人很多,看了木牌上的字都无动于衷,有的还淡淡一笑,便姗姗⑤而去了。

这天中午,法国著名诗人让·彼浩勒也经过这里。他看看木牌上的字,问盲老人:"老人家⑥,今天上午有人给你钱吗?"

盲老人叹息着回答:"我,我什么也没有得到。"说着,脸上的神情非常悲伤。

让·彼浩勒听了,拿起笔悄悄地在那行字的前面添上了"春天到了,可是"几个字,就匆匆地离开了。

晚上⑦,让·彼浩勒又经过这里,问那个盲老人下午的情况。盲老人笑着回答说:"先生,不知为什么,下午给我钱的人多极了!"让·彼浩勒听了,摸着胡子⑧满意地笑了。

"春天到了,可是我什么也看不见!"这富有诗意的语言,产生这么大的作用,就在于它有非常浓厚的感情色彩。是的,春天是美好的,那蓝天白云,那绿树红花,那莺歌燕舞,那流水人家⑨,怎么⑩不叫人陶醉呢?但这良辰美景,对于一个双目失明的人来说,只是一片漆黑。当人们⑪想到这个⑫盲老人,一生中竟连万紫千红的春天//都不曾看到,怎能不对他产生同情之心呢?

(节选自小学《语文》第六册中《语言的魅力》)

语音提示

① 褴褛　　lánlǚ　　　　⑦ 晚上　　wǎn·shang
② 头发　　tóu·fa　　　　⑧ 胡子　　hú·zi
③ 乞丐　　qǐgài　　　　⑨ 人家　　rénjiā
④ 什么　　shén·me　　　⑩ 怎么　　zěn·me
⑤ 姗姗　　shānshān　　　⑪ 人们　　rén·men
⑥ 老人家　lǎo·ren·jiā　⑫ 这个　　zhè·ge

作品 54 号

有一次,苏东坡的朋友张鹗①拿着一张宣纸来求他写一幅字,而且希望他写一点儿②关于养生方面的内容。苏东坡思索了一会儿③,点点头说:"我得到了一个养生长寿古方,药只有四味,今天就赠给你吧。"于是,东坡的狼毫在纸上挥洒起来,上面写着:"一曰④无事以当⑤贵,二曰早寝⑥以当富,三曰安步以当车,四曰晚食以当肉。"

这哪里有药?张鹗一脸茫然地问。苏东坡笑着解释说,养生长寿的要诀,全在这四句里面。

所谓"无事以当贵",是指人不要把功名利禄⑦、荣辱过失考虑得太多,如能在情志上潇洒大度,随遇而安,无事以求,这比富贵更能使你终其天年。

"早寝以当富",指吃好穿好、财货充足,并非就能使你长寿。对老年人来说,养成良好的起居习惯,尤其是早睡早起,比获得⑧任何财富更加宝贵。

"安步以当车",指人不要过于讲求安逸⑨、肢体不劳,而应多以步行来替代骑马乘⑩车,多运动才可以强健体魄,通畅气血⑪。

"晚食以当肉",意思是人应该用已饥方食、未饱先止代替对美味佳肴⑫的贪吃无厌。他进一步解释,饿了以后才进食,虽然是粗茶淡饭,但其香甜可口会胜过山珍;如果饱了还要勉强吃,即使美味佳肴摆在眼前也难以//下咽⑬。

苏东坡的四味"长寿药",实际上是强调了情志、睡眠、运动、饮食四个方面对养生长寿的重要性,这种养生观点即使在今天仍然值得借鉴。

(节选自蒲昭和《赠你四味长寿药》)

语音提示

① 鹗	è	⑧ 获得	huòdé
② 一点儿	yìdiǎnr	⑨ 安逸	ānyì
③ 一会儿	yíhuìr	⑩ 乘	chéng
④ 曰	yuē	⑪ 气血	qìxuè
⑤ 当	dàng	⑫ 肴	yáo
⑥ 寝	qǐn	⑬ 下咽	xiàyàn
⑦ 利禄	lìlù		

作品55号

人活着,最要紧的是寻觅①到那片代表着生命绿色和人类希望的丛林,然后选一高高的枝头②站在那里观览人生,消化痛苦,孕育歌声,愉悦世界!

这可真是一种潇洒的人生态度,这可真是一种心境爽朗的情感风貌。

站在历史的枝头微笑,可以减免许多烦恼。在那里,你可以从众生相③所包含的甜酸苦辣、百味人生中寻找你自己;你境遇中的那点儿④苦痛,也许相比之下,再也难以占据⑤一席之地;你会较⑥容易地获得⑦从不悦中解脱灵魂的力量,使之不致变得灰色。

人站得高些,不但能有幸早些领略到希望的曙光,还能有幸发现生命的立体的诗篇。每一个人的人生,都是这诗篇中的一个词、一个句子或者一个标点。你可能没有成为一个美丽的词、一个引人注目的句子、一个惊叹号,但你依然是这生命的立体诗篇中的一个音节、一个停顿、一个必不可少的组成部分⑧。这足以使你放弃前嫌,萌生为人类孕育新的歌声的兴致,为世界带来更多的诗意。

最可怕的人生见解,是把多维的生存图景看成平面。因为那平面上刻下的大多是凝固了的历史——过去的遗迹⑨;但活着的人们⑩,活得却是充满着新生智慧的,由//不断逝去⑪

的"现在"组成的未来。人生不能像某些鱼类躺着游,人生也不能像某些兽类爬着走,而应该站着向前行,这才是人类应有的生存姿态。

[节选自(美)本杰明·拉什《站在历史的枝头微笑》]

语音提示

① 寻觅	xúnmì	⑦ 获得	huòdé
② 枝头	zhītóu	⑧ 部分	bù·fen
③ 众生相	zhòngshēngxiàng	⑨ 遗迹	yíjì
④ 点儿	diǎnr	⑩ 人们	rén·men
⑤ 占据	zhànjù	⑪ 逝去	shìqù
⑥ 较	jiào		

作品 56 号

中国的第一大岛、台湾省的主岛台湾,位于中国大陆架的东南方,地处东海和南海之间,隔①着台湾海峡和大陆相望。天气晴朗的时候,站在福建沿海较②高的地方③,就可以隐隐约约地望见岛上的高山和云朵。

台湾岛形状狭长④,从东到西,最宽处只有一百四十多公里;由南至北,最长的地方约有三百九十多公里。地形像一个纺织用的梭子⑤。

台湾岛上的山脉⑥纵贯南北,中间的中央山脉犹如全岛的脊梁⑦。西部为海拔近四千米的玉山山脉,是中国东部的最高峰。全岛约有三分之一的地方是平地,其余为山地。岛内有缎带般的瀑布⑧、蓝宝石似的⑨湖泊⑩,四季常青的森林和果园自然景色,十分优美。西南部的阿里山和日月潭,台北市郊的大屯山风景区,都是闻名世界的浏览胜地。

台湾岛地处⑪热带和温带之间,四面环海,雨水充足,气温受到海洋的调剂⑫,冬暖夏凉,四季如春,这给水稻和果木生长提供了优越的条件。水稻、甘蔗⑬、樟脑是台湾的"三宝"。岛上还盛产⑭鲜果和鱼虾。

岛上还是一个闻名世界的"蝴蝶王国"。岛上的蝴蝶共有四百多个品种,其中有不少是世界稀有的珍贵品种。岛上还有不少鸟语花香的蝴//蝶谷,岛上居民利用蝴蝶制作的标本和艺术品,远销许多国家。

(节选自《中国的宝岛——台湾》)

语音提示

① 隔	gé	⑤ 梭子	suō·zi
② 较	jiào	⑥ 山脉	shānmài
③ 地方	dì·fang	⑦ 脊梁	jǐ·liang
④ 狭长	xiácháng	⑧ 瀑布	pùbù

⑨ 似的	shì·de	⑫ 调剂	tiáojì
⑩ 湖泊	húpō	⑬ 甘蔗	gān·zhe
⑪ 地处	dìchǔ	⑭ 盛产	shèngchǎn

作品57号

对于中国的牛，我有着一种特别尊敬的感情。

留给我印象最深的，要算在田垄①上的一次"相遇"。

一群朋友②郊游，我领头在狭窄③的阡陌④上走，怎料迎面来了几头耕牛，狭道容不下人和牛，终有一方要让路。它们⑤还没有⑥走近，我们已经预计斗不过畜生⑦，恐怕难免踩到田地泥水里，弄⑧得鞋袜又泥又湿了。正踟蹰⑨的时候，带头的一只牛，在离我们不远的地方⑩停下来，抬起头看看⑪，稍迟疑一下，就自动走下田去。一队耕牛，全跟着它离开阡陌，从我们身边经过。

我们都呆⑫了，回过头来，看着深褐色⑬的牛队，在路的尽头⑭消失，忽然觉得⑮自己受了很大的恩惠。

中国的牛，永远沉默地为人做着沉重的工作。在大地上，在晨光或烈日下，它拖着沉重的犁，低头一步又一步，拖出了身后一列又一列松土，好让人们⑯下种⑰。等到满地金黄或农闲时候⑱，它可能还得⑲担当搬运负重的工作；或终日绕⑳着石磨㉑，朝同一方向，走不计程的路。

在它沉默的劳动中，人便得到应得的收成㉒。

那时候，也许，它可以松一肩重担，站在树下，吃几口嫩草。偶尔㉓摇摇尾巴㉔，摆摆耳朵㉕，赶走飞附身上的苍蝇㉖，已经算是它最闲适的生活了。

中国的牛，没有成群奔跑的习//惯，永远诚诚实实地、默默地工作，平心静气。这就是中国的牛。

(节选自小思《中国的牛》)

语音提示

① 田垄	tiánlǒng	⑩ 地方	dì·fang
② 朋友	péng·you	⑪ 看看	kàn·kan
③ 狭窄	xiázhǎi	⑫ 呆	dāi
④ 阡陌	qiānmò	⑬ 褐色	hèsè
⑤ 他们	tā·men	⑭ 尽头	jìntóu
⑥ 没有	méi·yǒu	⑮ 觉得	jué·de
⑦ 畜生	chù·sheng	⑯ 人们	rén·men
⑧ 弄	nòng	⑰ 下种	xiàzhǒng
⑨ 踟蹰	chíchú	⑱ 时候	shí·hou

⑲ 得	děi		㉓ 偶尔	ǒu'ěr
⑳ 绕	rào		㉔ 尾巴	wěi·ba
㉑ 石磨	shímò		㉕ 耳朵	ěr·duo
㉒ 收成	shōu·cheng		㉖ 苍蝇	cāng·ying

作品 58 号

不管我的梦想能否成为事实,说出来总是好玩儿①的:

春天,我将要住在杭州。二十年前,旧历的二月初,在西湖我看见了嫩柳与菜花,碧浪与翠竹。由我看到的那点儿②春光,已经可以断定,杭州的春天必定会教③人整天生活在诗与图画之中。所以,春天我的家应当是在杭州。

夏天,我想青城山应当算作最理想的地方④。在那里,我虽然只住过十天,可是它的幽静已拴住了我的心灵。在我所看见过的山水中,只有这里没有使我失望。到处都是绿,目之所及,那片淡而光润的绿色都在轻轻地颤动⑤,仿佛⑥要流入空中与心中似的⑦。这个绿色会像音乐,涤⑧清了心中的万虑。

秋天一定要住北平。天堂是什么⑨样子⑩,我不知道,但是从我的生活经验去判断,北平之秋便是天堂。论天气,不冷不热。论吃的,苹果、梨、柿子⑪、枣儿⑫、葡萄,每样都有若干种。论花草,菊花种类之多,花式之奇,可以甲天下。西山有红叶可见,北海可以划船——虽然荷花已残,荷叶可还有一片清香。衣食住行,在北平的秋天,是没有⑬一项不使人满意的。

冬天,我还没有打好主意⑭,成都或者相当的合适,虽然并不怎样⑮和暖,可是为了水仙,素心腊梅,各色的茶花,仿佛就受一点儿⑯寒//冷,也颇值得去了。昆明的花也多,而且天气比成都好,可是旧书铺⑰与精美而便宜⑱的小吃远不及成都那么多。好吧,就暂时这么规定:冬天不住成都便住昆明吧。

在抗战中,我没能发了国难⑲财。我想,抗战结束以后,我必能阔起来。那时候,假若飞机减价,一二百元就能买一架的话,我就自备一架,择黄道吉日慢慢地飞行。

(节选自老舍《住的梦》)

语音提示

① 好玩儿	hǎowánr		⑦ 似的	shì·de
② 点儿	diǎnr		⑧ 涤	dí
③ 教	jiào		⑨ 什么	shén·me
④ 地方	dì·fang		⑩ 样子	yàng·zi
⑤ 颤动	chàndòng		⑪ 柿子	shì·zi
⑥ 仿佛	fǎngfú		⑫ 枣儿	zǎor

⑬ 没有	méi·yǒu		⑰ 书铺	shūpù
⑭ 主意	zhǔ·yi		⑱ 便宜	pián·yi
⑮ 怎样	zěnyàng		⑲ 国难	guónàn
⑯ 一点儿	yìdiǎnr			

作品 59 号

我不由得①停住了脚步。

从未见过开得这样盛②的藤萝,只见一片辉煌的淡紫色,像一条瀑布③,从空中垂下,不见其发端④,也不见其终极,只是深深浅浅的紫,仿佛在流动,在欢笑,在不停地生长。紫色的大条幅上,泛着点点银光,就像迸溅⑤的水花。仔细看时,才知那是每一朵紫花中的最浅淡的部分⑥,在和阳光相挑逗⑦。

这里除了光彩,还有淡淡的芳香。香气似乎⑧也是浅紫色的,梦幻一般轻轻地笼罩⑨着我。忽然记起十多年前,家门外也曾有过一大株紫藤萝,它依傍⑩一株枯槐爬得很高,但花朵从来都稀落,东一穗西一串伶仃⑪地挂在树梢,好像在察言观色,试探什么⑫。后来索性连那稀零的花串也没有了。园中别的紫藤花架也都拆掉,改种了果树。那时的说法⑬是,花和生活腐化有什么必然关系。我曾遗憾地想:这里再看不见藤萝花了。

过了这么⑭多年,藤萝又开花了,而且开得这样盛,这样密,紫色的瀑布遮住了粗壮的盘虬⑮卧龙般的枝干⑯,不断地流着,流着,流向人的心底。

花和人都会遇到各种各样的不幸,但是生命的长河是无止境的。我抚摸⑰了一下那小小的紫色的花舱,那里满装了生命的酒酿⑱,它张满了帆,在这∥闪光的花的河流上航行。它是万花中的一朵,也正是由每一个一朵,组成了万花灿烂⑲的流动的瀑布。

在这浅紫色的光辉和浅紫色的芳香中,我不觉⑳加快了脚步。

（节选自宗璞《紫藤萝瀑布》）

语音提示

① 不由得	bùyóu·de		⑪ 伶仃	língdīng
② 盛	shèng		⑫ 什么	shén·me
③ 瀑布	pùbù		⑬ 说法	shuōfǎ
④ 发端	fāduān		⑭ 这么	zhè·me
⑤ 迸溅	bèngjiàn		⑮ 盘虬	pánqiú
⑥ 部分	bù·fen		⑯ 枝干	zīgàn
⑦ 挑逗	tiǎodòu		⑰ 抚摸	fǔmō
⑧ 似乎	sìhū		⑱ 酒酿	jiǔniàng
⑨ 笼罩	lǒngzhào		⑲ 灿烂	cànlàn
⑩ 依傍	yībàng		⑳ 不觉	bùjué

作品60号

在一次名人访问中,被问及上个世纪最重要的发明是什么①时,有人说是电脑,有人说是汽车,等等。但新加坡的一位知名人士却说是冷气机。他解释,如果没有②冷气,热带地区如东南亚国家,就不可能有很高的生产力,就不可能达到今天的生活水准。他的回答实事求是,有理有据。

看了上述报道,我突发奇想:为什么没有记者问:"世纪最糟糕的发明是什么?"其实2002年10月中旬,英国的一家报纸就评出了"人类最糟糕的发明"。获此"殊荣③"的,就是人们每天大量使用的塑料袋。

诞生于上个世纪三十年代的塑料袋,其家族包括用塑料制成的快餐饭盒、包装纸、餐用杯盘、饮料瓶、酸奶杯、雪糕杯等等。这些废弃物形成的垃圾④,数量多、体积大、重量轻、不降解⑤,给治理工作带来很多技术难题和社会问题。

比如,散落⑥在田间、路边及草丛中的塑料餐盒,一旦被牲畜⑦吞食,就会危及健康甚至导致死亡。填埋废弃塑料袋、塑料餐盒的土地,不能生长庄稼⑧和树木,造成土地板结⑨,而焚烧⑩处理这些塑料垃圾,则会释放出多种化学有毒气体,其中一种称为⑪二噁英⑫的化合物,毒性极大。

此外,在生产塑料袋、塑料餐盒的//过程中使用的氟利昂,对人体免疫系统和生态环境造成的破坏也极为严重。

(节选自林光如《最糟糕的发明》)

语音提示

① 什么	shén·me	⑦ 牲畜	shēngchù
② 没有	méi·yǒu	⑧ 庄稼	zhuāng·jia
③ 殊荣	shūróng	⑨ 板结	bǎnjié
④ 垃圾	lājī	⑩ 焚烧	fénshāo
⑤ 降解	jiàngjiě	⑪ 称为	chēngwéi
⑥ 散落	sànluò	⑫ 二噁英	èr'èyīng

第六章 普通话的口语表达

第一节 说话技能的培训

当今时代对于人才素质的一个基本要求,就是要具有较强的交流信息的口头表达能力。学生能说会道,是时代发展的要求。培养学生"说"的能力,是教育教学面临的一项紧迫任务。用普通话进行口语交流更是我们说好普通话的最高境界。

一、说话能力培训的意义

生活中,我们每天都在说话,都在使用语言,但是,大多是应答式的简短的话语。如果要求说整段整篇的"话",而且要说得既准确达意,又流利自然,词汇、语法规范,就不是一件容易的事了。这就需要进行"说话"训练,以提高我们的说话能力。

1. 说话的含义及类型

说话是人们为了达到交际目的,运用有声语言交流思想、表达感情、传递信息的一种言语实践活动。说话是人类独有的交流思想、传达感情的交际手段。一个具有口头交际能力的人,离开了说话,简直无法生活。因此,说话被认为是人们相互之间进行交际的第一工具。

说话的种类很多,根据不同标准,可分为不同类型。

根据说话的场合,可分为问答式、解说式、演讲式、辩论式、讨论式、报告式、即兴发言式等;根据说话的内容,可分为复述、转述、看图说话、讲故事、发表评论等;根据有无底稿,可分为有文字凭借表述和无文字凭借表述;等等。

2. 提高说话能力的作用

(1)更快地适应现代社会发展的需求。当前,人们所处的时代是一个快速发展的高效率、快节奏的信息时代,要跟上时代的发展,适应现代社会的快节奏,不被时代所淘汰,说话就要简明扼要,清晰准确,言之有物,用最短的时间把最主要的内容说出来,提高表达的效果。同时,良好的说话能力还是现代社会从业人员必备的素质。我们知道,当代青年求职谋事,几乎所有的用人单位都要进行面试,特别是一些与说话关系密切的行业,如教师、律师、公务员、营销员、导游以及一些窗口服务行业,都对说话能力提出了更高的要求,特别看重应试人员的说话能力。有些学习成绩优秀的青年,因为"肚里有货倒不出"而失去就业的机会。事实上,说话能力的重要作用已经渗透到当代生活的各个领域,良好的说话能力是适应现代社会发展需要的一项基本技能。

（2）较好地提高交际沟通的水平。我们每天都在说话，与不同的人打交道，社会生活中的人际交往可谓方方面面，牵涉家庭关系、同事关系、朋友关系、上下级关系等。说话是一个人的人格、修养、交际能力等因素的综合体现，并不是每个人、每次说话都能把话说得清楚明白、自然得体的。说话水平高，交际能力就强。同样的意思，如果你表述得体，让别人听着舒服、顺耳，你就容易交际成功，把事情办好；反之，就会把事情办糟。

（3）有助于提升思维能力。语言和思维有着密不可分的关系，它是思想的直接表达形式。训练说话，最根本的就是训练思维能力。一个思维敏捷、逻辑性强的人，说起话来总是主次分明、层次清晰。思维能力提高了，说话能力也就提高了。思维和语言能力的提高是相辅相成的。要想提高思维能力，就要训练自己的说话能力。这样，思维能力就会在不断进行的语言实践过程中得到充分发展。

二、说话能力培训的标准

1. 半脱稿说话

初级标准：

（1）能以间歇看稿的方式作忠实于原稿的表述。

（2）语感层次清楚，不重复、不拖沓。

（3）表情、语调均比较自然。

中级标准：

（1）表述时能保持与听众的交流，只在要点处或分层次结合处偶尔看稿，且次数少。

（2）能注意语音的抑扬顿挫，语速缓急、情感表达适度准确。

（3）能利用语音的适当调节变化，积极主动地控制听众的情绪。

高级标准：

（1）能始终注意保持与听众的交流，只凭眼角余光扫描即可进行条理清晰且忠于原意的表述，扫描次数不太多。

（2）表述中能有效地利用声调、轻重、停顿、节奏等方面的变化即时插话，主动有效地控制现场的整体氛围。

（3）表述中能有一定量的态势语言作配合，以强化语言表述的效果。

2. 全脱稿说话

初级标准：

（1）能作完整的背诵式复述，重复、支吾少。

（2）语言比较流畅、自然。

（3）能用相应的态势语言配合表述。

中级标准：

（1）能准确地复述文字内容，无重复、支吾。

（2）能自我设计出与表述内容相应配套的态势语言，运用自如、适度。

（3）有一定的应变能力，能对表述中的意外情况或事故做出有效的掩饰或补救。

高级标准：

（1）能准确无误地复述文字底稿，且对语音的抑扬顿挫、语调的轻重缓急、抒情的起伏幅度准确把握,表述中句式感、段落感、层次感强。

(2)能主动积极地与听众保持交流,且能根据听众的情绪对表述的内容适当地做不损害原意的增删调整。

(3)具有相当的应变能力,对多种意外情况能进退自如,应付从容。

3. 无文字底稿的即兴说话

初级标准:

(1)能围绕命题中心进行表述,重复、拖沓、啰唆较少。

(2)表述中能辅之以一定的态势语言,很少或者没有搔头、摩脸、摸下巴等多余的动作。

(3)语言表述比较流畅自然,病句较少。

中级标准:

(1)能围绕命题进行表述,不遗漏要点,不蔓生话题。

(2)句、段表述语意完整,停顿合理。能针对听众的情绪变化迅速作出相应的反应,并能将听众的情绪置于自己语言魅力的控制之下。

高级标准:

(1)能紧扣命题进行流畅表述,句、段表述语意完整,停顿合理。

(2)能张弛有度地有效控制听众情绪,并能以适度的幽默调节双方的情绪。

(3)表述时能有适度的态势语言配合,肢体较放松、不僵硬,面部表情自如。

三、说话能力培训的要求

1. 语言规范

要求表达中语言的发音正确,不使用方言的语音系统来表达,没有口头禅。说话者表情达意的语言应符合现代汉语的语法规范,即不说破句子,语序合乎语法规则,不随意颠倒,尽量不使用方言词汇。

2. 吐字流畅

要求发声时气息通畅,更要求吐字准确,表述内容句式完整,没有因不合逻辑规则、不合约定俗成模式的停顿等造成的病句,没有使人产生歧义理解等情况。

3. 构想周密

要求说话者对话题进行全面深刻的理解与把握。在说话前要构思先说什么,后说什么,前后内容如何衔接等,要和日常口语交际有所区别。不能像在日常口语交际中一样,东拉西扯、信口开河,以致漏洞百出,前后不关联。

4. 详略得当

要求说话者对话题所涉及的材料依据话题中心进行一定的裁减、取舍。因为在口语表述中,话题内容往往自成一个小系统,而当口语表述有了一定的时限要求后,就要求表述者的语言必须精练,应当详加分析、重点突出,略讲或略去次要的内容,从而保证在单位时间内表达的实际效果。

5. 立论新颖

要求表述者对话题的理解与思考不落"套话"的窠臼。口语交际的主要目的在于交际者双方相互交流有重要价值的新信息。如果说话者的观点落后,思想贫乏,甚至庸俗陈腐,自然是不受听众欢迎的。因此说话者务必注意以不落俗套的新颖别致的立论来取胜。

6. 见解深刻

口语交际成功的秘诀在于是否进行了有价值的信息交流。这就要求在交际中,表述者对其所要表达的内容加以归纳提炼,一方面要立论新颖,另一方面还要杜绝"故作惊人之语"的浮夸之风,杜绝那种貌似新颖而实质上毫无价值的标新立异,力求用立论新颖又见解深刻的观点取得口语交际的成功。

7. 表意准确

口语表述与书面表述实际上并无本质区别,它同样有议论、叙事、抒情、描写、说明等表达方式,也同样要求论证周密、叙事生动、抒情贴切、说明清晰、描写形象。表意准确要求口语表述中正确、合理地使用语法、修辞,因此在表述中应力戒似是而非、含混不清、词不达意、隔靴搔痒等现象。

8. 反应敏捷

要求表述者的思维反应敏捷。一是在单向表述中迅速地对话题完成思考和建构,以及快捷地由中枢神经向发声器官传导信息,要求思考与表述"接近同步",要避免那种"茶壶里煮饺子——有货倒不出"的情况。二是在双向交流过程中,对对方表述的内容反应敏捷,这又有两层含义:①对对方表述的内容准确把握,②对对方的表述迅速做出赞成、反对或是委婉含蓄等反应。

9. 表情自然

要求表述者的面部表情和眼神在口语交际中有机配合。在日常口语交际中,人们总是自觉不自觉地调动面部表情和眼神来配合语言表述,以增强表达的感染力。在特定的口语表述中,不仅要求表述者语言表述中表情、眼神自然不做作,还要求其在调动表情、眼神作"感情投入"时对"度"的把握准确而有分寸。

10. 态势得体

在日常口语交际中,态势动作和面部表情、眼神一样,也是强化语言表述效果的非语言因素的重要成分。即使是没有受过系统训练的人,在日常口语交际中,也常常是在自觉不自觉当中选择着合适的位置和身姿态势,并辅以适当的手势动作。综合起来,对这方面的要求可称之为态势得体。因此,在口语表述中一方面要学会如何自觉地运用态势动作,另一方面在表述中要对态势的得体进行"度"的把握。

四、说话的分类训练

(一) 表达方式的训练

1. 叙述

叙述,就是把人物活动的经历、事件经过的情况述说出来的一种表达方式。它是说话最基本的表达方式,用途很广。

叙述的基本要求是明白、清晰。明白,就是要将人物、事件的有关情况交代清楚,包括时间、地点、人物、事情、起因、结果等。清晰,就是话语的脉络要清楚连贯,要根据叙述对象的情况,确定合适的线索,将话语各层次有机地串联成一个整体。叙述的线索往往是事情发生推移的时间或空间,也可以是整个活动或事件所关涉的某个物件。

叙述的语句一般多用陈述句,语调应以平直为主,并在平直中求变化,特别是讲叙人物的对话时,要注意抑扬顿挫的不同运用,以增强叙述的生动性。

例如,讲个小故事,以叙述为主要说话方式,清晰、完整地叙述了事情的过程;以时间和动作行为的先后为顺序,语脉清楚;时间、地点、人物、事情、起因、结果也都交代得清楚明白。

2. 描述

描述,就是用形象化的语言对人物、事件或环境进行刻画和描绘。描述的基本要求是绘声绘色,使人如临其境,如闻其声,如见其人。要绘声绘色,首先要具体、形象,比如描述人物,就可以对其肖像、言语、情态、服饰、动作等方面描绘勾画;其次要鲜明、生动,要求在描述时善于抓住事物的突出特征,生动、传神地予以表现。

描述事物要抓住特点,但事物的特点是多方面的,具体描述什么,怎样描述要根据需要选择,也要按一定的顺序进行。例如,"讲讲冬天早晨的雪景"这一话题,可以时间先后为序,通过人物感觉,运用巧妙的修辞手法,真切、细致地描摹冬天早晨的雪景。

3. 说明

说明,就是对事物的性质、状态、特点或用途进行解说。说明的目的在于使人通过说明这一说话方式,能客观鲜明地认识事物。因此,说明时首先必须抓住事物的特征和本质;其次要选择恰当的说明方法;再次就是要安排合理的说明顺序。另外,说明的语言也要准确严密。口头说明中,在说明事物的几个不同特点时,要注意有足够的停顿;说明事物的性状时,要注意修饰语的选择运用,注意运用重音;说到具体数据时,要慢吐重说,使人能听得清楚。例如,介绍自己熟悉的一件物品时,主要围绕物品的特征这一中心进行说明,简洁、清晰、明了。说明它对自己的重要性时可以通过数字来证明,要有重音、对比。而对结论,则应该说得客观、庄重、鲜明,以给人深刻的印象。

4. 议论

议论,就是针对事物或问题进行分析、评论,阐明自己的立场和观点的一种表达方式。发表议论,观点要鲜明,论据要充足精当,论证要合乎逻辑。在口头表达中,发表论点时,语气要肯定,语速要慢,以使观点鲜明;运用论据时,语调要平直,节奏分明,以使事实肯定;进行论证时,语调要抑扬错落,语势畅达连贯,以显示内在的逻辑力量。另外,还应适当地利用重音和停顿进行必要的强调;说话时仪态要沉着自信,说得合情合理,以理服人。例如,"谈谈购物的感受"这一话题,首先要明确议论的论点是什么,读时语气要肯定、自信,语速要慢;接下来的论述则要注意语意的连贯、语调的抑扬起伏。

5. 抒情

抒情,就是表达自己对事物的感受,抒发内心的感情。作为一种表达方式,抒情的方法一般有两种,即直接抒情和间接抒情。直接抒情,就是不依托叙述、描写或议论,而是直接表达对人、对事、对物的爱憎情感。间接抒情则是借助人、事、景、物来抒发感情,常同叙述、议论结合在一起。古人云:"感人心者,莫先乎情。"用以抒情的言辞要朴实,语气要恳切,语调要贴切自然。例如,"难忘的旅行"这一话题,可通过对旅行过程的叙述与描写,抒发对人间最朴素真挚的情感——"爱"的赞美之情。集中抒情,真实自然,以小见大,字里行间自有一种淳朴与真诚,说话时应注意对这种人世间最真最美情感的体验和把握。

(二) 交谈的训练

1. 交谈的含义和特点

交谈是人际间交往最直接、最广泛、最简便的言语交往形式。

它的特点是:话题灵活,也就是可以随时灵活地选择或者变换话题;听说兼顾,即交谈是在听与说的相互交替中进行的;口语化,交谈一般是随想随说,不作刻意的修饰,有自然明快的口语特点。

2. 交谈成功的基本要求

(1) 话题要因人而生,因人而异。在交谈时要注意交谈的对象,对交谈对象应有所了解,比如对方的职业和文化水平,对方的性格特点和对方对自己的看法,对方的处境、心境等,在此基础上寻找共同语言或能引起对方兴趣的话题,以保证交谈能顺利进行。

(2) 要把握好交谈地点和交谈时机。交谈时要特别注意环境因素对话题的影响,因为环境和地点影响着交谈对象的心理;另外还应注意把握对方话语的内涵和情态表现,及时觉察对方对话题的反应,以便随时调整、修整话题。

(3) 体态要大方,语调要适当。在语言信息传递过程中,体态语表达着非常丰富的无声语言信息。交谈时的语气、语调,也暗中透露着说话人的态度。因此,交谈中应有意识地注意到这些。跷起"二郎腿"、斜靠在沙发上等体态,说话教训人、吆三喝四等语态,都不利于交谈的进行。

3. 交谈过程中应注意的具体问题

(1) 话题的提出。话题提出的方式是多样的,一般有如下情形:可以直截了当地提出;可以从对方感兴趣的其他方面谈起,然后逐渐过渡到要交谈的话题;可以引而不发,即耐心地用与话题相关、相近的题外话引导对方提出所要交谈的话题。

(2) 话题的展开。展开话题的方法主要有两种。一是会说,要用自己的话语,尽可能地把自己的思想观点、所见所闻谈出来,从而诱发对方的谈兴;二是会听,也就是要及时对对方的话语内容做出反应,并在适当的地方加以诱发引导,使对方尽可能充分、准确地表达自己的思想。

(3) 话题的控制。交谈中如果出现"跑题"现象,就会影响交谈目的的实现。由于交谈时话题具有灵活性、随意性,有时也由于交谈氛围的融洽,常会出现话题偏移等问题,对此,要视交谈对象、场合等情况的不同,采取直接提醒、委婉提示或有意识地从其他话题逐渐过渡到正题的方法,以便及时修正、控制话题,达到交谈的目的。

4. 求职中的交谈

交谈这种话语形式运用得相当广泛,交谈的形式也是多样的,比如拜访、采访、劝说、洽谈、求职等,都是交谈这一话语形式的运用。这里,我们主要说说求职中的"面试"交谈。

求职时的交谈是用人单位对求职者形象仪表、品质素养、业务能力诸方面的直观性检测。对求职者来说,这是一种被动的交谈,但对这样的交谈也可以做一些预测。这种预测包括以下两个方面。

一是对自己的评价准备。主要是了解自己的个性,了解自己更适合做什么工作;把握自己的专长;发现自己的兴趣;关注自己的价值观;注意仪表的整洁得体;进行一定的应聘训练,可以事先定出一些相关问题,例如,你的兴趣和专长,有什么工作目标,对应聘单位和工作了解多少,你的希望和待遇,你从事过哪些社会活动,等等。

二是对应聘单位的了解准备。应聘单位要了解的一般是三个方面的重点情况:首先是你对这个工作的热爱、向往程度;其次是你适不适合做这个工作;再次是你是否有能力做好这个工作。对应聘单位的了解,可以使应聘时的谈话更有针对性,表达更全面、恰当。

求职交谈中,要注意以下问答的技巧:

一是冷静沉着,把握侧重点。要注意听清楚主试者的提问,根据当时的情况迅速确定表述的侧重点,从容作答,沉着应对。

二是创造良好的交谈气氛。交谈中应重视与对方的认同点,尽量与对方保持一致的观点、看法,避免对峙、冲突,以便创造良好的交谈氛围,使交谈得以顺利进行。

三是适度大方得体,表达求职的诚意。交谈时,态度要诚恳,措辞要得当,用语委婉而不隐晦,恭敬而不恭维,自信而不自大。既不能像做行政报告,缺乏热情;也不能过于热情,有讨好之嫌。

四是实事求是,巧妙作答。应多从对方的表述中引申作答,而不节外生枝与对方争论;作答要实事求是,言之有物,要突出自己的优点。

总之,面试交谈有法而无定法,重要的是具体情况具体分析,随机应变。

美国一家辅导求职的公司总裁安妮·韦恩女士说过这样一段发人深思的话:"几乎每个人都能应付求职问答这一关。你要做的就是简单明了地亮出你的有利条件,但绝不要像推销员的样子。要认识自己的优势,自信比别人强。"

(三)即兴演讲训练

1. 即兴演讲的含义和特点

即兴演讲是在特定场景和主题的诱发下,自发或者应别人的要求立即进行的演讲,是一种不凭借文字材料进行表情达意的口语交际活动。它的特点是:

(1)即兴发挥。即兴,顾名思义,就是即时、即情、即景起兴,就是在较短时间内打腹稿,"临阵磨枪"。一般无法事先拟好讲稿或提纲,也不存在推敲、试讲、练习等准备环节,常常是因情、因境、因话题受到触发,即景生情,即兴发挥,意尽而止。

(2)主题集中,篇幅短小。即兴演讲常围绕某个问题讲述自己的观点,或谈一下自己的感想。由于是临时准备、即兴发表的讲话,很难构思出长篇大论来,所以即兴演讲一般主题单一、篇幅短小、时间短暂,有的是几分钟,有的甚至只有寥寥几句。

(3)使用范围广。即兴演讲的使用范围极为广泛,迎来送往、竞选、就职、辞别、答谢、婚丧嫁娶等场合,即兴演讲随处可见。对教师而言,班会、迎新、节日联欢会、毕业典礼等场合,也都用到即兴演讲。可见,加强即兴演讲的实践与表达技巧的训练,是十分重要的。

2. 即兴演讲的技巧

就即兴演讲的准备情况看,有时是预测性准备,比如参加某次会议、某个活动,可以先考虑一下,如果让你讲,该讲些什么;有时是临时性准备,这就需要演讲者有较强的应变能力。要想有一次较成功的演讲,一般要从选材和构思两个方面入手。

(1) 选好演讲的切入点。首先要求演讲者思维敏捷,能根据当时的情景迅速捕捉话题,并筛选与主题有关的材料。就选材而言,一般采用选"点"法。选"点"就是选好沟通演讲者与听众心灵的人或事。选材常用的方法有:以"物"为点;以"环境"为点;以"前者讲话的内容"为点。例如:

1927年9月的一天,向井冈山进军的红军战士忙着给"老表"家挑水。当时部队刚受了挫折,战士们议论纷纷。这时毛泽东同志来到战士中间,大家都热情地围上来请他讲话。毛泽东同志当即分析了受挫折的原因和革命形势。他指着院里的大水缸说:"现在蒋介石好比一只大'水缸',我们红军好比一块'石头','水缸'样子挺大,但经不起石头一击。我们这块小'石头',一定能砸烂蒋介石这只大'水缸'。"

毛泽东同志巧妙地选择了"石头""水缸"为点,分别把它们形象地比喻为"红军""蒋介石",同时又通过"石头"与"水缸"之间的关系来比喻当时的革命形势,深入浅出,通俗易懂,有力地鼓起了战士们的革命斗争士气。

(2) 巧妙构思。即兴演讲虽然是即情即景而发,准备时间短暂,但也可以在讲话前做些应急性的准备,然后依据具体需要迅速进行构思。构思一般采用"连缀"法。"连缀"法就是通过联想,围绕已经选好的"点",把看似孤立的人、事物有机地联系起来,并设法将这种联系上升到某种高度,以表现演讲的主题。

除此之外,构思新巧的方法还有多种:并联式,就是将各点并列在一起,排比成篇,分析其中的关系,得出有意义的认识;对比式,就是将对立的两个点并立在一起,形成强烈的反差,从而深刻地揭示演讲的主题;宝塔式,就是用递进深入的方法把各点连缀起来,使它们成为步步高、层层深的整体。有经验的即兴演讲者习惯以一个模式框架作为依傍,进行快速构思,使自己的表达既符合人们的认识规律,又能引起人们的兴趣。从思考、分析问题的角度看,我们可以从改变视角、同类比较、逆向反推、谐音曲解、比喻说理等方面来进行巧妙构思,具体选用哪种思路、方法,要看情况灵活运用。如《晏子使楚》故事中的晏子就是采用改变视角、"以其人之道还治其人之身"的方法来即兴演讲的。他从一个新的角度去组织话语,辩倒对方,收到了一种预想不到的表达效果。

(四) 论辩的训练

1. 论辩的含义和特点

论辩是"确定某一思想是否正确"的思维表达过程。马克思说:"真理是由争论确立的。"论辩的过程就是宣传真理、分析错误、批驳谬误的过程。在外交上、法庭上、学术上,常要用到论辩这种表达方式。如果掌握了这种技巧,对阐发原理、讲清道理、分析错误,都会有极大的帮助。

论辩的特点是:对立性、逻辑性、应变性。观点针锋相对是论辩的突出特点,其目的就是要有力地说服对方或驳倒对方。

论辩与论辩比赛是不同的。论辩比赛也叫辩论赛,是两支辩论队在事先规定人数、规定程序、规定题目、规定时间的情况下,按照抽签所规定的各自立场,通过交替发言,论证本方观点、攻击对方观点,最后通过评委打分来决定胜负的一种语言表达方式。论辩的目的则在于探求真理、批驳谬误,它可以用口头语言或书面语言进行,参加论辩的可以是观点的对立双方,也可以是意见不同的许多方面。辩论赛则是确证自己观点的思维表述,必须以口语的形式进行,而且一场辩论赛只能是两支队伍参加。它是论辩的一种训练方式,目的在于训练思维和表达能力,训练掌握论辩的技巧和能力。

2. 论辩的技巧

在证明自己观点的时候,立论要正确而适中,观点鲜明;论据要真实而充分,有说服力;论证要科学而严密,逻辑性强。在反驳对方观点的时候,不必面面俱到,可以从论点、论据、论证中的任何破绽入手,抓住本质,都可以击中对方要害。

要想在论辩中灵活自如地运用材料、组织语言战胜对方,就必须掌握一定的论辩技巧。下面我们介绍几种常用的论辩技巧。

(1)直接论辩法。这是论辩中经常采用的论辩方式。它是直接针对某个观点,用摆事实或讲道理的方法来证明论题真假的论辩。常用的推理方式有三段论、选言推理、假言推理、二难推理、归纳推理、类比推理等。例如,文言文《邹忌讽齐王纳谏》中,邹忌从"妻私臣""妾畏臣""客欲有求于臣""皆以美于徐公"一事中,悟出"臣受蔽矣",所以就从齐王的"宫妇左右私王""朝内大臣畏王""四境之内求王"的情况中,类推出"王之蔽甚矣"的结论来。论证严密,言之凿凿,因而此文成了流传古今、脍炙人口的名篇。

(2)反正归谬法。反正归谬法就是为了证明某一论题的虚假,不直接正面论述自己的立论,而是先假设对方论点是正确的,然后以此为据进行推论,最后得出荒谬的结论,从而证明自己观点正确的论辩方法。例如,无政府主义者提出要取消一切权威,那么,我们就按照"取消一切权威"的论点进行推论,比如大家在一条轮船上航行,船遇到了风暴,我们取消了一切权威,船长没有了做出决断的权力,那么,我们会有什么样的结果呢?群龙无首,船翻人亡。从而证明"取消一切权威"这一论点是荒谬的。

(3)淘汰法。淘汰法就是先巧妙地设立一个包含原论题在内、由几个小论题组成的更大的论题,在各种论题或方法的比较中,淘汰了其他小论题,只剩下了原论题,这样原论题的真假也就得到了证实。例如,鲁迅在杂文《拿来主义》一文中,为证明"拿来主义"的正确性,先概括了对待外来文化有四种态度,设立一个大论题,并以继承"大宅子"为例进行了"淘汰法"论辩。这四种态度分别是:"不敢进去""放一把火烧光""进去吸鸦片""拿来"。对前三种,文章用"孱头""昏蛋""废物"等,进行了坚决的否定,所以只能选择"拿来",从而论证了"拿来"是唯一正确的选择。这一成功的论辩,不仅是淘汰法的杰作,同时也是运用喻证法的典范。

另外,还可以采用先发制人、后发制人、四面包围、诱敌深入、针锋相对等方法进行论辩。

(五)口语交际中的心理素质训练

1. 心理素质在口语交际中的重要性

说话是个复杂的生理与心理过程,口语交际中,双方的心理处于互动互变状态。克服心理障碍,具备健全的心理素质,懂得心理沟通的方法,是人际交往获得成功的前提条件。

真诚是高尚人格的体现,也是人际交往中必备的个性心理品质。只有真诚,以心换心,才能使交际双方从心理上确立安全感和信任感,促使交际的深入;所以,真诚是口语交际的前提和基础。

自信是意志和力量的体现,是人们对自我认识感到满意的心理倾向,是口语交际必备的心理素质之一。

2. 口语交际中心理障碍的表现

在口语交际中经常遇到胆怯、自卑、自傲等心理障碍。

(1)胆怯。有些人在陌生人尤其是在众人面前讲话,会出现胆怯心理。他们有时显得目光呆滞,不敢与别人对视;有时面红耳赤、呼吸急促,甚至手腿发抖、语无伦次。一般说来,出于保护自我的本能,青年人初次在陌生人或公众面前说话时,出现轻微的慌张与胆怯,属于正常的心理现象。即使一些著名演讲家,在初练演讲时,也常有胆怯和失败的经历。因此,重要的是要逐步克服胆怯,不能由胆怯而恐惧,再由恐惧而自卑,形成难以扭转的心理定势。

(2)自卑。一位大学生在日记中写道:"在公开场合,我总表现为不安、局促,变得沉默、内向和自卑,心里总觉得有一种恐惧感。我和同宿舍的同学之间关系总处不好,不想同她们说话。我曾几次调换宿舍。但郁闷的心情总摆脱不掉。"这是口语交际中的一种心理障碍——自卑心理的反映,有自卑心理的人,在进行口语交际时,常常会情不自禁地出现脸红心跳、语无伦次、手足无措等现象。如此多次反复,便逐渐强化了怯懦与自卑心理。自卑心理对于口语交际是十分有害的,要逐步克服纠正。

(3)自傲。自傲是一种以自我为中心的心理倾向。在口语交际中表现出自傲心理的人,只把注意力集中在自我身上,他们往往有一定的口语表达基础,但是过高地估计了自己的能力,于是在交际会话中滔滔不绝,自以为是,在交际中高谈阔论,不顾听众情绪,实际上其口语交际的效果并不好。所以,自傲也是应该克服的心理障碍。

3. 口语交际中心理障碍的克服方法

克服口语交际中的胆怯、自卑和自傲等心理障碍,根本在于正确地认识自己和估计自己。同时,还要通过积极的自我暗示进行有意识的口语交际实践,在实践中摆正自己在人际交往中的位置,逐步形成健康的交际心理。同时,心理素质是可以训练的,只要训练方法得当,就能取得较好的效果。

(1)克服紧张情绪、稳定心理的方法。心理训练的要领在于根据造成心理障碍的原因,有针对性地选择训练方法。比如,如果是由于自我分析不当、期望值过高而形成自卑,可采用自我心理暗示法,有意识地做自我心理调节;如果因为性格内向而不爱讲话,或吐字不清、不善讲话而引起胆怯与自卑,则可以采用强化训练法,通过增加实践机会来取得效果。

同陌生人、名人、异性交谈时出现紧张心理,可用自我心理暗示的方法加以调控。比如,可以作这样的暗示:大家都是人,有什么好紧张的。也许他正想同我交谈,难以启齿呢。我作了充分准备,比他有利,交谈一定能成功。这样一想,可以帮助克服紧张心理。

(2)克服自卑、自傲心理的方法。在公开场合发表讲话,如果出现自卑、自傲的心理,请用以下方法做心理调节。

① 直接暗示。直接暗示有人称为"镜子技巧"。一些教师、企业家、律师、演讲家在去

讲课、演讲或参加社交活动时,先对着大镜子修饰一下自己的容貌,然后自信地凝视着自己的形象大声说几遍:你今天一定成功! 最后精神焕发地跨出家门。这种做法说来可笑,其实是一种自我暗示。自我肯定的潜意识会帮你克服自卑与胆怯,增强信心。

② 联想求同。如果在演讲比赛中遇见强大的对手,决不要自卑:"我的普通话、风度都不及他,我肯定不行啊!"而应该这样想:"他能这样决不是一朝一夕形成的,也许开始时还不如我呢。马克思有这样一句格言:'你所以感到伟大高不可攀,只因为自己跪着。'如果我站起来,不比别人矮半截。"这种避开现实中的差距,通过联想找出双方共同点的心理暗示方法叫联想求同法。

③ 交叉比较。有自卑与自傲心理的人应采用两种不同的比较法。自卑者要找出自己的长处同对方的短处比,然后想:"天生我材必有用。我并非一无是处,只要扬长补短,我也会超过他。"自傲者要找出自己的短处与别人的长处比,然后想:"我这方面不如A,那方面不如B,哪里值得骄傲呢?"交叉比较的心理暗示,有利于克服自卑与自傲的心理障碍。

(3) 建立自信心理的训练方法。

① 渐进训练。如果口语交际中的自卑心理障碍一时不能很快克服,也不必急躁,可以用渐进训练的方法,从容易的事做起,即使不显眼,也不要放弃训练的机会,逐渐增强自信。比如,第一次演讲不成功,可以先从在自己班级(或小组)内讲一段话开始;与名人交谈太拘束,可以先从跟老师、长辈交谈做起;与性格内向的人交往不成功,可以先从与性格热情的人交往开始;等等。这些由易到难的训练,会使你发现自己并非不会讲话、不会演讲、不会交际,在这个基础上,逐渐提高口语表达难度和口语交际水平。

② 强化训练。实施强化训练法要注意设法激发训练欲望,训练时要以表扬鼓励为主,决不要因为暂时效果不佳而让训练者产生新的心理负担。

◎ [口语训练]

a. 指定五人上台,抽题后当场讲述。题目应有助于肯定自我形象、提高自尊与自信,如"我就是这样一个……""我有个优点""我的特长""我最得意的一件事"等。

讲完后,由其余同学评论五人的心理素质,可以当场质疑、讨论。最后由五人答辩,谈谈怎样稳定心理。

b. 指名上台讲述,介绍自己初次登台时的心理状态,以及如何积极用自我暗示法来稳定情绪。也可以开展"心理咨询"活动,由教师或心理素质好的同学当场回答有关提高口语交际中的心理素质的问题。

c. 设计十几组常识题(每组5题),同学抽题上台,每人完成一组快问快答题(提问后3秒内回答)。计分评比,答对得10分,超过3秒得0分,答错扣10分。训练应付突发性提问的稳定心理。

常识题举例:

一件中山装几个口袋?

七只青蛙几条腿?

树上有五只鸟,打中一只还剩几只?

房间里有两个女儿两个妈妈,至少有几人?

d. 两班同时上课。同学分别交叉到陌生班级做即兴演讲(3分钟),题目当场抽签决定(可准备5分钟)。锻炼在陌生人面前即兴讲话所需的稳定与自信。

e. 低年级学生到高年级班里演讲,由高年级同学质疑、评论,演讲人答辩。训练目的:克服胆怯,增强自信。

f. "演播室热门话题"。讲台前为假想"电视台演播室",四名学生排坐台前,就热门话题展开交谈,比如"关于在院校开设普通话口语课的意义"等,要求不慌张、不胆怯,神态自然,言谈得体,接语主动,内容有主见,表达有条理。同学听后评议谁的心理最稳定、谈吐最得体、表达最清楚。

g. 开"记者招待会"或"新闻发布会"。3~4人坐在台前,由台下听众面对面自由提问,台上人作答。目的是训练在各种突发情况和尴尬场合的稳定心理和应变能力。问答结束后由全体参加者从心理和口语角度评议,并评选"最佳新闻发言人"。

4. 口语交际中心理沟通的方法

口语交际中心理沟通的方法有倾听、认同、调控等。

(1) 倾听。倾听是心理沟通的前提。倾听的过程也是深入了解对方并考虑如何进一步作出反应的过程。因此,倾听不只是用耳朵去接收信息,必须耐心、虚心、会心地听,这就需要良好的心理素质。

(2) 认同。建立认同心理,就是设法寻找谈话对方的共同语言,以求得心理上的接近与趋同。认同心理是相互沟通的基础。例如:

甲:这幅画是你画的? 真不错。

乙:过奖了,我不过在业余艺校学了几天。

甲:啊,是鲁迅艺校吧? 那儿名师可多呢。

乙:我跟×××教师学的。

甲:真的? 太好了! 那你是我师兄啦! 我也准备拜×××先生为师呢。

甲为了与乙沟通,设法寻找共同点,经过一番寒暄,终于挂上了钩,一下子缩短了双方的心理距离,为进一步交谈创造了有利的气氛。

认同的方法有:

① 存异求同。需要沟通的双方,往往存在严重的分歧,这些分歧可以暂时搁置,双方可以先找一些比较接近的方面取得共识。待双方有了接近的气氛之后,再转入需要沟通的话题,这样效果要好得多。

容易取得共识、形成认同感的话题有:A. 共同的兴趣、爱好。比如影迷、球迷碰在一起,几句话一拉,就熟悉起来了。B. 共同熟悉的人或事,比如在他乡遇老乡,一谈起家乡的景色,双方便眉飞色舞、心心相印了。C. 共同的经历、特长等,也有利于对方的认同。

② 设身处地。先绕开敏感话题,设身处地为对方分析。当对方觉得你的确是为他着想的时候,他在精神上就会处于松弛和开放的状态,也就可能较为客观地理解和评价你的观点,沟通的目的也就容易达到了。有时,双方的情感落差很大,这时也需要设身处地体察领悟对方特定境遇中的情感,形成感情的认同感。

（3）调控。口语交际中的调控是指为掌握说话主动权以实现沟通心理、统一思想的目的而运用的言语技巧。

① 迂回诱导。对一些难以直说或不便单刀直入的问题，可以采取"曲径通幽"的方法，通过类比、推理等办法来达到心理沟通的目的，这叫迂回诱导。

② 情绪感染。感染是人际间情绪的同化反应形式。交际过程中，一个人谈高兴的事，对方也愉快；一个人说不幸的事，对方也难过。情绪感染是调控的一种好方法。例如，30万汉军把项羽的10万军队围困在垓下时，军师张良教会汉军的九江士兵唱楚歌，顿时"四面楚歌"缭绕，于是楚军军心大乱，纷纷逃跑，不战自溃，逼得霸王别姬，自刎乌江。这是汉军采用情绪感染法调控楚军心理取得极大成功的一个范例。

③ 话题调控。在口语交际中，当交谈出现障碍时，及时调控话题是重新达到心理相容的一个好办法。例如，小说《人到中年》中有一段傅家杰同陆文婷的对话：

"你呢？你喜欢诗吗？"他问她。

"我？我不懂诗，也很少念诗。"她微笑着略带嘲讽地说，"我们眼科是手术科，一针一剪都严格得很，不能有半点儿幻想的……"

"不，你的工作就是一首最美的诗。"傅家杰打断她的话，热切地说，"你使千千万万人重见光明……"

傅家杰以"诗"为题发话，在不懂诗的陆文婷面前受阻。这时傅家杰立刻果断地采取偷换概念的手法调控话题，赞美说"你的工作就是一首最美的诗"，避免了尴尬，又得到陆文婷的好感，双方的心理沟通了。

◎ [口语训练]

1. 课后看"触龙说赵太后的故事"，说说触龙是采取哪些办法同赵太后进行心理沟通的。

2. 情境训练。

a. 高考前夕，父母精心照顾，亲情备至。有一次晚饭后，父亲听见你房里有流行音乐乐曲声，一看，你边听音乐边复习功课。他火了，拎起录音机就走。第二天晚饭后，你同爸爸开始了沟通……

小组讨论：采取什么办法同爸爸沟通好？每组编一个小品上台表演，然后全班评议。

b. 春游出发之前，大家在议论带什么点心糖果。一位同学问李辉：你带什么？李辉默然不语。他父母离婚，父亲走了，母亲待岗在家，没钱买点心。

讨论：你此时如何调控话题，并在照顾到李辉自尊心的前提下妥善处理这件事？

3. 利用实习机会，运用心理沟通技巧，与几个同学一起交谈实习的体会。

第二节　命题说话

"命题说话"是普通话水平测试的最后一项,是对应试人员普通话水平的综合考查。它要求应试人员在没有任何文字凭借的情况下,从给定的两个话题中选一个,连续说一段话,时间不少于3分钟。《江苏省普通话水平测试评分细则》规定,该项满分40分,具体又分为三个评分项:语音标准程度,满分25分;词汇语法规范,满分10分;自然流畅程度,满分5分。

一、命题说话的特点

普通话水平测试中的命题说话,不同于日常生活中的会话,它是应试人员的单向说话,测试的目的是考查应试人员在没有文字凭借的情况下,说普通话的能力和所能达到的规范程度。它具有以下三个特点:

1. 自然朴实,不事雕琢

命题说话的基本要求在于"说",即按照日常口语的语音语调来说话,强调自然朴实,不能有背读和朗诵表演的痕迹。

2. 用词浅易,句式简短

命题说话力求口语化,少用冷僻字词和书面语句;多用短句、单句,少用或不用结构复杂的长句和复句。

3. 词句规范,流畅练达

命题说话给定的题目只是提供一个说话的中心,不要求用词完美、结构完整。说话时要注意语法规范,不用方言语法格式;要连续地、不间断地一句句说,不能断断续续、结结巴巴;传达语意要通顺流畅,前后连贯。

二、命题说话的基本要求

1. 围绕命题进行说话

命题说话的话题是从《普通话水平测试用话题》中抽取的。

应试人员要围绕选定的话题说话,不能脱离该话题而自己找一话题来说。这些话题是对说话范围的规定,并不规定说话的具体内容,所以内容宽泛,贴近生活,是应试人员比较熟悉、感受较多、有话可说的。命题说话要求内容充实,不要求结构完整、层次清楚,也不要求非常生动、精彩。如果测试规定的时间到了而未能将话题完整地讲完,不会被扣分。

2. 无文字凭借

命题说话时完全没有文字凭借,应试人员不能照着预先准备好的文字稿件或文字提纲来读或念,也不能变相地引用现成的文字,如背事先准备好的稿子,大段背诵现成的诗歌、散文等文学作品或自己熟悉的规章、制度、条例,或讲述现成故事等。

3. 语音标准

语音标准指应试人员说话发音时声母、韵母、声调要正确;变调、轻声、儿化和"啊"的音变正确恰当；语调平稳自然，能够按照普通话口语的语调来说话，接近自然生活中的口语，不带有朗读、背诵和表演的腔调。

命题说话时要尽可能减少语音错误和语音缺陷。应试人员在命题说话规定的3分钟内累计出现的语音错误的次数是重要的扣分依据。语音缺陷也是语音标准程度扣分的重要依据。语音缺陷的数量和程度直接反映出应试人含有方言语音的程度，在语音错误数量相同的情况下，含有方音或方音明显都会增加扣分。

4. 词汇语法规范

命题说话虽然预先有一定时间的准备，但是仍属于即兴说话，没有文字凭借，应试人员要注意词汇和语法的规范。要使用普通话词汇，不使用典型的方言词汇；要使用普通话的语法格式，不使用典型的方言语法习惯；要使用规范的普通话句式，避免句法失误，避免出现明显的病句。

5. 自然流畅

命题说话要求语句通顺流畅，不间断地、一句一句地往下说，缓而不急，不能断断续续、结结巴巴。要求语流自然通畅，前后连贯，完整传达语意，便于听众理解。

6. 口语化

命题说话是即兴口头表达，要求使用灵活的口头语言。主要表现在多用常用的口语词汇，可以适当使用语气词如"吧""吗"之类，慎用文言词和书面色彩浓厚的词语。避免使用同音词，可以有目的地、适当地重复部分语句，但要避免无意义的机械重复。避免使用过多的口头禅，如"这个，这个""那个""嗯……嗯……"等。避免过多使用外语词、字母词等，尽量使用规范的现代汉语词汇。要多使用单句和短句子，句式灵活多变，避免使用结构复杂、成分繁多的长句。

7. 时间充足，语速适中

按照《江苏省普通话水平测试评分细则》，命题说话的时间不少于3分钟，如不足3分钟，要酌情扣分。说话时间累计少于30秒（或等于30秒），本项测试为零分。为顺利说完规定时间，又减少不必要的错误，应试人员要注意语速适中，以每分钟200～220字为宜。

三、命题说话的注意事项

1. 语音错误和语音缺陷过多，方音明显

命题说话时，许多人语音错误和语音缺陷的数量比读单音节字词、读多音节词语和朗读时明显增加。主要原因是这个测试项没有文字凭借，说普通话的难度比前三项大；应试人员更接近于日常生活中的语言状态，语音错误和语音缺陷更容易表现出来，如平、翘舌问题，有些人看着字的时候能够很好地分辨并且准确读出，而说话时就不分了，结果导致测试时前三项扣分较少，而命题说话时扣分明显增多，令人惋惜。所以，应试人员应时刻记住：尽量减少语音错误和缺陷，平时多加练习，辨记自己发音不好的字。

2. 词汇、语法不规范

说话时由于没有文字依据，比较接近于日常生活中的语言状态，容易出现词汇、语法方面的错误。具体表现在三个方面：

（1）语法错误。测试中常见的错误有：

①搭配不当。如主语和谓语搭配不当,谓语和宾语搭配不当,定语、状语、补语和中心语搭配不当等,如"蔚蓝的草地(天空)"、"请了很多客人和很多菜(请了很多客人,做了很多菜)"。

②句子成分不完整。常见的是宾语、补语残缺,造成一个句子没有说完整;有时因为思维转换,一个句子未说完就转到了另一个句子上了,造成句子成分不完整,如"我们买了许多野炊,准备露一手,老师夸夸我们那儿的美食非常多……(我们买了许多野炊用的食物,准备露一手,让老师夸夸我们的手艺)"。

③语序不当。定语和中心语位置颠倒,把定语错放在状语位置,把状语错放在定语位置;多层定语语序不当,多层状语语序不当等,这往往是因应试人使用过长的句子而产生的。如"许多脑海里涌现出感想(脑海里涌现出许多感想)","我的朋友是一位商店的出售高档礼品的总经理(我的朋友是一家出售高档礼品的商店的总经理)"等。

④句式杂糅,两句混杂,前后牵连。如"假日的天空晴朗无云是很令人开心的(假日的天空晴朗无云,这样的天气令人很开心)"。

(2)使用方言词汇。人们学习使用普通话,不仅要发音标准,还要使用普通话词汇。普通话词汇里有相应的词可以满足社会生活需要的,应该尽量使用普通话词汇。方言词汇比较多地集中在表示生活用品、称谓等的名词和表示日常行为的动词上,许多应试人员不能正确辨别,在命题说话时不自觉地使用了这些词,结果被扣分。

命题说话中常见方言词语举例:

普通话词语	方言词语	普通话词语	方言词语
白菜	黄芽菜	前年	前年子
本来	本生	叔叔	爷叔、阿叔
从前	先头、老早子	水泥	水门汀
肥皂	胰子	蜈蚣	百脚
过去	老早子	虾	虾子 xiā·zi
胡同儿	弄堂	爷爷	老爹、爹爹
金龟子	绿娘子	以往	老早子
离奇	无大影	蟑螂	樟木虫
马铃薯	洋山芋	恼火	光火

(3)使用方言语法格式。有些应试人员由于受方言的影响,说话中会夹有方言语法格式,从而被扣分。

命题说话中常见方言语法格式举例:

普通话语法格式	方言语法格式
给我一本书	拿一本书把我
妈妈很不会干活	妈妈很不能干活
这条裤子你能穿	这条裤子你穿得
冷冰冰	冰冰冷
雪白雪白的	雪白白的
喷喷香、香喷喷	喷香香
我太紧张了	我太过紧张了
这花儿多好看啊	这花儿好好看啊
我给他三斤苹果	我给三斤苹果他 我把三斤苹果给他
你比我矮	你比我较矮
宁肯我去,也不能叫你去	情愿我去,也不能叫你去
这天真蓝啊	这天好好蓝啊
妈妈说红的花多半不香	妈妈说红的花多半没有香
我们被他骂了一顿	我们遭他骂了一顿
别让他跑了	别被他跑了
从这儿离开	走这儿离开
在黑板上写字	搁黑板上写字

3. 内容贫乏,无话可说

有的应试人员因为准备不充分,命题说话时没有具体的内容,或者只说了一个开头就无话可说了,只好胡拉乱扯,简单重复相同的内容。

4. 偏离话题

有的应试人员不围绕选定的话题说话,而是说别的话题。有的人一开口就说另一个话题,如选定的话题"我喜欢的动物(或植物)",应试人员说:"我说话的题目是我喜爱的动物,我尊敬的人是我的父亲……"还有的人是由一个话题很快偏离到另一个话题,就围绕那个话题说了,如选定的话题是"我喜欢的动物(或植物)",应试人员说:"我说话的题目是我喜爱的动物,我喜爱的动物是狗,我的爸爸属狗,我就说说我的爸爸吧。我的爸爸是一个非常能干的人……"出现这种情况的原因是应试人员抱着侥幸心理,未做充分的准备,只准备了某一个话题,其他话题未准备,测试时只好说准备的话题。

如果出现偏离话题的现象,测试员会根据情况相应扣分;完全偏离话题则该应试人员本项测试成绩为 0 分。

5. 背稿应付

有些应试人员,预先选定1~2个话题,写成了语言规范、条理清楚的短文,还有的人干脆套用现成文章,背熟后来应付测试。更有甚者,一个单位或班级一起背诵几篇稿子,结果测试时很多人说的内容几乎完全一样。测试时不是自然地说话而是生硬地背稿子,有许多弊端。首先是不符合命题说话的要求,无法反映应试人员使用普通话的真实状况;其次是所用词语、句式、结构往往不符合口语化要求,使人感觉生硬别扭;再次是说话时受制于文稿,一旦背稿时有遗忘,便往往卡壳而不知所措。对于命题说话时明显背稿的应试人员,测试员会根据情况酌情扣分。

6. 表达不流畅

有些应试人员命题说话时找不到合适词语,话语不清晰、不流畅,讲话结结巴巴、断断续续。究其原因,是因为平时用普通话说话太少,一旦要说,就不知如何表达了。还有的人一味讲究发音的标准,不连词成句地表达话语,而是一个字一个字地说,失去了日常生活语言的自然与流畅。

7. 心理紧张,情绪波动

在命题说话时,有些人会过度紧张,浑身颤抖,语音失真,思维停滞,语句混乱,导致语音错误增加,语句不流畅。有的人在说话时会因个人原因而情绪剧烈波动。国家测试中心在筛选话题时已经注意尽可能避免选用容易引起应试人员情绪波动的话题,应试人员也应注意避免谈及过分喜悦或过度悲伤的内容。有时应试人员因为过分悲痛而泣不成声,或者因为过分喜悦而哈哈大笑,这些不仅会造成发音失常,增加语音错误或语音缺陷的数量,甚至还可能因无法控制自己而致使测试中断,进而影响测试成绩。

8. 时间不足

有些应试人员在命题说话时不能讲满3分钟,究其原因,主要有两个。一是准备不充分,不得法。在培训迎考阶段未对所有的话题进行全面分析准备,在抽取题目之后又未对说话的整体格局进行思考。有些人在抽签后赶紧写稿子,结果在有限的时间里可能连开头都写不完,测试不到30秒就讲完了,剩余的时间就不知道讲什么了。二是不了解测试规则,以为是讲述一篇小型口头作文,讲完就停下来了,虽然时间还没有到,也不往下讲了。命题说话是按时间评分的,未说满时间,要根据缺时情况被扣分。

四、命题说话的话题

国家普通话培训测试中心制定了"普通话水平测试用话题",共30个,供命题说话测试使用。30个话题如下:

(1) 我的愿望(或理想)

(2) 我的学习生活

(3) 我尊敬的人

(4) 我喜爱的动物(或植物)

(5) 童年的记忆

(6) 我喜爱的职业

(7) 难忘的旅行

(8) 我的朋友
(9) 我喜爱的文学(或其他)艺术形式
(10) 谈谈卫生与健康
(11) 我的业余生活
(12) 我喜欢的季节(或天气)
(13) 学习普通话的体会
(14) 谈谈服饰
(15) 我的假日生活
(16) 我的成长之路
(17) 谈谈科技发展与社会生活
(18) 我知道的风俗
(19) 我和体育
(20) 我的家乡(或熟悉的地方)
(21) 谈谈美食
(22) 我喜欢的节日
(23) 我所在的集体(学校、机关、公司等)
(24) 谈谈社会公德(或职业道德)
(25) 谈谈个人修养
(26) 我喜欢的明星(或其他知名人士)
(27) 我喜爱的书刊
(28) 谈谈对环境保护的认识
(29) 我向往的地方
(30) 购物(消费)的感受

(一) 命题说话的审题

1. 确定类型

命题说话没有严格的类型(相当于写作中的体裁)要求,但一般来说,确定大致的类型,有利于安排结构,组织材料,顺利地完成说话。命题说话常见的类型有叙述型、议论型、说明型三种。原则上讲,普通话水平测试用的30个话题都可以使用不同类型来讲,每个人可以根据自己的说话习惯,选择一种自己比较擅长的类型来说。

叙述型说话就是通过讲述人物、事件,描写环境,反映社会生活。在讲述人物时,要选取发生在该人物身上的最突出、最感人的事情来讲,可以抓住人物的外貌、语言、动作、性格等方面的特征进行讲述。在讲述事情时,可以把事情发生的时间、地点、起因、过程、结果讲清楚。

议论型说话是对社会生活中的人或事进行分析评论、发表意见、阐明是非的说话类型。主要通过摆事实,列举人和事来阐明道理、证明自己的观点。

说明型说话是解说事物,阐明事理,使人得到关于事物和事理的知识的说话类型。说明型说话按说明对象分,可以分为两大类:一类是说明具体物体的,要抓住物体的特征,把其形状、性质、构造、用途等说清楚；一类是说明抽象事理的，要说清楚事物的原理、关系、变化、功能等，揭示事物的内在联系。说明型说话可使用举例子、打比方等方法。

2. 理清思路

理清思路，有利于科学、合理地安排材料，形成清晰完整的结构，有条不紊地完成命题说话。理清思路的具体方法很多，其中较为简便实用的是拟写提纲，就是用简要的语句把说话的框架勾勒出来。提纲语言要简洁，结构要完整，不能太简单。最好把叙述对象、叙述顺序、描写重点、事件发展、论点论据、事例数据、说明顺序等都写上去。为便于记忆，最好用对称、整齐、通俗的语言来写。因为普通话测试的特殊性，还可以把自己的难点音标上去，便于提醒自己注意。

（1）开头。命题说话的开头非常重要。好的开头可以打开话题，使自己从容镇定，有条不紊地说下去。开头的形式一般有两种：第一种是开门见山，直接到达说话的主题；第二种是间接开头，先说一些其他内容，再引出自己说话的主题。

（2）主体。主体是命题说话的中心部分，或对人物进行生动描写，或对事物的发生、发展、结果进行详细叙述，或对观点进行条理清晰、逻辑严密的分析论证，或按照一定的顺序对事物、事理进行科学的说明等。

（3）结束语。结束语是对整个命题说话的总结、概括和升华。结束语一般比较简洁。如果开头和主体内容充实，常常还没有讲到结束语，时间就到了。如果前面内容不足，为了防止结束语讲完后时间还没有到，一般应该再准备一些与所选话题相关的内容，做到有备无患。

3. 充实材料

命题说话，无论是叙述型、议论型还是说明型，都需要有丰富的素材。说话中最常用的材料是真实的、发生在我们自己身上或周围的小故事。这些小故事通常是我们比较熟悉的，不需要专门去编去记去想，内容容易展开，时间也容易掌握。

材料要相对集中，不要过于分散。材料集中，便于记忆和使用，涉及的词汇量也相对较少，减少出现语音错误和缺陷的几率。如果集中说一个自己比较熟悉的地方的人、事、物，内容则比较容易控制。

4. 讲求技巧

（1）合理处置"高频词"。所谓"高频词"就是在命题说话中，讲述某个话题时反复出现的词，如一些人名、地名、数字、时间、物体名称、职业名称、专业名称、动物名称、植物名称、商品名称、食品名称、风景名胜名称、节日名称、艺术种类的名称、季节与节令的名称、业余活动的名称、科技产品名称、商标名称、风俗名称、单位名称等等。如果应试人在说这些"高频词"时出现语音错误，就会导致一两个字的语音错误累计就有十几个甚至几十个，就有可能出现这样的情况：该应试人总体普通话水平还不错，可是得分很低。应试人要尽力练习，说好"高频词"，如果实在说不好，可以将这些词改成自己发音标准的词。

（2）准确说出容易读错的词。在日常生活中，由于种种原因，对一些常用的字词人们经常读错，而他们还没有察觉，对这样的字词应特别注意并及时纠正。

（二）命题说话题目训练

普通话水平测试中命题说话项规定了 30 个说话题目，可以分类进行训练。

1. 自我介绍类

题目举例:我的愿望(或理想)、我的学习生活、我喜爱的动物(或植物)、童年的记忆、我喜爱的职业、我的业余生活、学习普通话的体会、我的假日生活、我的成长之路、我和体育。

这类题目中心很明确,就是说自己生活中的所见所闻,所作所为,所想所感,选取一二件事展开话题即可。

2. 介绍他人(物)类

题目列举:我尊敬的人、我的朋友、我喜爱的文学(或其他)艺术形式、我所在的集体(学校、机关、公司等)、我喜欢的明星(或其他知名人士)、我喜爱的书刊。

由于测试时间有限,这类话题不可能把自己的亲人、朋友、师长、偶像的特点一一罗列,因此要抓住使自己感受最深、最难忘记的事情讲述。

3. 介绍事物类

(1)介绍时令、地域的特色及风俗习惯类。题目列举:难忘的旅行、我喜欢的季节(或天气)、我知道的风俗、我的家乡(或熟悉的地方)、谈谈美食、我喜欢的节日、我向往的地方。

(2)对社会现象、伦理道德、人情世故的评说类。题目列举:谈谈卫生与健康、谈谈服饰、谈谈科技发展与社会生活、谈谈社会公德(或职业道德)、谈谈个人修养、谈谈对环境保护的认识、购物(消费)的感受。

介绍事物的话题,要点在于把握住事物的本质特点,把它作为说话的核心。例如介绍时令、地域的特色,中心是描写景物,要在几分钟内把一个地域或一个风景区介绍清楚,必须精心组织材料,抓住特征来讲述,才可取得成功。

为了帮助应试人员进行说话训练,本书对测试用话题分别列出了一篇例文(见附录四),仅供参考,切不可照搬套用,背诵应付。应试人员完全可以不受例文的影响,自由发挥。

五、命题说话的应试技巧

这里所说的应试技巧分为两种:一种是平时准备,一种是受测前的临时准备。

平时准备即在受测前的几天、十几天甚至一月前的准备,这时时间比较充裕,可以深思熟虑,认真推敲;临时准备是指在受测前的10分钟做的准备,由于时间仓猝,只能做粗略准备。

无论是平时准备还是临时准备,都必须经过确定体裁、精选材料、构思结构、审词定音几个阶段。应试人员可以主要从下面两个方面着手准备。

(一)做好测试内容方面的准备

测试内容是准备的前提和核心。普通话水平测试最主要的是掌握普通话在语音、词语、语法方面的规范运用,这需要长期的科学训练。第一,要学好普通话课程,这是备考的基础。若是学生,在教师的指导下会更加规范,效果更好。若是自学者,在自学理论的基础上,最好参加普通话辅导培训班,以便在专业教师的指导下,有针对性地进行训练和矫正。因为这是一门实践性很强的操练课程,只靠自己摸索,是难以发现自身错误的,往往多走弯路,事倍功半。第二,对测试的内容、范围要做到胸中有数,减少盲目性。测试大纲既为应试人员提供了学习的依据,又是应试人员备考的书面材料。测试内容主要是30个说话话题。第三,要严格按照大纲的要求,有针对性地进行实际训练。练习时最好找一个普通话较好的人配合,模拟测试练习,让对方指出自身存在的错误,尤其是系统性语音缺陷,并加以纠正。第四,要熟悉测试系统,采用发散性思维,尽量说出内容的细节;避免缺时、雷同、离题和无效话语。

(二)了解测试程序

普通话水平测试要考生以口试的方式进行(江苏省调整了试卷的项目,没有笔试内容)。考场设置有人工测试和计算机辅助智能测试两种形式。从2008年开始,江苏省已经全面启用计算机辅助智能测试形式。

1. 人工测试流程

一般情况下,一个考场至少有两名测试员,应试人员逐个单独进行测试,时间大约控制在10分钟内。整个测试过程有现场录音,以备复查。正式测试前,应试人员须提前10分钟到候测室抽签,抽取朗读作品和话题的题号。进入考场后,应试人员要出示身份证明及抽取的题号,不准携带与测试有关的书面材料和各种音像显示工具。在指定的位置就座后,不要做与测试无关的动作。当主试人示意开始并按下录音键后,要先报上自己的姓名,然后按照所给试题的先后顺序,逐题往下读,没有特殊情况或提示,不要中断。朗读题需报作品序号,说话题需报序号及题目。应试人对这些程序及要求要提前熟知,方能从容面对,保证普通话水平的正常发挥。

2. 计算机辅助智能测试流程

(1)上机前。

① 到候测室:应试人员须提前20分钟到达候测室,出示准考证及身份证明后抽签、编组、登记,等候叫号。

② 到备测室:在测试前10分钟叫到所在组号时,应试人员随同组人员到达备测室,阅读纸质试卷,准备10分钟,等候上机测试。

③ 到测试室:按照抽签登记的机号,依序上机,等候测试。

(2)上机后。

① 登录:输入个人信息。

② 试音:用清晰的适中的音量报出姓名、准考证号。

③ 考试:根据语音提示,横向朗读试题。每读完一题,点击"下一题"。

④ 提交试卷。

(三)注意应试技巧

(1)每一题都有严格的时间限制,时间一到,系统将自动终止该项进入下一题。因此,应试人员要掌握语速,在规定时间内读完测试项内容。

(2)测试时应横向朗读,竖着读、跳行读或说与测试内容无关的话,都会使系统无法辨认而导致测试失败。读单音节词时不能发儿化音。读多音节词时注意变调。

(3)测试时遇到多音多义字,在第一题中读常见音,其他项中读语境义的音。

（4）测试时遇到不认识的字词，不要慌张，更不要放弃不读，可以猜读一下，因为读错与不读结果一样，猜对了就不扣分了。

（5）测试时发现读错，要分清测试项来处理。在第一、二题（单字和词语）中都允许及时纠正，评分以第二次为准，但隔音节或读完全部再回读就无效了。在第三题"朗读短文"中，发现错读或漏读，千万不要回读，否则会增加扣分甚至影响后面的评分。

（6）注意上声的发音，单念或处于词尾句尾时，要念得完整饱满，在其他音节的前面要变调。

思考与训练

1. 说话的含义及其作用是什么？
2. 说话的形式有哪些？它们分别有哪些基本要求？
3. 普通话水平测试中的"命题说话"有哪些要求？应该如何应对测试中的"命题说话"？
4. 测试中应注意哪些应试技巧？

附录一

汉语拼音方案

一、字母表

字母名称	Aa	Bb	Cc	Dd	Ee	Ff	Gg
	ㄚ	ㄅㄝ	ㄘㄝ	ㄉㄝ	ㄜ	ㄝㄈ	ㄍㄝ
	Hh	Ii	Jj	Kk	Ll	Mm	Nn
	ㄏㄚ	ㄧ	ㄐㄧㄝ	ㄎㄝ	ㄝㄌ	ㄝㄇ	ㄋㄝ
	Oo	Pp	Qq	Rr	Ss	Tt	
	ㄛ	ㄆㄝ	ㄑㄧㄡ	ㄚㄦ	ㄝㄙ	ㄊㄝ	
	Uu	Vv	Ww	Xx	Yy	Zz	
	ㄨ	ㄪㄝ	ㄨㄚ	ㄒㄧ	ㄧㄚ	ㄗㄝ	

　　v 只用来拼写外来语、少数民族语和方言。字母的手写体依照拉丁字母的一般书写习惯。

二、声母表

b	p	m	f	d	t	n	l
ㄅ玻	ㄆ坡	ㄇ摸	ㄈ佛	ㄉ得	ㄊ特	ㄋ讷	ㄌ勒
g	k	h		j	q	x	
ㄍ哥	ㄎ科	ㄏ喝		ㄐ基	ㄑ欺	ㄒ希	
zh	ch	sh	r	z	c	s	
ㄓ知	ㄔ蚩	ㄕ诗	ㄖ日	ㄗ资	ㄘ雌	ㄙ思	

　　在给汉字注音的时候，为了使拼式简短，zh ch sh 可以省作 ẑ ĉ ŝ。

三、韵母表

	i ㄧ衣	u ㄨ乌	ü ㄩ迂
a ㄚ啊	ia ㄧㄚ呀	ua ㄨㄚ蛙	
o ㄛ喔		uo ㄨㄛ窝	
e ㄜ鹅	ie ㄧㄝ耶		üe ㄩㄝ约
ai ㄞ哀		uai ㄨㄞ歪	

ei ㄟ欸		uei ㄨㄟ威	
ao ㄠ熬	iao ㄧㄠ腰		
ou ㄡ欧	iou ㄧㄡ优		
an ㄢ安	ian ㄧㄢ烟	uan ㄨㄢ弯	üan ㄩㄢ冤
en ㄣ恩	in ㄧㄣ因	uen ㄨㄣ温	ün ㄩㄣ晕
ang ㄤ昂	iang ㄧㄤ央	uang ㄨㄤ汪	
eng ㄥ亨的韵母	ing ㄧㄥ英	ueng ㄨㄥ翁	
ong (ㄨㄥ)轰的韵母	iong ㄩㄥ雍		

注：（1）"知、蚩、诗、日、资、雌、思"等七个音节的韵母用i，即：知、蚩、诗、日、资、雌、思等字拼作zhi，chi, shi, ri, zi, ci, si。

（2）韵母儿写成er，用作韵尾的时候写成r。例如："儿童"拼作ertong，"花儿"拼作huar。

（3）韵母ㄝ单用的时候写成ê。

（4）i行的韵母，前面没有声母的时候，写成yi（衣），ya（呀），ye（耶），yao（腰），you（忧），yan（烟），yin（因），yang（央），ying（英），yong（雍）。

u行的韵母，前面没有声母的时候，写成wu（乌），wa（蛙），wo（窝），wai（歪），wei（威），wan（弯），wen（温），wang（汪），weng（翁）。

ü行的韵母，前面没有声母的时候，写成yu（迂），yue（约），yuan（冤），yun（晕），ü上两点省略。

ü行的韵母跟声母j，q，x拼的时候，写成ju（居），qu（区），xu（虚），ü上两点也省略；但是跟声母n，l拼的时候，仍然写成nü（女），lü（吕）。

（5）iou，uei，uen前面加声母的时候，写成iu，ui，un，例如niu（牛），gui（归），lun（论）。

（6）在给汉字注音的时候，为了使拼式简短，ng可以省作ŋ。

四、声调符号

阴平　阳平　上声　去声
　ˉ　　ˊ　　ˇ　　ˋ

声调符号标在音节的主要母音上。轻声不标。例如：

妈 mā　麻 má　马 mǎ　骂 mà　吗 ma
（阴平）（阳平）（上声）（去声）（轻声）

五、隔音符号

a，o，e开头的音节连接在其他音节后面的时候，如果音节的界限发生混淆，用隔音符号（'）隔开。例如pi'ao（皮袄）。

附录二

普通话水平测试用必读轻声词语表

说明：

（1）本表仅供参加普通话水平测试的考生使用。

（2）收词范围是普通话水平测试第二项中所有可能出现的轻声词语。

（3）共收词545条（其中"子"尾词206条），按汉语拼音字母顺序排列。

A：爱人　案子

B：巴掌　把子　爸爸　白净　班子　板子　帮手　梆子　膀子　棒槌　棒子　包袱
　　包涵　包子　豹子　杯子　被子　本事　本子　鼻子　比方　鞭子　扁担　辫子
　　别扭　饼子　拨弄　脖子　簸箕　补丁　不由得　不在乎　步子　部分

C：裁缝　财主　苍蝇　差事　柴火　肠子　厂子　场子　车子　称呼　池子　尺子
　　虫子　绸子　除了　锄头　畜生　窗户　窗子　锤子　刺猬　凑合　村子

D：耷拉　答应　打扮　打点　打发　打量　打算　打听　大方　大爷　大夫　带子
　　袋子　耽搁　耽误　单子　胆子　担子　刀子　道士　稻子　灯笼　提防　笛子
　　底子　地道　地方　弟弟　弟兄　点心　调子　钉子　东家　东西　动静　动弹
　　豆腐　豆子　嘟囔　肚子　肚子　缎子　对付　对头　队伍　多么

E：蛾子　儿子　耳朵

F：贩子　房子　份子　风筝　疯子　福气　斧子

G：盖子　甘蔗　杆子　秆子　干事　杠子　高粱　膏药　稿子　告诉　疙瘩　哥哥
　　胳膊　鸽子　格子　个子　根子　跟头　工夫　弓子　公公　功夫　钩子　姑姑
　　姑娘　谷子　骨头　故事　寡妇　褂子　怪物　关系　官司　罐头　罐子　规矩
　　闺女　鬼子　柜子　棍子　锅子　果子

H：蛤蟆　孩子　含糊　汉子　行当　合同　和尚　核桃　盒子　红火　猴子　后头
　　厚道　狐狸　胡琴　糊涂　皇上　幌子　胡萝卜　活泼　火候　伙计　护士

J：机灵　脊梁　记号　记性　夹子　家伙　架势　架子　嫁妆　尖子　茧子　剪子
　　见识　毽子　将就　交情　饺子　叫唤　轿子　结实　街坊　姐夫　姐姐　戒指
　　金子　精神　镜子　舅舅　橘子　句子　卷子

K：咳嗽　客气　空子　口袋　口子　扣子　窟窿　裤子　快活　筷子　框子　困难
　　阔气

L：喇叭　喇嘛　篮子　懒得　浪头　老婆　老实　老太太　老头子　老爷　老子
　　姥姥　累赘　篱笆　里头　力气　厉害　利落　利索　例子　栗子　痢疾　连累
　　帘子　凉快　粮食　两口子　料子　林子　翎子　领子　溜达　聋子　笼子
　　炉子　路子　轮子　萝卜　骡子　骆驼

M：妈妈　麻烦　麻利　麻子　马虎　码头　买卖　麦子　馒头　忙活　冒失　帽子
　　眉毛　媒人　妹妹　门道　眯缝　迷糊　面子　苗条　苗头　名堂　名字　明白

附录二 《普通话水平测试用必读轻声词语表》

	蘑菇	模糊	木匠	木头							
N:	那么	奶奶	难为	脑袋	脑子	能耐	你们	念叨	念头	娘家	镊子	奴才
	女婿	暖和	疟疾									
P:	拍子	牌楼	牌子	盘算	盘子	胖子	狍子	盆子	朋友	棚子	脾气	皮子
	痞子	屁股	片子	便宜	骗子	票子	漂亮	瓶子	婆家	婆婆	铺盖	
Q:	欺负	旗子	前头	钳子	茄子	亲戚	勤快	清楚	亲家	曲子	圈子	拳头
	裙子											
R:	热闹	人家	人们	认识	日子	褥子						
S:	塞子	嗓子	嫂子	扫帚	沙子	傻子	扇子	商量	上司	上头	烧饼	勺子
	少爷	哨子	舌头	身子	什么	婶子	生意	牲口	绳子	师父	师傅	虱子
	狮子	石匠	石榴	石头	时候	实在	拾掇	使唤	世故	似的	事情	柿子
	收成	收拾	首饰	叔叔	梳子	舒服	舒坦	疏忽	爽快	思量	算计	岁数
	孙子											
T:	他们	它们	她们	台子	太太	摊子	坛子	毯子	桃子	特务	梯子	蹄子
	挑剔	挑子	条子	跳蚤	铁匠	亭子	头发	头子	兔子	妥当	唾沫	
W:	挖苦	娃娃	袜子	晚上	尾巴	委屈	为了	位置	位子	蚊子	稳当	我们
	屋子											
X:	稀罕	席子	媳妇	喜欢	瞎子	匣子	下巴	吓唬	先生	乡下	箱子	相声
	消息	小伙子	小气	小子	笑话	谢谢	心思	星星	猩猩	行李	性子	
	兄弟	休息	秀才	秀气	袖子	靴子	学生	学问				
Y:	丫头	鸭子	衙门	哑巴	胭脂	烟筒	眼睛	燕子	秧歌	养活	样子	吆喝
	妖精	钥匙	椰子	爷爷	叶子	一辈子	衣服	衣裳	椅子	意思	银子	
	影子	应酬	柚子	冤枉	院子	月饼	月亮	云彩	运气			
Z:	在乎	咱们	早上	怎么	扎实	眨巴	栅栏	宅子	寨子	张罗	丈夫	帐篷
	丈人	帐子	招呼	招牌	折腾	这个	这么	枕头	镇子	芝麻	知识	侄子
	指甲	指头	种子	珠子	竹子	主意	主子	柱子	爪子	转悠	庄稼	庄子
	壮实	状元	锥子	桌子	字号	自在	粽子	祖宗	嘴巴	作坊	琢磨	

附录三

普通话水平测试用儿化词语表

说明:

1. 本表仅供参加普通话水平测试的考生使用。
2. 收词范围是普通话水平测试第二项中所有可能出现的儿化词语。
3. 本表共收词189条,按儿化音节的拼音字母顺序排列。

a→ar:刀把儿 号码儿 戏法儿 在哪儿 找茬儿 打杂儿 板擦儿

ai→ar:名牌儿 鞋带儿 壶盖儿 小孩儿 加塞儿

an→ar:快板儿 老伴儿 蒜瓣儿 脸盘儿 脸蛋儿 收摊儿 栅栏儿 包干儿 笔杆儿 门槛儿

ang→ar(鼻化):药方儿 赶趟儿 香肠儿 瓜瓤儿

ia→iar:掉价儿 一下儿 豆芽儿

ian→iar:小辫儿 照片儿 扇面儿 差点儿 一点儿 雨点儿 聊天儿 拉链儿 冒尖儿 坎肩儿 牙签儿 露馅儿 心眼儿

iang→iar(鼻化):鼻梁儿 透亮儿 花样儿

ua→uar:脑瓜儿 大褂儿 麻花儿 笑话儿 牙刷儿

uai→uar:一块儿

uan→uar:茶馆儿 饭馆儿 火罐儿 落款儿 打转儿 拐弯儿 好玩儿 大腕儿

uang→uar(鼻化):蛋黄儿 打晃儿 天窗儿

üan→üar:烟卷儿 手绢儿 出圈儿 包圆儿 人缘儿 绕远儿 杂院儿

ei→er:刀背儿 摸黑儿

en→er:老本儿 花盆儿 嗓门儿 把门儿 哥们儿 纳闷儿 后跟儿 高跟儿鞋 别针儿 一阵儿 走神儿 大婶儿 小人儿书 杏仁儿 刀刃儿

eng→er(鼻化):钢镚儿 夹缝儿 脖颈儿 提成儿

ie→ier:半截儿 小鞋儿

üe→üer:旦角儿 主角儿

uei→uer:跑腿儿 一会儿 耳垂儿 墨水儿 围嘴儿 走味儿

uen→uer:打盹儿 胖墩儿 砂轮儿 冰棍儿 没准儿 开春儿

ueng→uer(鼻化):小瓮儿

-i(前)→er:瓜子儿 石子儿 没词儿 挑刺儿

-i(后)→er:墨汁儿 锯齿儿 记事儿

i→ier:针鼻儿 垫底儿 肚脐儿 玩意儿

in→ier:有劲儿 送信儿 脚印儿

ing→ier(鼻化):花瓶儿 打鸣儿 图钉儿 门铃儿 眼镜儿 蛋清儿 火星儿 人影儿

ü→üer：毛驴儿　小曲儿　痰盂儿
ün→üer：合群儿
e→er：模特儿　逗乐儿　唱歌儿　挨个儿　打嗝儿　饭盒儿　在这儿
u→ur：碎步儿　没谱儿　儿媳妇儿　梨核儿　泪珠儿　有数儿
ong→or(鼻化)：果冻儿　门洞儿　胡同儿　抽空儿　酒盅儿　小葱儿
iong→ior(鼻化)：小熊儿
ao→aor：红包儿　灯泡儿　半道儿　手套儿　跳高儿　叫好儿　口罩儿　绝着儿
　　　　口哨儿　蜜枣儿
iao→iaor：鱼漂儿　火苗儿　跑调儿　面条儿　豆角儿　开窍儿
ou→our：衣兜儿　老头儿　年头儿　小偷儿　门口儿　纽扣儿　线轴儿　小丑儿
　　　　加油儿
iou→iour：顶牛儿　抓阄儿　棉球儿
uo→uor：火锅儿　做活儿　大伙儿　邮戳儿　小说儿　被窝儿
o→or：耳膜儿　粉末儿

附录四

命题说话稿举例

我的理想

有人说,人生犹如大海上的一叶小舟,那么理想便是我们前进道路上的灯塔,为我们指向成功的彼岸。

我们每一个人都应该有着自己不同的理想,但是,有的人为自己的理想去奋斗、努力,知道该如何去实现自己的理想;而又有一些人只是在空想,甚至幻想,不去为实现自己的理想奋斗。

我小时候的理想是当一名科学家,去发明许许多多的东西造福世界;有时也想去当一名匡扶正义的英雄,救人民于水火之中。但长大之后却发现自己小时候的理想实在难以实现,现在我在技师学院读书,在学校里我找到了我现在真正的理想——当一名优秀的机械师,实现自己的人生价值。

人生是一个过程,一个从弱小到强大的过程,一个从无知到幼稚再到成熟的过程。万物都有一扇门,而且每扇门的钥匙都可以用理想来代替。正如凡高笔下的向日葵,我们应热烈地为了理想绽放自己最美的那一刻。

理想是一支笔,一支画龙点睛、锦上添花的笔,由它书写出的青春和人生,都会化作不朽的永恒。理想是一盏灯,瞧,我们眼前的道路被照耀得多么明亮,那条路上虽然会有艰苦,会有坎坷,会有挫折,但我相信我自己,绝不会为此而畏缩。

托尔斯泰说过:"理想是指路明灯,没有理想,就没有坚定的方向;没有方向,就没有生活。"让我们都为自己的理想奋斗吧!

我的学习生活

不知不觉中,"学习"已经伴我走过了无数个日日夜夜,在这些日日夜夜中,我尝到了学习中的酸甜苦辣。

学习是苦的,每次考试前,大家都忙东忙西地复习迎考,一大堆旧的知识要巩固,一大堆新的知识要学习。老师会布置一堆复习作业让我们完成,那繁琐的解题方法,常常会令我头疼不已。

但是学习有时也是甜的,只有经历过了那么多的努力,才会感受到学习生活的忙碌与充实。只有经历过忙碌与充实的学习生活,才能体会到学习胜利的果实。那种甜,是经历了千辛万苦之后才会有的甜。

以前学习的时候,我的意志总会有些不坚定,受着电脑游戏、最新电影电视剧的诱惑,受着美食以及来自同学邀请同玩的诱惑,我会为了一些感官上的享受而放弃了学习。但是现在想来这些是多么愚蠢啊,我浪费的不仅仅是学习的时间,更是我的美好青春,所以现在的我长大了,我可以抵制住这些诱惑!

学习是阳光,可以驱除心中的黑暗;学习是春风,可以抚慰我们的心灵;学习是雨露,可以滋润干枯的心智。

珍惜现在的生活,从现在开始,努力学习,为以后的人生路途打下坚实的基础,为理想而铸就辉煌,为生命书写下最灿烂的那一页。

这是学习的意义,它是为我们的将来在做准备。只有通过学习,才能使我们的人生可以走得更加美好和充实。让我们一起通过学习,去攀上人生的高峰,用知识来武装自己,去打赢自己的战役,获得表现自我的机会吧!

我尊敬的人

我的身边有很多我所尊敬的人,其中我最尊敬和喜爱的就是我亲爱的外婆。在我的眼中,外婆是一个很好的人!

外婆是一个没有缺点的女人,有着中国女性所有的优点:美丽的容貌、温婉的江南口音、良好的出身和教育背景、专业的会计知识、知书达理的性格。出生在芜湖的她,很小便和家人移居上海,因此老上海的那种雅致在她身上体现得十分彻底。即使在那个战乱的年代,她还是能够穿着最美的旗袍上街,带着最漂亮的头饰拍婚纱照。外婆小时候当过童子军,不裹小脚,和外公也是自由恋爱。抗战时期在大后方呆了几年,至今还能说得一口流利的常德话。

外婆从来没有骂过我,和外公相比,我也更喜欢她辅导我的功课,外公总是每次只说一点,其余的让我自己想办法,外婆则会直接把答案告诉我。

外婆烧得一手好菜,尽管做这些好菜的手艺都已经传给了我娘和众多阿姨们,但外婆烧的菜才是最令人神往的,比如三分钟内的神仙汤,比如韧劲十足的蛋丁,比如鲜美之极的狮子头……

外婆从来不会麻烦别人,家务也是料理得井井有条因此。很多时候,外婆在孩子们的心中永远是个港湾。我们几个小孩子总是惹是生非,但闯下祸来总会躲在外婆怀里,哪怕父亲们的巴掌、皮带和大头皮鞋如雨下,我们也不怕,因为外婆会帮我们抵挡,这时候我们觉得外婆是我们的天使。

外婆,你那顾人忘我的精神就是我们的好榜样,你让我懂得了什么叫母爱,我长大后一定好好报答母亲,更不会忘了你。

我喜爱的动物

我家有只淘气的小乌龟,它是妈妈从菜市场买来的。虽然只花了三块钱,但却给我们全家带来了无尽的欢乐。

记得它刚来我家时,还不适应这个陌生的环境,挺胆小,干什么都小心翼翼的,头、腿、尾巴都紧紧地缩在壳里,有时见周围没有人,它便会把头伸出水面四处张望;一旦有人来,小脑袋又立刻缩了回去。它见我每天给它喂食,换水,并无敌意,胆子便慢慢地也大了起来,活泼淘气的天性便渐渐显露了出来。

看小乌龟吃食的确是一种乐趣。投进一丝牛肉,它便马上会寻味游来,津津有味地美餐一顿。有时肉丝太长,一口吞不下去,它的两只前脚便会一齐上阵,撕、咬、拉、嚼,有条不紊。它的吃相每每逗得我们哈哈大笑。

前几天，小乌龟的鱼缸里又添了新成员——一只大龙虾，这是家里做菜剩下的。我原以为它们会"和平共处"，可这龙虾一放进水里就一刻也不让人安宁。它在鱼缸里张牙舞爪，欺负的对象自然便是"老实巴交"的小乌龟喽。瞧，这不，它正张开一对大螯，大举进攻乌龟的小尾巴呢。乌龟可能是被夹痛了，拼命反抗，两只后腿使劲地蹬它。龙虾挨了几下，这才知道乌龟也不是好惹的，再也不敢专横跋扈了。尽管如此，龙虾的出现，还是给乌龟带来了威胁。它每天搅得乌龟吃不香，睡不好，还得时时提防龙虾的突然袭击。看着它们每天可怜兮兮打来打去的样子，我的心里可乐了。

小乌龟来我家有五六年了，它已成为我们生活中不可缺少的一部分。每天茶余饭后，全家人都围在鱼缸边喂它，逗它，它给我们增添了无穷的乐趣。

童年的记忆

童年生活像一个五彩斑斓的梦，使人留恋，使人向往。童年生活中发生的一件件有趣的事，常常把我带入美好的回忆中，下面就讲一件给你听。

那是我读小学时的一个阳光明媚的下午，太阳公公笑眯眯地将它火辣辣的"金剑"洒向了大地，整个大地顿时变成了一个大火炉。我们在老师的带领下，兴致勃勃地顶着烈日赶往钓虾场。首先展现在我们眼前的是一个椭圆形的虾塘，整个虾塘像一块碧绿的翡翠，一阵清风拂过，水面上立刻泛起了层层涟漪，美极了。虾场的大伯一见我们前来"登门造访"，便笑容可掬地忙开了，撑遮阳伞，分发饵料和网兜……同学们拿着虾竿，端着小凳，各自选定了一个最理想的位置坐了下来，宁静的虾塘顿时热闹起来了。

我拿着钓虾工具来到了自己觉得容易钓到虾的地方，坐下以后，我便开始"工作"起来。我把鸡心粒穿上虾钩，然后甩入水中，接下来便静心地等候虾儿的"光顾"。十五分钟左右，定在水面的浮标上下跳动了几下，我的心也跟着浮标跳个不停，我用双手紧紧握住虾竿猛地一提，可是提钩上的饵料已不见了，却连虾儿的影子也没看到。这"家伙"真狡猾。我重新穿上虾饵后将虾钩甩入水中。过了一会儿，浮标又跳动了几下，这次我没有急于提竿，等到浮标猛地沉入了水中，我便猛地提竿，谁料虾儿用了一招"金蝉脱壳"，逃走了，气得我想扔下虾竿不钓了。刚好老师走了过来，对我们说："孩子们，无论做什么事都要有耐心。这虾儿咬钩可'刁钻'呢！它先是拖着饵料在水中'闲逛'，等拖到安全的地方时，它才会'品尝'起来，所以我们千万不要心浮气躁。"

听了老师传播的"秘诀"之后，我又甩下了虾钩。过了一会虾儿上钩了，我慢慢地把正垂死挣扎的虾儿放入网中。初战"告捷"后，我又将钩甩入水中，等待下一个来犯之"敌"……

不知不觉便到了黄昏，我们各自提着"战利品"凯旋。这件看似极为简单的小事告诉了我们一个道理：耐心和毅力是成就一番事业的"基石"，没有耐心和毅力将一事无成。

我喜爱的职业

我喜爱的职业是医生。

一开始我非常讨厌医生，看到穿白褂的医生就会产生畏惧。

小时候我总是生病,一生病常常被迫去打针。到了医生那,看着医生手里拿着的尖尖的针,我就会马上撕心裂肺般地哭喊:"我不要……我不要打针……"不管怎样挣扎,爷爷也会强按着不让我动,任凭医生"下毒手"。医生有时火了,吓唬道:"你再动,等下针就掉在屁股上不出来了。"这一招的确很灵,从此我打针时再也不敢乱动,痛也忍着,生怕针就长在肉上了。每回打完针回家的时候,屁股就痛得不能走,只好趴在爷爷的背上,由爷爷背我回去。上小学一年级时,生病后去打针我就不用大人陪着了,放学回家的路上,就一个人乖乖地去打针。记得有一回去在打针,医生刚把药弄好,我就脱了点裤子让他打。一些大人在打吊针,看到了这一切,都赞不绝口地说:"这是谁家的小孩子呀?这么胆大,不怕痛啊。"我笑笑,打完就走了,虽然痛也装得很洒脱。

到我上完初中,我对医生这个职业都没产生任何好感。我怕进医院,更怕医生手里的针,就如同我怕暴力一样。凭这些,我清楚地认识到自己成不了一名医生。

上高中后,我患上了慢性咽炎,这是一种很磨人的病。每到冬天,就在学校痛得待不下去,只得回家熬中药进行调理。在这三年里,我请过无数次长假,也休学过几个月。家里人一直都在四处寻医,爸妈给我找过草药郎中,陪我做过小手术,让我打增强免疫力的药物等,能想到的办法全都试了,花去很多的钱,但就是没有任何收效。我因为长期服药,身体越来越差,体质越来越弱。上大学后,条件好些了,我就几次跑到市医院去检查,遇到了一位医术高明的医生,他告诉我这病需要调养,生活中要时常保持好心情,时刻注意,别感冒,过段时间自然就好了,药物只是起辅助作用。这位老医生的话让我有种茅塞顿开的感觉,瞬间我懂得了很多。

再后来就是现在了,我学会了一个叫"释然"的东西。对于病痛,我不再如同以前那么抑郁担忧了,我的老毛病也很少犯了。

身体是自己可以把握的,生活中的许多事都是可以去把握的,关键在于你要寻找到一种方式和方法,而那开启的钥匙不在别处,就在你心中。

从此,我有了一个很强烈的念头,当一名好医生,一名关注病人身心健康发展的医生,拯救自己,也拯救他人。

难忘的旅行

每年的国庆节、劳动节,我们一家人都会出去旅游。每年暑假和寒假两个假期,出去旅行的机会就更多了。最让我难忘的旅行就是有一次和一些朋友去探险。记不清那座山的名字,只记得那天天气很冷,又下着雨,不知是谁心血来潮建议去登山,大家也就同意了。

到了那里,我们在一个朋友的带领下,直奔我们要去登的山,却发现这是一座没有人走的山,或者路不在我们所走的地方,总之,我是糊里糊涂跟着爬山了。说穿了,这是我第一次,也是最后一次探险活动,因为我天生是个胆小鬼,如果一开始知道要参加这样的冒险活动,打死我也不会去的,但到了那里我就没有退路了,只好硬着头皮往上走。起初,还有一点点路的痕迹,但是当我们爬到一定高度时,就没有什么可以让人放心立足的地方了。冷雨落在身上都没有感觉,因为所有的注意力已经集中在如何往上爬上了。我偶然一回头,发现自己已经身处半山腰,下面是悬崖峭壁,我顿时感到头晕目眩,再也不敢往下看了。走到一处,发现一个一点点大的山洞,我们几个人就挤在山洞里,让一个人先上去,上去之后,他找来一些藤条,放下来拉我们,我们就这样一个一个地被拉上去,我不禁为自己的处境担忧起来。后来,我们听到了几声鸡叫声,知道山顶上有人家,心里稍微放松了一些。这样的经历真是难忘。

我的朋友

一本好书,可以跨越地域的阻隔,可以突破时间的限制,为不同国籍、不同肤色、不同年龄、不同职业的人所喜欢。不知从何时起,自己喜欢与书为友了。应该是在识字前,当时觉得爸爸妈妈很棒,拿了那么一个小本本就可以讲出那么多好听的故事,所以觉得那个本本很神奇,为了探寻究竟,我开始破译书上的密码——认字。

当时看书是以连环画为主,一本书也没有几个字,但我喜欢听别人说我爱看书。因为我总觉得,看书的人才有知识、爱学习,我喜欢别人说我是个爱学习、有知识的人。

长大一点后,我喜欢看童话,童话告诉我生活中的美与丑、善与恶、真与假。格林、安徒生、郑渊洁是当时的主导,生动而鲜明的人物描写、完整而多变的故事情节、细腻而丰富的思想感情,都深深地打动了我。

十几岁的时候我认的字已经可以顺利地看下整本书了,所以我也像大部分女孩一样看琼瑶、冰心、三毛的著作了。

书一直伴我左右,我喜欢揣摩书中人物的心理,更喜欢透过作者的双眸去观察世界。《雷锋的故事》让我懂得了做人的道理,要做一颗永远不会生锈的螺丝钉;《爱的教育》教会了我应该时时刻刻为别人着想,用自己的爱去温暖他人;《钢铁是怎样炼成的》使我明白,做人要自强不息、永不言败,坚持到底就是胜利……

我爱书,它是我今生不可分割的一部分,它不仅可以为我带来许多知识,还可以洗礼我时而浮躁的心。不管怎么说,书是我最好的朋友。

我喜爱的文学(或其他)艺术形式

我喜爱的文学艺术形式是小说。小说有趣、好看,吸引人,许多人都很爱看,我也很爱看,因为它能以细致而鲜明的人物、完整而多变的情节、细腻而丰富的感情,完整地向人们展示一个既来源于生活而又高于生活的复杂世界。

首先说细致而鲜明的人物描写吧。小说中的人物不仅有神态、语言和行为的外在表现,而且有思维、意识和心理的内在活动。小说的特点之一就是作者能对各种各样的人物作细致而鲜明的描写。就拿曹雪芹写的《红楼梦》来说吧,书中描写的人物,个个性格各异,生动鲜明,像柔情似水的贾宝玉、多愁善感的林黛玉、聪明泼辣的王熙凤等。

第二就是小说中情节的描写是完整而多变的。小说的情节一般按照开端、发展、高潮和结局这四大步骤来编写,是一个完整的整体;小说的情节又是多变的,它可以不受时间和空间的限制,偶尔半路杀出个程咬金,出乎意料,扣人心弦,总想方设法吸引住你,让你爱不释手地把小说从头看到尾。

第三就是小说中感情的描写丰富而细腻。小说中对感情的诉说有时细腻得让你感同身受,如同亲临其境一般。小说中主人公的遭遇有悲有喜,有时会让你哭得死去活来,有时会让你笑得肚子直发痛,有时还会让你哭笑不得,心里憋着直难受,真可谓感情丰富也。

世界生活是丰富多彩的,现实的人是多种多样的,我可以通过小说去了解丰富多彩的世界生活,可以透过小说去洞悉现实中各种各样的人,这就是我爱看小说的最好理由吧。

谈谈卫生与健康

在物质文明与精神文明共同进步的今天,健康这个话题越来越受到人们的关注,越来越多的人开始意识到健康与卫生的重要关系,在不断地寻求适合自己的养生之道。

人都是在生病的时候才知道健康的重要性,体会到身体健康是多么的幸福。而健康呢,跟我们平时良好的卫生习惯有关。

俗话说,病从口入,这说明食物的卫生对身体健康的重要性,不良的饮食卫生习惯很容易使人的身体生病。其实卫生是处处都需要注意的,在路旁、街头、小巷里面就有很多油炸的、臭豆腐之类的东西,我觉得最好不要去买,因为你不知道它们是用什么制作的,而且没有卫生保障,吃了容易出现头晕、拉肚子等症状。

良好的卫生习惯是健康的前提与保障,比如饭前便后要洗手,同时还要注意个人卫生,要每天勤换衣服,每天洗澡等。只有养成良好的卫生习惯,处处讲究卫生,才能拥有健康的身体,才能好好地享受生活。

卫生与健康是紧密相连的,不良的卫生习惯还能使人的眼睛受到伤害。比如你的手碰过旧书籍、旧报纸之类的东西,最好就不要揉眼睛,否则会把你手上的细菌也带入眼睛,使得眼睛生病,导致视力下降。

我们还要讲究居住环境的卫生,要每天扫地拖地,坚持每天倒垃圾,还要保持室内的通风透气。

丰富的物质生活加上健康的身体才能够让我们真正地享受生活,而健康与卫生息息相关,卫生是健康的前提,要想健康地生活,就必须讲究卫生。

我的业余生活

抛开书山题海重压的学习生活,我的业余生活非常丰富。读书之余,我喜欢给朋友写写信,和他们谈谈生活的苦与乐,特别是当我有什么烦恼闷闷不乐的时候,写信便是我最乐于做的事情了,把一切不快乐的事情都罗列在信上,等写完一封信,一切烦恼也就烟消云散了。当然,这样的信大多数是不会寄出去的,这样做只不过是为了发泄罢了。条件允许的时候,我还喜欢和同学去游玩,但是因为还在读书,经济比较紧张,所以只能去比较近的地方游玩。假日里,一顶太阳帽,一辆自行车,三五个人,可以快乐地玩上一整天,无忧无虑、自由自在!

平时除了喜欢写信、游玩外,我还喜欢养花儿。一把泥土,一个花盆儿,我便可以种上花儿,家里花草繁茂的功劳全归于我。远离家乡,来到技师学院,我也常想念我的花儿,常常在电话中向弟弟妹妹嘱咐一句:记得帮我浇花儿。当然,家人也把花儿照料得很好。人们常说一朵美丽的花儿是精心浇灌的结果,我认为这句话并不完全正确,因为我最喜欢的太阳花就不需要精心浇灌,照样能开出美丽的花儿。初种太阳花,只需把苗种植入盆内,浇上一点水,保证花苗能活就可以,其他的可以不用操心,因为无论气候怎样干旱,它都不会向死神屈服。太阳花结籽,不必收藏,它自己落在盆内的土壤中,冬去春来,自会破土而出。

由此,周而复始,它的生命之火永不熄灭。

写信、游玩、养花儿都是我平时喜欢做的事情,它们给我的业余生活带来了很多乐趣,使我每天过得都很充实。

我喜欢的季节

我们这里四季分明,每个季节都有自己特点,都有值得称颂的地方。在四个季节当中,我最喜欢春天。

"一年之计在于春",春天寄予着人们一年的希望。严冬过后,天气渐渐变暖,冰封的河流也开始融化了。柳条儿绿了,随着春风的吹拂,轻轻地舞动。花开了,五颜六色,争奇斗艳。各种小动物也开始活动了。沉寂了一个冬季的大地又恢复了蓬勃的生机。该种地了,种什么庄稼,种多少,在哪块儿地种,农民都要盘算一下。然后买种子,购化肥,做好播种的准备。再过一段时间,我们就能看到农民辛苦劳作的身影。一年的忙碌就这样开始了,人们用汗水种下了一年的希望。

有人喜欢秋天,因为秋天是收获的季节,人们会兴高采烈地采摘果实。然而,这丰硕的果实不正是春天辛勤耕耘的结果吗?我们不能只享受收获的喜悦,更应该体验劳作的艰辛。要知道世界上没有不劳而获!我们现在的辛勤工作就是春天的播种,洒下了汗水,也种下了希望。将来我们收获的必然是成功的硕果。

春天是最美丽的,许多文人都喜欢春天。我记得朱自清的《春》这样写道:"盼望着,盼望着,东风来了,春天的脚步近了。一切都像刚睡醒的样子,欣欣然张开了眼。山朗润起来了,水涨起来了,太阳的脸红起来了。"每当回忆起这些句子,我的脑海里都会浮现出一幅幅美丽的春天的图画。

我喜欢春天,因为春天不但有美丽的鲜花,温暖的天气,更有对秋天的期望。有了期望才有前行的动力,我喜欢春天!

学习普通话的体会

普通话是我国的通用语言,是我们所有炎黄子孙赖以交流、沟通思想感情的工具。它是以北京语言为标准音、以北方话为基础方言、以现代白话文为语法规范的一种语言。一口字正腔圆的标准普通话能给人一种美感,给人一种无穷的享受。

学好普通话,说难也不难,说不难还真有点儿难!记得小学一年级时,天天读 a,o,e,想不到这对我们后来学好普通话竟有如此重要的作用。如果拼音不过关,想读好说好普通话就成了无本之木、无源之水!

读小学、中学的时候,除语文课有机会外,其他时间我们是难得学习和使用普通话的,同学、家人之间的交流用的都是方言。进入技师学院后,我才开始系统地学习普通话,才真正知道普通话的用处、妙处和难处。一直以来,我都觉得自己的普通话水平不错,哪知道,越看书,越是发现自己很多地方发音不准,着急的我不知道该怎么办才好。于是我爱上了查字典,起初,我只是查书里面不确定读音的字,读几遍,然后记在自己的小本子上,随时翻阅。后来,我干脆把字典随身携带了,坐在车上,走在路上,只要有字的地方,我就读,遇到不确定的字,我就立刻查字典。经过一段时间的努力,我的普通话水平提高了许多。

学习普通话后，我深刻地体会到中国汉字的博大精深，为自己平时不注意发音而感到惭愧，也很庆幸自己能有这么好的一个机会来学习并体会普通话。"书山有路，学海无涯"，现在只是一个开始，今后我会时时注意自己的发音，并随时纠正，真真正正地说好自己的母语。

谈谈服饰

服饰，是一种文明的标志。在爷爷奶奶的年代，他们穿的是长袍和旗袍衫，色彩比较单一。在父亲母亲的年代，他们穿的是尼龙和的确良，色彩和款式也比较单一。到了我们这个年代，却大不一样了。我们所谓的"时尚"，常常让长辈们无法接受。记得读初中的时候最流行喇叭裤，当时我们都以有一条喇叭裤为荣。同时，还流行牛仔裤，我一直为自己没有一条牛仔裤而伤心。高中的时候，90后的品位又有了新的变化，喜欢在自己刚买的牛仔裤上留下一些小洞洞。而且，一般都是在膝盖和大腿的位置，有些人还把小洞洞弄到臀部的口袋上。在长辈们的年代，这是一种穷人穿破衣的表现，有了破洞补还来不及，现在却成了潮流时尚。真正感受到服饰的多姿多彩，是我上了技师学院以后。每次一到商场，就会眼花缭乱，各式各样的衣服琳琅满目，款式的多样化、色彩图案的丰富多彩、布料的各不相同，让我无从选择。

今年夏天，我发现到处都是雪纺衫。雪纺衫那轻盈和飘逸的感觉，很适合夏天穿着，给人一种清新的感觉。除此之外，现在的"波西米亚"风格也比较流行。所谓"波西米亚"，原意指豪放的吉卜赛人和颓废派的文化人。然而在今年的时装界甚至整个时尚界中，"波西米亚"风格代表着一种前所未有的浪漫化、民俗化、自由化。浓烈的色彩、繁复的设计，带给人强劲的视觉冲击和神秘的优雅气息。"波西米亚"风格的流行，也是对前两年简约风格的最大冲击。无论是在大街上还是在校园里，"波西米亚"随处可见。

我的假日生活

说到假日生活，上网和体育锻炼是我在假日里最常做的事。

首先，我们可以用网络来辅助学习。平时遇到学习上的问题，我就利用网络来查找答案；对于国内外的时事新闻，我也是通过网络获知的。如果我想学习什么新鲜事物，也可以上网查教程，例如最近我对图像处理比较感兴趣，就下载了电子书教程，跟着教程一步步来学习、掌握。说到网络上的电子书，更多时候会让我们想到小说，确实，从网络上下载小说电子书到MP3或手机上，非常便于携带，想什么时候看就什么时候看。另外我还开通了博客，它在很大程度上丰富了我的假日生活，利用博客将自己在学习上和生活中的心得记录下来，一方面可以提高写作能力，另一方面通过分享这些感受，还可以与全国各地的网友相互交流，共同提高。21世纪是信息时代，我们的生活已经离不开网络了，它丰富了我的业余生活，开阔了我的视野。

其次，体育锻炼也是我假日生活不可或缺的部分。从小，老师和家长就教导我们，"生命在于运动"，坚持体育锻炼可以提高身体素质。我养成了每周去体育馆打羽毛球的好习惯。最初我仅仅是用尽力气挥着球拍乱打，没过多久就觉得很累很累，后来我选修了羽毛球课程，才知道握拍不是想怎么握就怎么握，挥拍也不是力气越大越好的。经过一段时间的训练,我掌握了手腕的技法,用的也是寸劲,不仅不会像最初那么累了,而且身体素质也得到了提高。

总而言之,因为有了上网和体育锻炼,我的假日生活才更加丰富多彩。

我的成长之路

我的成长之路是平坦中夹着荆棘的。我读小学的时候,由于家离学校比较近,所以我常常和那几个在校住宿的老师打交道,慢慢地我们变成无所不谈的好朋友。她们常常辅导我的功课,所以那个时候,我的成绩在班上一直都是名列前茅的,班主任老师当然很器重我,把班级的大小事务都交给我管理,同学们不但敬佩我,还很羡慕我。就这样,我很愉快也很满足地走过了小学时代。

后来到镇里上中学,我发现一切都变了,老师和同学都很陌生,中学的老师再也不会像我小学的老师那样处处关心我的学习和生活。顿时,我产生了一种被人冷落的感觉。学习没有了以前的冲劲和激情,对什么都好像不感兴趣。慢慢地,我的成绩也退步了,而且偏科比较严重。快到中考时,我意识到了问题的严重性,有因必有果,果然那一年的中考我没有考上县里的重点高中。在进退两难的境况中,我选择了盐城技师学院,这意味着我在别人眼里是一个考不上重点高中的技校生。为了改变这种命运,我争分夺秒,不放过任何可以学习的时间。我每天很早就坐在教室里看书,认真地学习技能,还在自己的课桌上写了"勤能补拙"四个醒目的大字来鞭策自己。

后来老师发现了我的刻苦用功,在班上表扬和鼓励了我。老师的话更加激起了我的学习动力,于是我更加努力了。可以这样说,在技师学院学习的这几年,是我读书生涯里面最辛苦的几年,也是最充实的几年。

功夫不负有心人,我在技师学院每学期都拿到了一等奖学金,多次获取"技术能手"的荣誉称号。回想起自己走过的路,虽然挺苦,但也收获了很多。我悟出了一个道理:一分耕耘,一分收获,痛苦总是会过去的,一切都会好的。

谈谈科技发展与社会生活

随着人类历史的发展,今天的社会生活里到处都是科技发展的成果。你看,衣、食、住、行哪一样脱离得了科技发展?就拿通讯这一方面来说吧。在古代,家里人出个远门,那就杳无音讯,除非同乡人能给带个消息。发展到后来,人们借用鸽子来传递一些简短的讯息,而鸽子能否安全到达还不一定呢!而且鸽子并不是人人都能利用的,得有人专门训练,所以使用范围很小。等到人们发现鸿雁传书还不能满足人们的要求时,便有了"邮差""信差"的出现,由专门的人来替人传递书信,虽然可以同时传递比较多的信息量,但是受交通条件的限制,传递的速度还是很慢。

所以我觉得电话真的是一个伟大的发明。在普遍使用电话多年的今天,要是突然电话、手机坏了,虽然人们还可以继续生活,可是无法在瞬间与外界联系,感觉就好像被遗弃了似的。手机也是一个巨大的进步,电话是固定的,只能在家里使用,手机却可以陪着你到处走,我想,现在每一个人要出门之前检查最多的,肯定是钱和手机有没有带。因为人们习惯于到某个地方通过手机向家人、朋友报平安,在需要的时候通过手机向别人求助。要是没有手机在身边,感觉就好像失去了一种求助方式,而且这种求助方式绝对是使用频率最高的。

科技的发展缩短了人与人之间距离,所以就有了"地球村"的说法。以前飘洋过海是多么辛酸的事,因为距离遥远,人们不知道何年何月才能再见上一面。可现在,不仅有电话、手机之类可以随时报告行踪,还有视频可以随时传递图像,你就是多根头发少根头发,远在大洋彼岸的家人也马上能知道。这些都是科技发展给我们带来的美好生活,我们应该感谢那些致力于科学研究、致力于改善人类生活水平的人们。他们是伟大的,是可敬的。

我知道的风俗

风俗是指地方的风土人情,我国人口众多,幅员辽阔,各地有不同的风俗,但有些传统节日的风俗是相同的,如端午节吃粽子。

记得我很小的时候,家境比较清寒,每年端午节只能包米少豆多的粽子,母亲叫它"豆粽",一个粽子里除糯米外,就是那些赤豆、白豆等豆子,这些都是母亲在房前屋后一些闲地上种的,不过,豆子多了,吃起来很香。包豆粽这个活儿,还是要有一定的技术的,不然的话,在煮的时候,粽子会散开来。

最常见的粽子形状就是宝塔粽,尖尖的顶,三角形的底座,竖起来放在桌子上,它不会倒下来。这种粽子大的约有半市尺长短,小的也有三四寸。一些心灵手巧的小媳妇还会包十分有趣的"连环粽",两个小粽子中间有一根红线牵连着。还有别出心裁包的"月牙粽""枕头粽""拳形粽""方粽"等,五花八门。

端午节这天,家家户户不管贫富都要包粽子,左邻右舍串门的,按村里的礼节,也一定要尝一下主人家包的粽子。吃时,把青青的芦叶从下面开始一张张地剥开,再用两根筷子戳进底部,从粽子的宝塔尖上开始咬起,直到吃完为止。有些大的粽子一次吃不完,只好带回家去,不能留给主人家。这个时候,满屋、满村都散发着芦叶的清香。家家户户不仅自己吃,还要挑上几只包得最好、最大的粽子,用红线串着扔到村旁的河里去。连我们偏僻小乡村的农民也知道纪念屈原这个忧国忧民重气节的诗人呢。

我和体育

从小,我就是一个比较喜欢运动的女生,"生命在于运动",我觉得,这句话一点儿也没错。所以,体育也是所有学科当中我最喜欢的一科。

从上初中开始,我每天早晨都会坚持跑步,即使是初三和高三这两年,我也从来没有间断过,这种习惯一直延续到今天。我的生活很有规律,上了技师学院,我每天晚上十点之前就会睡觉,早晨五点半起床,洗漱完就会去操场跑步,我跑步回来后再叫同寝室的室友们起床。她们几个都不用定闹钟,我就是她们的闹钟。等着她们收拾完了,我们就一起吃早餐,去上课了。

除了跑步,我还很喜欢打羽毛球。我从上小学时就开始打羽毛球了,夏天几乎每节课间都会和同学一起玩;放假了,还经常和我妈妈一起玩,只是我妈每次都玩不过我。

上了技师学院,我才学会游泳。从来都没下过水的我,一学就学会了,我是我们一群人中学得最快的一个,所以,我也爱上了游泳这项运动。没事的时候,我和几个同学总会一起去游泳。现在,游泳已经成为我最喜爱的运动了。我认为游泳不但可以健身,还可以放松紧张的心情。我喜欢在水上漂浮的那种感觉,闭上眼睛,什么都可以想,什么都可以不想。

我还很喜欢溜冰,如果在一个空旷的场地,我会溜得很快,那种感觉就好像自己飞起来了一样。就在这次暑假,我还买了一个滑板,没事的时候,我就会拿出来玩玩,现在还没有学好,只是掌握了基本的技巧,相信有一天,我会玩得很好。

总之,我和体育有着不解之缘,我热爱运动,我热爱生命!

我的家乡——盐城

我的家乡很美丽,有着漫长的海岸线、悠久的人文历史、富饶的物产。我的家乡在盐城。

盐城历史悠久,有 2100 多年的历史。盐城还是我国重要的革命老区之一,拥有全国规模最大、资料最全、最具代表性的新四军纪念馆。

盐城有好多特产,如何首乌、阜林大糕、大对虾等。我最喜欢吃阜林大糕了,由于选料精美,制作功夫独到,每逢冬令时节,人们争相购买。春节期间,家家必备大糕,亲友互相拜访,主人最先拿出招待的食品,就是大糕,以取其新的一年"大吉大利,步步登高"之意。

说到我的家乡盐城,黄海滩涂丹顶鹤和麋鹿是不能不提的。那儿是一片广袤的土地,气候温和,林茂草丰,是麋鹿野生放养的理想场所。麋鹿生活在大丰自然保护区,被人们称为"四不像"。人们为什么要称之为"四不像"呢?因为它们"尾像驴、蹄像牛、面像马、角像鹿"。我最喜欢的鸟儿就是丹顶鹤,这是一种美丽的鸟儿,俗称"仙鹤",它们生活在射阳丹顶鹤自然保护区。丹顶鹤,听到这鸟儿的名字,让我想起一个人——徐秀娟。徐秀娟是丹顶鹤自然保护区的一名员工,她在为丹顶鹤洗澡时,两只丹顶鹤无意间飞走了。徐秀娟得知它们在河的那头,于是不顾生命危险地跳到河里,不幸溺水身亡。有一位歌手曾为她写过一首歌:"有一个女孩,她曾经来过 …… 还有一些丹顶鹤,轻轻飞过。"听着这首歌,我流下了泪,仿佛自己就在那条河的旁边,看见徐秀娟因在河中寻找丹顶鹤而溺水的情景。

盐城的水陆交通极为发达,为你的旅行提供极大的方便。

盐城还有好多特产和好玩的地方,在这我就不一一介绍了,你自己来盐城做客吧,一睹盐城的风采。我们盐城人非常好客,欢迎大家来盐城!

谈谈美食

提起美食,我要向大家介绍一下我家乡的小吃。

我的家乡在陕西省西安市,西安是十三朝古都,是一座拥有着厚重的历史文化积淀的城市,它的美食文化也是特别值得夸耀的。

提起西安的小吃或者西安的美食,人们的第一印象就是羊肉泡馍。的确,羊肉泡馍是我们西安的一道特色美食,特色在哪里呢? 特色在吃的人要自己动手参与制作。当你走进泡馍馆时,服务员就会给你一个大大的碗,两只饼,然后,你就得把那两只饼一点点地掰成黄豆粒大小的模样。这道工序可得仔细了,因为这直接关系到你吃时的口感,如果饼掰大了,不但不入味,还会半生不熟;掰小了就会糊成一团,吃不出那筋道劲儿;如果掰得大大小小的,那就更完蛋了,又糊又夹生。要想吃得好,一定要耐下心来,把馍掰好。然后,服务员会给你的碗里浇上滚烫的羊肉粉丝汤,油漉漉的、香喷喷的,烩着小馍块,特别好吃。这时再配上点辣椒酱,就着脆甜可口的糖蒜,那味道简直无法用语言形容,肯定是吃完了还想吃。

第二道特别推荐的美食,还是大家耳熟能详的——肉夹馍。和北京的肉夹馍不同,西安的肉夹馍绝对不放什么香菜和青椒,就是纯肉。有偏肥、纯瘦、肥瘦相间三种供顾客选择。但是,老字号的肉夹馍店决不这样,因为他们卤出来的肉真的是肥而不腻、瘦而不柴,怎么着都好吃。他们的肉卤到什么程度呢?根本就不用刀切或者刀剁,直接用刀面一拍,就行了。夹在刚烤出来的白吉馍里,真的是外焦里嫩、满口留香,这时再配上一碗清香的牛肉丸子粉丝汤,就更绝了,花不了多少钱,保证吃得饱饱的、香香的。要说为什么会这么好吃,秘密全在卤肉的腊汁汤里。而在西安,你要想吃到最正宗的肉夹馍,一定得早起,排队,不然就被抢售一空了,生意红火得不得了。可是做生意的人,从来都不想多做一点或者开什么连锁店,每天就是定量的馍和肉,卖完了就关门,保持原汁原味最关键,而且汤是越老越好。只有老字号的店才敢号称百年腊汁肉夹馍,味道确实不一般。

我喜欢的节日

中国这个大家庭,从古至今经历了不少的风风雨雨,同时随着社会的发展,出现了不少的节日。

小时候,我很喜欢过六一儿童节。每年六一,我们学校就会组织去野游,背着一书包的好吃的,去公园,去爬山,开心极了,一点都感觉不到累。之后,爸爸的妈妈还会带着我去照相,这也是我最开心的时候。

除此之外,我最喜欢的节日就是春节了。春节在中国人心目中的地位是最高的,它也是所有节日中规模最大、礼仪最隆重的。过春节又叫"过年",它代表着新一年的开始,都说新年新气象,它更是新目标实现的开始。

过春节的时候,即使是千里之外的人,也会尽量赶回来跟家人团聚,过一个和和美美、团团圆圆的快乐年。过年时,小孩子就更开心了,不仅可以吃到美味的食物,穿上漂亮的衣服,而且还可以拿到压岁钱呢。记得我小时候,最盼望过年了,每到过年时,我就会想,要是天天过年该多好啊!

春节的前几天,家家户户都要打扫卫生,把屋里屋外打扫得干干净净,整理得整整齐齐。

除夕晚饭非常丰盛,一家老小围在一起吃团圆饭,热闹极了!吃完年夜饭,一家人一起放烟火,看中央电视台的春节联欢晚会,一片快乐祥和。

另外,我还喜欢过的是中秋节。我是个馋嘴的丫头,各种馅做的月饼总是让我流口水。到了晚上,一轮又大又圆的皓月挂在空中,和家人坐在月下,品着月饼,谈论着总也说不腻的嫦娥奔月的故事,是一件多么幸福的事啊!有一年的中秋,吃着月饼看着月亮的时候,我突然想到了一个问题,人们常常说月亮上有嫦娥和玉兔,看月亮时也可以看到月亮表面有一个兔子模样的影子,而且从传说中我们也知道了兔子在月亮上是做锄药的工作的,那么,兔子究竟捣的是什么药呢?后来,我查阅了许多书籍,终于在《台湾岁时记》这本书里,找到了答案,原来那只兔子是有名字的,叫做石臼,它捣的药,人吃了之后可以飞上天。瞧,这过节不仅可以使人心情舒畅,而且还可以增长知识呢。

我所在的集体

我所在的集体是××班。我们班级里人人都十分幽默,是学校名副其实的"幽默军团"。

记得有一天,李老师在上课前五分钟神秘兮兮地走到讲台上说:"我有一个好消息和一个坏消息,你们先听哪个?"我们有的说先听好消息,有的说先听坏消息,争得面红耳赤。李老师也在一旁看"好戏"。这时还是要我这个"和平主义者"阻止战争啊:"大家请安静,大家请安静!我们先别争,听老师的主意吧。"同学们听了我这番话,不约而同地看向李老师。李老师见这情况,也不能"置身事外"了。"好吧,我们先听坏消息吧。""您说。""坏消息就是……"李老师故意吊我们胃口,拖很久很久,"好吧,不整你们了。坏消息就是我们下节课要考试!""啊!"我们都一起尖叫起来。"好消息呢?"有一个同学问:"是不是考试延迟了?"小雪问:"是不是老师要请我们吃大餐?""你就记着吃!"我们向最贪吃的小雪讽刺道。李老师说:"你们都别猜了,我告诉你们吧。好消息就是……这些题十分简单!""哎——"同学们都长长地叹了一口气,心中的"大石头"也放下了。

"叮铃铃——"上课铃响了。同学们回到座位,安安静静地坐正,准备考试。李老师叫我把卷子发下去,我刚拿到卷子,一看就傻眼了。卷子上的题超级难,比上天堂还难。我呆若木鸡地站在那儿,直到老师拍了我一下才回过神来,发完卷子。果然如我所料,考出来的成绩惨不忍睹。就连我保持已久的"不下95"也破了。简单地浏览了一下卷子后,我就"联合"几个死党,一起去李老师那儿问个明白。可是,我还没走出教室呢,上课铃就响啦。我心想:天啊,怎么这么霉啊。不管了,反正下节是她的课,就在课堂上问吧。李老师走进教室,我就举手发言:"李老师,您在上课前说考试题很简单,怎么会这么难呢?"李老师笑眯眯地说:"你误会我了,我没说谎啊,我说十分简单,九十分很难啊!""啊!"我叫起来。我一时间找不到话应对,只好使出终极武器了:我忍!

谈谈社会公德

五一节到了,出游的高峰时期来临了。想起了长城砖上的"刻字",想起了龙门石窟触手可及的地方那些珍贵的小佛像雕刻已经被抚摸得光滑发亮,想起即使在故宫,穿着"文物保护鞋"的游客依然十分自然地把那口脓痰留在紫禁城的院子里……

在广州市一条不足400米长的步行街上,清洁工人清理出人们遗弃的约15公斤的口香糖;在哈尔滨漂亮的中央大街,随处可见斑斑痰迹;在郑州,庆祝节日时摆放的鲜花被哄抢、折毁;北京的一次游泳馆水质抽检结果显示,水中尿素含量全部超标……

北京某公司业务部经理宁健乘坐公共汽车时,因制止歹徒行窃,被扎成重伤,住院治疗费共1.7万元。他所在单位以公司不是慈善机构为由,不给报销医药费,他治病期间的工资、奖金也被扣除。

面对手持匕首挟持两名柔弱女青年的歹徒,不满18岁的黄健英勇上前与歹徒搏斗,献出了宝贵的生命。令人遗憾的是,他用生命救下的两名女青年及其父母对此却表现出惊人的漠然,声称:"我们又没有叫他救人,他自己要逞能,死了活该。"当地一位老人说:"他们伤害的不仅是黄健一家人,而且是全社会有良知的人。"黄健的父母忍无可忍,于今年6月25日愤而将获救的两名女青年推上了被告席,终于在法院讨回了公道。

更有甚者,一些见义勇为者救人反被怀疑成肇事者,受尽被救者家属的刁难和自家人的责备。见义勇为是社会公德最突出的体现,本是很正常、很自然的事,所谓"助人为乐",用不着倡导,更用不着立法保护。而如今,见义勇为越来越难,也就越来越少。仅靠宣传教育已经不能唤醒人们的正义感和责任感。

谈谈个人修养

修养是个人魅力的基础,其他一切吸引人的长处均来源于此。古人云:"修身、齐家、治国、平天下。"把"修身"列在首位说明良好的个人修养是成就事业的前提。做一个文明的大学生是学校和社会对我们的基本要求。

但是在高度发达的现代社会里,修养不高的人却比比皆是。有些人乱扔垃圾,甚至随地吐痰,还有些人竟然脏话连篇,不注意文明用语。

一个人如果要获得别人的赞赏、别人的尊重,甚至吸引别人的注意,提高自身的修养是非常重要的。

为什么有些人说话、举手投足,甚至微笑或者问候,更甚至接听电话都给人一种很舒服的感觉,而有些人则恰恰相反呢?这里面就有一个人的修养问题了。有时,优雅和礼貌并不完全是做给别人看的,其实从内心深处,我们每一个人都很欣赏这样的美:并不一定长得很美、很帅,并不一定拥有很好的嗓子或者名牌的手表,但只要稍加注意,就可以在普通人中脱颖而出,这就是个人的修养了。俊朗的外表、姣好的面容仅仅是母亲给的,但优雅、礼貌的行为则是后天的获得。许多时候,后天的获得是可以弥补先天的不足的。

我喜欢的明星

我喜欢的明星是周杰伦。其实他刚出道时,因为唱歌时含糊不清的咬字,不可一世的神情,我一点都不喜欢他。不喜欢他的歌,就无从了解他所写歌词的魅力。一次偶然的机会,我听了他的《蜗牛》,这首歌把一个追求梦想、隐忍拼搏的年轻人的心声表达得淋漓尽致,从此我对他的喜爱便一发不可收拾。

周杰伦是一个非常有才气、有个性,而且工作很勤奋的人,他在事业上的努力让我觉得他无愧于"亚洲天王"的称号。他是音乐潮人的先锋。十一年前,他是一个不出名的写词人。当用心为别人作的词被一次次退回时,他也有过苦闷,整天把自己锁在录音棚里,对着纸笔发力。尽管受人讥笑,但他对于音乐的追求从未停止。2000年,他巧遇伯乐,于一周内写了50首歌,找出10首来自己唱。他的第一张同名专辑《JAY》就这样问世了,里面藏着曾经被人多次退稿的歌,这张专辑让他一炮而红,那些曾被轻视的歌,得到了听众的肯定,成为流行金曲。

如今,这位音乐天才做演员演电影,做导演拍电影,代言各类产品,出席各种商业活动,俨然成长为一位国际巨星,但是无论多忙碌,他还是保持着每年发行一张个人专辑的速度,而且每一张都透出无比的才气。他是真正热爱音乐的人。当人们仔细计算他在音乐上取得的奇迹有多少比例来自上天赐予的才华时,他诙谐地回答:"我不聪明,我听妈妈的话要努力。"

我喜欢的知名人士

我喜欢的知名人士挺多的,有伟大的领袖,有为国献身的英雄,有为国争光的运动员……由于我爱好文学,所以我还喜欢很多知名的作家,如文笔犀利的鲁迅,浪漫诗人郭沫若,无产阶级战士茅盾,享有盛名的女作家冰心……

我最喜欢的是一代散文大师朱自清。朱自清是现代著名散文家、诗人、学者、民主战士。"五四"运动中他反对国民党的反动统治,积极支持学生运动,晚年虽重病在身,却毅然拒绝接受美帝国主义救济,他的爱国精神和文人傲骨让人赞叹不已。伟大领袖毛主席曾评价他说:"一身重病,宁可饿死,不领美国的'救济粮'。"

当然,我喜欢他的主要原因还是他那些脍炙人口的散文。他的散文有的重在感情的注入,如《背影》《绿》《梅雨潭》等等,能招人入内,给人身临其境的感觉;有的散文重在构思的缜密,如《春》,从多侧面细描春天的生机,把文眼"一年之计在于春"置于描叙之中,毫无斧凿之痕。我最欣赏的散文还是他写的《荷塘月色》,表面上看是在写心中的"颇不平静",却又处处见"静",直到现在我还牢牢的记得文中的语句:"叶子出水很高,像亭亭的舞女的裙。层层的叶子中间,零星地点缀着些白花,有袅娜地开着的,有羞涩地打着朵儿的;正如一粒粒的明珠,又如碧天里的星星,又如刚出浴的美人。"美哉,美哉……

我喜欢的书刊

我喜爱的书刊是《读者》。

我喜欢它的原因很简单,首先是觉得它的可读性强。《读者》的文章篇幅一般都不长,但是非常精辟,往往是一个简单的故事,却能说明很深的道理。和那些看过就忘的快餐性时尚杂志相比,《读者》的绝大部分文章是看过难忘,再看仍觉感人。

其次,我觉得《读者》的读者定位很清晰,它定位在"知识界和青年学生"。然后以此为中心,为《读者》设计总体形象,达到从稿件选取到栏目创立,从封面包装到版式设计,从卷首语到读者来信等诸多细节的浑融一体,别具一格,形成鲜明的个性特色。现在的期刊大多以帅哥美女作封面,色彩浓重而艳俗,与此相比,《读者》淡泊宁静的封面装帧又是一大特色。它采用摄影或绘画作品为中心,长期保持了一种基本样式:以纯粹的白或蓝作为底色,长方形图片用线框起,放在正中偏下的位置,毛笔所书的"读者"刊名位于正上方,小巧的期号则标于右下角。1998 年,《读者》又在刊名上方增加了自己的刊徽,一个绿色的蜜蜂图案,使封面形象更具标志性。岁月流转,《读者》封面那东方文化的神韵和素雅秀丽的视觉美感却始终如一,人们即使匆匆走过,也能一眼发现报摊上摆着新一期《读者》。

最后,《读者》杂志在广告选择上,始终把握住"杂志是办给读者看的"这一宗旨。更可贵的是,《读者》杂志并非只是专注于经济收入的增长,而经常把广告版位作为一块弘扬正义、倡导公益的阵地,坚决承担起为人民服务、为社会主义服务的使命。

谈谈对环境保护的认识

二十世纪中叶以来,环境危机已经成为整个地球的一大危机。人类赖以生存和发展的环境受到了严峻挑战,资源的迅猛开发与不合理利用,不仅使其日益枯竭,而且使生态环境遭到了严重破坏,造成了各种污染事故的频频发生。

环境问题已经成为当今人类面临的全球性问题之一,引起了各国的普遍关注。人类必须意识到,人的生存无不依赖于自然生态系统。人类文明与大自然的命运已紧密结合在一起,就如同心灵和躯体一样密不可分。

今天,人类不能再以一个征服者的角色对自然发号施令,而必须学会尊重自然、善待自然,自觉充当维护自然稳定与和谐的调节者。从一个号令自然的主人,到一个善待自然的朋友,这是一次人类意识的深刻觉醒;也是一次人类角色的深刻转换。实现这一角色的转换不仅需要外在的法律强制力量,更需要人类的良知和内在的道德力量。我们应该倡导一种保护自然、拯救自然的实践态度。如今,人类比任何时候都能感受到气候变化的威胁,如果再不采取行动,那么100年后,巨大的热浪将会席卷地球每一个角落,海洋中漂浮的冰山将有可能融化得无影无踪,我们美好的生活将会荡然无存。

保护自然,修复自然,维护自然生态系统的平衡与和谐,应当是我们义不容辞的责任。从今天开始,把保护环境当成我们每一个人自己的事。只有这样才能迎来新的希望,人类文明才会走向光辉的彼岸。

我向往的地方

云南丽江位于云贵高原与青藏高原的连接部位,有着悠久的历史,是我最向往的地方,我一直梦想着有朝一日能在那里定居,过一过丽江人的生活。

水是丽江的血液。丽江的水很清澈很秀气,一如玉龙雪山那般圣洁。一方水土养育一方人,好水造就了丽江这样一个人杰地灵、钟灵毓秀的好地方。我们常说水灵水灵,有水就有了灵气。如此清秀的水才养育了如此灵秀的丽江人。

桥是丽江的骨骼。在丽江,桥就跟柴米油盐一样离不开人们的生活。丽江的桥是那么古朴、那么纯粹,不加任何修饰,桥就是桥,但却比那些经过豪华装饰的桥来得更加自然,更加具有亲和力和生命力。那密如繁星般的桥仿佛是自盘古开天地之初就已经立在那里似的。可以毫不夸张地说,在丽江,人们走过的桥甚至比走过的路还长。

丽江淳朴的民风是我向往它的另一个主要原因。那里的人们勤劳、善良,日出而作,日落而息,怡然自乐,过着与世无争的生活。那里的生活是慢节奏的,没有城市的声色犬马、灯红酒绿,少了一份喧嚣,多了一份恬静、祥和。那里的人们走路不疾不缓,不像都市男女那样行色匆匆、形神疲惫。我想,假如当年陶渊明先生去过丽江,或许他就不会只满足于采菊东篱下了,那篇千古传颂的《桃花源记》也要改名为《丽江行》了。

哦,丽江,我魂牵梦萦的地方。

购物的感受

说到购物的感受,就我个人而言,我觉得可以分为三个阶段。第一个阶段就是去传统的实体商店购物;第二个阶段是对网上购物产生了浓厚的兴趣,并痴迷于其中;第三个阶段是发现了网上购物的弊端后又转为实体店购物或者两者结合购物。

  首先说说网上购物。我在网上买的第一件商品是周杰伦上海演唱会门票。那时候,因为票务中心的票早已售完,而那些网上持票商贩的票价又比实际票价高,选择网上买票是迫不得已,但这一次网购经历竟让我发现了网上购物的好处——方便。网上商品种类丰富,差不多你想得到的东西都可以在网上买到。有了这次经历以后,我就开始尝试在网上买书、衣服、鞋子之类的,我发现同样的东西,网上的价格真的比在实体店便宜好多,而且点点鼠标就可以货比三家,不用跑遍整个城市去比较。

  逐渐地,我也发现网上购物有一些弊病,比如说,我买的衣服里有几件因为尺寸不合身,有时候再寄来寄去换货又觉得麻烦,或者考虑到邮费等原因就搁置起来,这样积少成多就造成了不小的浪费。于是我又怀念起以前去实体店买东西的体验了,看到哪件喜欢的衣服就可以试穿,合不合身当场就可以发觉。而且你还可以亲自检查有没有质量问题,售后也有保证。碰巧有时候商场搞活动,价格也不贵。所以现在我购物的基本情况是有选择地使用这两种购物方式,书籍之类就放心在网上买,价格便宜。大部分衣服、鞋子都还是会去实体店买,有些不打折的品牌就先去店里试好,再到网上找人代购,这样可以省下不少钱。

附录五

普通话水平测试模拟训练

【模拟训练一】

1. 读单音节字词(100个音节)

舔 灵 扑 攥 冶 蝉 许 账 民 却 岛 歪 昂 优 河 滨 十 兄
麝 条 荒 此 粪 允 昧 肝 问 广 滩 唇 彩 塘 灭 邱 坪 专
请 秧 垦 字 暖 帅 俗 若 古 艘 醉 吃 碘 滑 争 契 叨 郡
洒 闹 崔 趁 拿 悲 吮 儿 闭 宠 加 柔 路 馆 霜 夏 雨 腊
环 扔 法 宣 蹭 我 呆 礼 贼 爱 篇 蕊 楼 垮 绢 墙 纵 婆
后 讽 猩 帮 弥 阔 拖 窘 驳 阁

2. 读多音节词语(100个音节)

穷酸　　这会儿　　不如　　鼓手　　喧嚷　　唱片儿　　训话　　藤子
紧凑　　裙带　　窘况　　调门儿　　拍打　　秉公　　虐杀　　律诗
约摸　　顶牛儿　　辅佐　　分娩　　发慌　　管教　　赚头　　屈从
铲除　　牙刷　　狭窄　　两可　　屯垦　　遵照　　瑞雪　　一天
配色　　揣测　　更动　　快慰　　每年　　求助　　圣母　　不再
唯恐　　线装　　仰仗　　志向　　灯花　　一个　　流离　　历史剧
花岗岩　　欢欣鼓舞

3. 朗读短文(400个音节)

作品1—5号中任选一篇(略)。

4. 命题说话(任选一个,围绕话题说满3分钟)

(1) 我的愿望(或理想)

(2) 我尊敬的人

【模拟训练二】

1. 读单音节字词(100个音节)

杂 白 舌 志 给 儿 面 若 尺 筛 字 尖 澳 林 枪 脑 冰 曹
奏 青 州 复 安 努 祝 谈 孟 捐 旅 讯 鸟 军 水 欢 雄 笋
你 柔 缩 俊 堆 块 刷 酸 私 盒 寻 病 脱 辈 葱 灭 嚷 磨
烤 浊 分 团 陆 憋 钠 石 浮 女 罐 蝉 欧 纫 懂 月 祸 啪
劝 乳 腮 邹 供 嫩 墨 车 亚 节 组 穴 否 补 蛙 违 日 册
您 涩 怪 草 宽 聘 扇 很 虐 仍

2. 读多音节词语(100个音节)

美妙　　把手　　盆地　　逆流　　铁道　　凝结　　轮廓　　小孩儿　　许久
加油儿　　略微　　穷苦　　仍然　　捐献　　一年　　运动　　不能　　拉链儿

冠冕	帽子	掠夺	年级	一次	理想	祖国	掠夺	不怕
郊区	如果	宁可	处分	冠军	逮捕	勉强	创伤	答复
间谍	虽然	玻璃	墨水儿	漂亮	比拟	麻烦	森林	损失
曾经	值日	普通话	多媒体	刻舟求剑				

3．朗读短文(400 个音节)

作品 6—10 号中任选一篇(略)。

4．命题说话(任选一个,围绕话题说满 3 分钟)

(1) 我喜爱的动物(或植物)

(2) 童年的记忆

【模拟训练三】

1．读单音节字词(100 个音节)

败　肥　逗　盆　迟　赵　肯　浆　碑　叵　拚　铭　翁　熨　撑　枕　贼　岭
挪　嚼　瞎　纺　梦　脆　肆　蛙　臭　边　解　掀　瓷　荫　颗　蹲　琼　捐
曲　谁　吻　涩　姚　凶　润　宣　素　秋　缩　嵌　雾　襄　剡　走　铐　驶
惹　贰　钻　紫　臀　乱　乖　划　膜　笃　矿　日　港　患　提　君　坏　穗
过　聊　跨　童　虐　屈　旅　浓　裁　略　傻　女　闸　赏　砸　蚕　喂　从
掐　勉　付　堆　暖　蛰　颤　更　憋　疮

2．读多音节词语(100 个音节)

穷困	创作	请帖	规范	什么	不断	许诺	俊俏	非常	胜利
染料	肉馅儿	价值	算了	起源	纠正	葡萄	洒扫	私人	坏处
品种	片面	拐弯儿	虐待	炫耀	女儿	闻名	一片	没用	错误
阳光	否决	瓜分	阴风	体温	食堂	不敢	一天	掠取	恫吓
瑞雪	绿豆	纽扣儿	下边	滑冰	大伙儿	民航	粗暴	酱油	奢侈

3．朗读短文(400 个音节)

作品 11—15 号中任选一篇(略)。

4．命题说话(任选一个,围绕话题说满 3 分钟)

(1) 童年的记忆

(2) 我喜爱的职业

(3) 难忘的旅行

【模拟训练四】

1．读单音节字词(100 个音节)

白　飞　逗　盆　迟　赵　肯　浆　碑　叵　拚　铭　翁　熨　撑　枕　贼　岭
嚼　夏　纺　梦　脆　肆　蛙　臭　边　解　掀　瓷　荫　颗　蹲　琼　捐　锐
谁　吻　涩　姚　凶　润　宣　素　秋　缩　嵌　雾　项　剡　走　铐　驶　而
上　钻　紫　臀　乱　乖　划　膜　笃　矿　日　港　患　堤　君　坏　穗　喷
聊　跨　童　虐　屈　旅　浓　裁　略　傻　女　闸　赏　砸　蚕　喂　从　根

勉　付　堆　暖　蛰　颤　更　憋　疮　蓝

2. 读多音节词语(100个音节)

穷困　创作　请帖　规范　什么　不愧　许诺　俊俏　非常
胜利　染料　肉馅儿　价值　奢侈　起源　纠正　匍匐　打扫
品种　片面　拐弯儿　虐待　炫耀　女儿　闻名　一幅　没用
错误　阳光　否决　瓜分　阴风　体温　食堂　麦子　一旦
掠取　恫吓　瑞雪　绿豆　纽扣儿　下边　滑冰　大伙儿　民航
产权　软着陆　三部曲　文从字顺　诲人不倦

3. 朗读短文(400个音节)

作品16—20号(略)。

4. 命题说话(任选一个,围绕话题说满3分钟)

(1) 我的朋友
(2) 我喜爱的文学(或其他)艺术形式
(3) 谈谈卫生与健康

【模拟训练五】

1. 读单音节字词(100个音节)

感　拍　亚　舟　纲　帘　宁　拽　慌　泉　洒　开　揉　昂　别　件　迎　揣
农　群　吓　债　产　檬　跌　宾　铺　锐　综　迅　扯　柴　删　风　夜　心
属　最　从　源　舍　赔　嫩　坑　条　饮　塑　断　女　窘　恶　费　狠　鼻
脚　亮　跨　暖　绿　琼　池　给　要　坏　怎　象　画　窜　虐　凶　师　贸
方　底　牛　顿　博　洋　掠　思　烤　浪　下　艇　六　某　托　润　匡　缺
俩　捐　您　餐　恳　通　肿　疼　普　仍

2. 读多音节词语(100个音节)

迥然　不去　可观　旅伴　谱写　女婿　老头儿　高原　摘要
男人　迷信　摧残　不清　马路　一年　贴切　否则　衬衫
能够　飞翔　吹牛　调查　仇恨　刚才　软件　怀念　军队
英明　主编　差点儿　朋友　卡车　亲爱　爽快　一面　粗粮
狂妄　东风　角色　揣测　刷子　聊天儿　篮球　寒冷　航空
下来　没事儿　增值税　亚健康　知识

3. 朗读短文(400个音节)

作品21—25号中任选一篇(略)。

4. 命题说话(任选一个,围绕话题说满3分钟)

(1) 我的业余生活
(2) 我喜欢的季节(或天气)
(3) 学习普通话的体会

【模拟训练六】

1. 读单音节字词(100个音节)

诈	惹	而	紫	迟	碑	拆	冒	否	南	粉	档	耕	起	俩	丢	表	变
瞥	拼	酿	平	扑	挎	播	阔	乖	退	断	抢	光	弄	翁	举	略	泉
均	穷	扎	涩	司	使	筛	废	找	偶	山	恨	扛	仍	习	加	灭	跳
牛	甜	民	亮	鸣	促	抓	佛	若	甩	绘	卵	纯	矿	红	岸	决	癣
熏	雄	损	采	赠	忍	盎	簪	疫	截	邀	雁	荫	仰	顶	蒜	村	壮
荣	御	远	躯	恩	擦	袄	庸	恽	学

2. 读多音节词语(100个音节)

君子　一百　渲染　雪耻　取景　疟疾　远房　穷困　律诗
窘迫　不断　统称　碎步儿　专门　贺词　斧头　滑冰　遭受
幻想　流水　别扭　一块　林业　快乐　瓜分　口语　品种
一会儿　夏天　抹杀　创作　高大　而已　干活儿　改变　恰好
烹饪　挑战　蜜蜂　存款　内容　不妨　外地　损伤　漂亮
差点儿　门口儿　超声波　圣诞节　潜移默化

3. 朗读短文(400个音节)

作品26—30号中任选一篇(略)。

4. 命题说话(任选一个,围绕话题说满3分钟)

(1) 谈谈服饰
(2) 我的假日生活

【模拟训练七】

1. 读单音节字词(100个音节)

攥	壤	仍	猜	墨	趴	恩	柱	掠	悬	窘	喜	谕	宰	凝	嫩	日	榻
洽	沁	妆	攥	茧	刁	侯	捐	缀	拔	溃	藤	署	驳	闰	凝	跤	膜
蹭	犁	宅	翁	涩	篓	惨	岭	吾	揩	皱	伏	扰	魂	纵	厢	偶	寡
您	棍	桑	溺	傻	貂	略	唬	盅	瓮	撅	渡	巢	赢	戳	郁	瘠	蠢
柄	控	廓	缓	庞	腔	吮	耿	啃	徒	骚	唇	抓	倪	掸	勺	谨	赋
隐	盆	穆	槽	拔	缎	翁	颇	歉	逛

2. 读多音节词语(100个音节)

别扭　恐龙　类似　纳闷儿　未曾　船台　缓解　率领　定律
面条儿　将军　迈进　放射　小瓮儿　出圈儿　接洽　没词儿　主人翁
滥用　撇开　屈服　日程　弹簧　门槛儿　募捐　封锁　大娘
军事　纳闷儿　功用　审美　雄伟　白净　烟卷儿　频率　维生素
恰当　亏损　抽空儿　奋不顾身　方兴未艾

3. 朗读短文(400个音节)

作品31—35号中任选一篇(略)。

4. 命题说话(任选一个,围绕话题说满3分钟)
(1) 我的成长之路
(2) 谈谈科技发展与社会生活

【模拟训练八】

1. 读单音节字词(100个音节)

阁	苍	鳌	剖	使	驹	裹	抠	陇	防	惨	普	摄	诊	兜	盗	锚	扔
葬	摧	糠	扯	癫	扔	桦	眸	跺	捶	跪	尹	搜	呕	抓	曰	掠	秆
稻	景	探	鬈	掐	晾	舔	揍	嫩	肿	押	儒	腻	饼	锥	死	究	浴
想	吃	桶	瞄	舞	灌	砸	荤	袄	疮	鳃	凝	咧	迭	剖	诚	溶	柔
恩	脓	攀	恒	搜	梭	撅	啃	弥	锐	呕	润	陋	筛	裂	蹲	晾	怼
腻	槐	捐	梢	闽	宾	遣	囊	耸	癖								

2. 读多音节词语(100个音节)

轮流	闺女	佛法	连日	作坊	照片	柔软	强盗	纯粹
隔壁	被窝儿	富翁	佛经	爽快	解脱	伯母	转悠	虐待
小丑儿	佛教	厚道	佛寺	脑髓	觉得	恰好	倒挂	宣传
唱歌儿	相似	饭盒儿	关押	旋转	嘴唇	佛典	养活	加塞儿
垮台	微弱	缺乏	恩情	胆小鬼				

3. 朗读短文(400个音节)

作品36—40号中任选一篇(略)。

4. 命题说话(任选一个,围绕话题说满3分钟)
(1) 我知道的风俗
(2) 我和体育

【模拟训练九】

1. 读单音节字词(100个音节)

耍	趁	瑟	旗	禹	聊	趋	凝	怼	程	怎	篇	蒜	洼	瘤	耍	仄	匾
庵	若	颇	递	垄	瑟	遣	鳌	耍	锣	垒	入	眨	仪	跌	汝	俗	腔
爽	舰	纵	皖	催	耍	奏	涛	剖	丙	谬	泵	舱	硅	浑	翅	饷	签
谬	贼	窄	壕	捏	赐	弥	卵	踹	寺	瓢	洼	挪	皿	琼	捐	抖	鹤
范	铂	虹	匪	咋	绺	攥	振	押	奉	竿	箔	瑟	艇	柄	愣	戳	叨
吻	蕊	沁	蹀	瓮	撰	酉	闰	叠	胚								

2. 读多音节词语(100个音节)

蛋黄儿	机械化	逃窜	袋子	搜刮	毛驴儿	老本儿	折叠
拥护	行当	谬论	佛学	窘迫	收缩	翌日	耕作
纳税	挨个儿	展览	轻音乐	红润	作恶	扭曲	时日
裸体	东欧	频率	霜期	大腕儿	波及	小瓮儿	虐待
被窝儿	临床	抖擞	濒于	门洞儿	牌楼	软骨	找茬儿

簇拥　　稀罕　　饭盒儿　玩意儿　棒槌　　蜜枣儿　　风驰电掣　风起云涌　不动声色　不可思议

3．朗读短文(400 个音节)

作品 41—50 号中任选一篇(略)。

4．命题说话(任选一个,围绕话题说满 3 分钟)

（1）我的家乡(或熟悉的地方)

（2）谈谈美食

【模拟训练十】

1．读单音节字词(100 个音节)

耍　趁　丝　状　绝　瑟　禹　凝　炼　憋　掐　晾　嫩　肿　押　肉　瘠　蠢
舔　揍　而　砖　柄　控　庞　吮　儒　腻　咭　廊　骚　翁　朽　滨　甩　梦
雄　湿　溺　巢　灌　染　瓶　撬　搔　您　颇　穗　祖　肥　饼　蹬　敛　兑
哲　却　窘　浑　鸥　眸　坤　蔫　闯　染　砌　屯　沁　宠　洼　锥　仄　掸
唬　荤　戳　匾　庵　迭　抠　痕　垄　窘　咧　匹　审　鳘　蹄　褐　氨　箴
缕　牦　扯　噙　踹　束　捣　窟　贩　矩

2．读多音节词语(100 个音节)

折叠　　安培　　窘迫　　拥护　　行当　　谬论　　佛学　　加塞儿　　垮台
微弱　　晚上　　缺乏　　定律　　门口儿　翌日　　逃窜　　被窝儿　　门槛儿
佛寺　　博得　　纳闷儿　利落　　手绢儿　佛像　　稳妥　　包涵　　　傀儡
编纂　　老头儿　打算　　似乎　　纯粹　　即日　　饭盒儿　撇开　　　富翁
聪明　　小瓮儿　抽空儿　靠不住　募捐　　铁锹　　觉得　　唱歌儿　　扭曲
岁数　　裸体　　频率　　风起云涌　　独一无二

3．朗读短文(400 个音节)

作品 51—60 号中任选一篇(略)。

4．命题说话(任选一个,围绕话题说满 3 分钟)

（1）我喜欢的节日

（2）谈谈社会公德(或职业道德)